厦门理工学院 2018 年案例教材资助项目
2018 年厦门理工学院创新创业教育改革项目（项目编号 JG2018084）

短视频后期特效设计

主 编 郑 峰
副主编 郑琼琼

电子科技大学出版社
University of Electronic Science and Technology of China Press

图书在版编目（CIP）数据

短视频后期特效设计 / 郑峰主编. -- 成都：电子科技大学出版社, 2019.5
ISBN 978-7-5647-6982-6

Ⅰ. ①短… Ⅱ. ①郑… Ⅲ. ①视频制作－后期制作(节目) Ⅳ. ①TN948.4

中国版本图书馆CIP数据核字(2019)第091719号

短视频后期特效设计
DUANSHIPIN HOUQI TEXIAO SHEJI
郑峰　主编

策划编辑　李述娜
责任编辑　李　倩

出版发行　电子科技大学出版社
　　　　　成都市一环路东一段159号电子信息产业大厦九楼　邮编　610051
主　　页　www.uestcp.com.cn
服务电话　028-83203399
邮购电话　028-83201495

印　　刷　定州启航印刷有限公司
成品尺寸　170mm × 240mm
印　　张　14
字　　数　290千字
版　　次　2019年5月第一版
印　　次　2019年5月第一次印刷
书　　号　ISBN 978-7-5647-6982-6
定　　价　49.00元

前言

信息技术的不断提高促进了新媒体生态链的快速发展，而移动互联网下的新媒体短视频生产传承了纸媒时代以内容为王的传播宗旨，在新媒体时代赋予了短视频更多的视觉元素。本书从影视后期特效技术出发，精简出适合短视频传播所需的后期特效技术知识点，使非影视专业人员也能够快速掌握短视频后期特效技术，从而促进新媒体生态链中的原创短视频内容的生产和健康发展。

本书共三章，有 18 个项目组，按照标准 64 课时进行教学安排，含理论教学 16 课时，实验项目操作 48 课时。实操项目教学案例能够使读者循序渐进地了解并掌握短视频后期技术的各个功能知识点。同时，本书在编撰过程中也考虑到非专业自媒体人士的需要，进行了合理的规划，使自媒体从业者也可以快速地掌握短视频特效制作的方式方法。

目录

第一章　短视频与后期软件的基础知识点

第一节　短视频的传播特点和内容创新

随着时代的发展，信息传播的表现形式呈现出多样化趋势，短视频传播已经成为当前最大的媒体传播形式，从电影大片到电视广告，再到网络和新媒体，自媒体平台都深刻地影响着我们的生活。短视频行业的迅速发展对影视制作行业提出了更高的要求，我们更需要掌握短视频后期制作的基础知识。

短视频的传播以快为根本宗旨，那么就要在其快的宗旨上做文章。我们应将短视频特效更快地应用于内容生产，使大众掌握更有效的短视频制作特效技术。加入了特效制作技术可以让短视频在短时间之内得到创新，包括内容上的创新以及制作手法和传播手法上的创新。

第二节　后期特效的功能和特点

自媒体短视频制作分为前期和后期两部分，这里要讲述的是关于视频制作的后期特效部分。自媒体短视频后期制作是集声音、画面等多种视听手段于一体的高度综合性创作，是短视频制作中的重要环节，后期制作水平的高低将直接关系到短视频作品的质量。这个环节又可以分为特效制作、音效制作、配乐以及剪辑和合成输出几个部分。

一旦前期的拍摄阶段结束，短视频制作就进入后期制作阶段，在这个阶段中，我们要完成不同的工作：

（1）将短视频作品中需要添加数字特效部分数字化；

（2）镜头叠加，将计算机特效元素和实景拍摄元素合成一个镜头；

（3）对短视频作品中所有的特效镜头进行最终渲染；

（4）修饰短视频制作中的一些特技镜头，去除钢丝、安全带等痕迹；

（5）清理所有的短视频镜头，特别是校正色差；

（6）加入最终的配乐和各种音效。

合成输出就是将各种不同的短视频创作元素有机地结合在一起，进行相应的艺术加工，从而得到最终的作品。合成的概念很广，无论是在艺术创作还是在日常生活中，都离不开合成。绘画的过程也可以被称为合成的过程，因为艺术家把自己的思想和颜料合成了最终的画面；烹饪的过程也可以被称为合成的过程，因为厨师把各种原料合成了美味的菜肴。

短视频特效创作可以制作出实景拍摄过程中无法实现的一些画面效果，如通常在大的战争片或者是灾难片中才会出现的一些对人体或环境造成伤害的画面。短视频制作可以在前期实景拍摄时预留出足够的信息点，在后期特效处理时使用计算机技术来制作相应的爆炸、碰撞等特效和镜头，然后将其融入实景拍摄的镜头中，以获得非常震撼的视觉画面。

第三节　后期特效的基本知识

一、帧的概念

视频画面是由一幅幅静止的画面组成的，组成视频的每一幅静止的图像就成为帧。无论是电影还是电视，都是利用动画原理使图像运动的。动画是一种将一系列差别很小的画面以一定速率放映而产生视觉的技术。根据人类的视觉暂留现象，连续的静态画面可以产生运动效果，构成动画的最小单位为帧，一帧就是一幅静态画面。逐帧播放指的是通过逐帧画面查看视频。

二、帧速率

帧速率是指视频中每秒包含的帧数。物体在快速运动时，人的眼睛对于时间上每一个点的状态都会有暂时的一点点停留。假设在一个黑暗的房间中，我们晃动一个发点光的手电筒，正是由于这种视觉暂留现象，所以我们看到的并不是一个亮点，而是一道道的弧线在做运动，这正是由于手电筒发出的光在人的眼睛中所做的暂留现象，这种现象与手电筒当前发出的光芒融合在一起，便形成了一道道弧线。

由于这种视觉暂留的时间非常短，仅为1/10秒的数量级，所以为了得到这种平滑而又连贯的运动画面，我们必须使画面更新达到一定的标准，这种标准是每秒钟所播放的画面一定要达到相关的数量，这就是帧速率。

一般情况下，使用PAL制式影片的帧速率应该是25fps，那么NTSC制式影片的帧速率应该是29.97fps，电影的帧速率是24fps，我们制作的二维动画的帧速率是12fps。从以上数据我们可以分析出，如果用户和观看者想要获得一定的动态视频画面，他所使用的显示设备至少应该达到10fps的帧速率。

三、帧宽高比

帧宽高比是指图像一帧的宽度和高度之比。宽高比就是像素的宽度和高度之比，它们具体的比例是由所使用的视频标准确定的，电影、标清电视、高清电视的标准都是不同的。

我们在非线性编辑工作中需要新建项目时，一定要根据最终作品的要求或者客户的要求对视频画面的帧宽高比进行匹配。如果导入的视频素材使用了与我们最初项目设置中不同的帧宽高比，就必须确定如何协调这两个不同的参数值。

四、场的概念

（一）场

每一帧包含两个画面，电视机通过格行扫描技术把每个电视的帧画面隔行抽掉一半，然后交错合成一个帧的大小，由隔行扫描技术产生的两个画面被称为场。场以水平隔线的方式保留帧的内容，在显示时先显示第1个场的交错间隔内容，然后显示第2个场来填充第1个场留下来的缝隙，每一个视频的帧大约显示1/30秒，每一场大约显示1/60秒，而PAL视频的一帧显示时间是1/25秒，每一个场显示时间为1/50秒。

视频素材分为交错式和非交错式，当前大部分广播电视信号是交错式的，而计算机图形软件包括After Effects是以非交错式显示视频的。交错视频的每一帧由两个场构成，称之为场一和场二或者称其为奇场和偶场，在After Effects中称为上场和下场，这些场依照顺序显示在监视器上能产生高质量平滑图像。

（二）场顺序

在显示设备将光信号转换为电信号的扫描过程中，扫描总是从图像的左上角开始水平向前进行，同时扫描点也将以较慢的速率向下移动，通常分隔行扫描和逐行扫描两种扫描方式。隔行扫描指显示器在显示一幅图像时先扫描奇数行，全部完成奇数行后再扫描偶数行，因此每幅图像需扫描两次才能完成。大部分的广播视频采用的是交错扫描场。计算机操作系统是以非交错形式显示视频的，它的每一帧画面由一个垂直扫描场完成。电影胶片类似于非交错视频，每次显示整个帧。

五、时间码

时间码是摄像机在记录图像信号的时候，针对每一幅图像记录的唯一的时间编码，是一种应用于流的数字信号。该信号为视频中的每个帧都分配一个数字，用以表示时、分、秒、帧。现在所有的数码摄像机都具有时间码功能，模拟摄像机基本没有此功能。

六、视频画面的运动原理

视频是指一系列静止图像通过快速播放，使其运动起来的影像记录技术。在电视、电影出现之前，人们便发现，燃烧的木炭在挥动时会由一个点变成一条线，这种现象我们称之为视觉残留。同样的道理，在摄影技术中，如果通过长时间的曝光，就可以拍摄出光文字和光绘画的效果，也可以通过后期图像处理的相关技术手段达到前期拍摄中所无法达到的技术点。

七、视频画面的景别

景别是指被摄主体在画面中所呈现的范围，一般分为远景、全景、中景、近景和特写，有时根据需要又有更加细致的划分。景别的功能是通过不同的位置变换，使观众清楚地了解所表现的内容。景别还能营造出特定的环境气氛，起到引导关注心理、强调场景细节布局的作用。新媒体短视频后期编辑技术从业者需要了解视频前期制作中所存在的关于景别的技术性要求，在前期摄影技术没有解决相关景别功能的情况下，后期对其进行相应的弥补。同时在后期特效镜头制作中，为了营造出更好的镜头氛围，也需要对景别进行了解。

（一）远景

远景（图 1-3-1）是视距最远的景别，它的视野比较宽阔，景深也很悠远，主要用于表现远距离的景物，以及周围广阔的自然环境和气氛。远景的中心往往不明显，以表现环境为主，可以没有角色，即使有角色，也仅占画面很小的一部分。远景可以用来展示巨大的空间环境，用来介绍环境、展示所拍摄事物的规模和气势，甚至可以用来抒发自己的情感。适用远景的时间应持续在 10 秒钟以上。

（二）全景

全景（图 1-3-2）包括被拍摄对象的全部面貌以及周围的环境。全景有着非常明显的拍摄中心。在全景的画面中，无论是角色还是物体，其外部轮廓线条以及相互间的关系都可以得到充分的展现，它使环境和角色的关系更为贴切。全景具体的作用是确定事物与人物的空间关系，展示环境特征。与此同时，全景还有利于表现角色和物体的动势。在使用全景拍摄时，持续的时间应该在 8 秒以上。

图 1–3–1　远景构图

图 1–3–2　全景构图

（三）中景

中景（图 1–3–3）包括拍摄对象的主要部分和事物的情节。在中景画面中，所拍摄的角色和物体的形象以及环境的特征占主要的成分。使用中景画面可以清楚地看到角色之间的相互关系及其感情交流，也能够看出角色和物体、物体和物体相对应的关系位置，因此中景是拍摄中最常用的景别。

图 1–3–3　中景构图

（四）近景

近景（图 1-3-4）是表现人物胸部以上或者景物局部面貌的画面，如角色的上半身以及某个物体的核心部分。近景可以非常细致地表现角色的精神，以及物体的主要特点。使用近景可以清楚地表现角色的心理活动、面部表情和一些细微的动作，容易产生交流。在使用这个景别时，持续的时间应该在 3 秒以上。

图 1-3-4　近景构图

（五）特写

特写（图 1-3-5）可以表现出被拍摄对象的某一个重点局部，如角色的肩部以上的画面，通过这种表现，可以更加细致地展示角色的某个特点，揭示出特定的含义。但是特写的镜头内容一般都比较单一，且容易让角色的形象放大。特写主要用于表达角色的心理活动及情绪的变化，通常它被用于转场时候的过渡画面。特写可以给人留下强烈的印象，因此在使用的时候要具有明确的针对性和目的性，不可以乱用。使用特写镜头时，持续的时间应该保持在 1 秒以上。

图 1-3-5　特写构图

八、像素和分辨率

在我们并没有深入学习图像分辨率的时候，大部分人认为分辨率越高，看得越清楚，分辨率越低，看得越模糊。这样的理解在一般情况下是正确的，但这仅仅是生活中的常识，在视频编辑中分辨率会有这样的效果吗？我们该怎样去理解视频的图像分辨率呢？

首先我们要了解像素的概念。

像素是构成图形的基本元素，是位图图形的最小单位，是计算数码影像的一种单位，如同摄影的相片一样。数码影像也具有连续性的浓淡阶调，放大影像数倍，会发现这些连续色调其实是由许多色彩相近的小方点组成的，这些方点就是构成影像的最小单位——像素。这种最小的图形单元在屏幕上通常显示为单个的“染色体”，越高位的像素，拥有的色板越丰富，越能表达颜色的真实感。

分辨率是屏幕图像的精密度计，是显示器所能显示的像素的多少。由于屏幕上的点、线、面都是由像素组成的，显示器显示的像素越多，画面就越精细，同样的屏幕区域内所能显示的颜色信息就越多，所以分辨率是一个非常重要的性能标准。

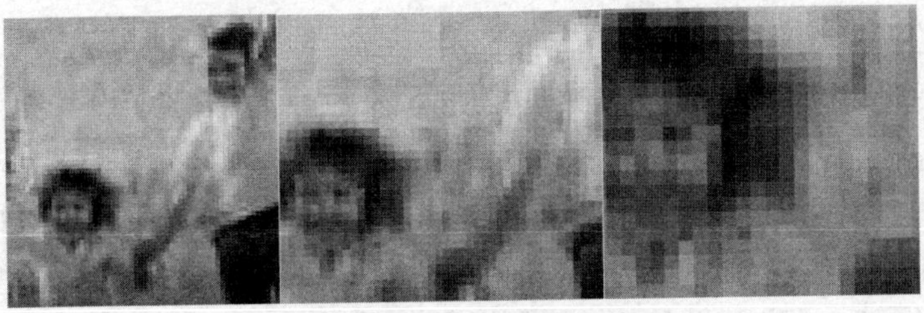

图 1-3-6　图像分辨率比较

接着我们看一个公式：分辨率 = 像素 / 英寸。从这个公式我们可以看出一点端倪，所谓的分辨率，其实只是一个相比的结果值，而非实际的一种数值。从图 1-3-7 中我们可以看出，如果横向或竖向的像素总和除以对应的图片的英寸数，结果就是这个图片的分辨率，那么这张图片一英寸的分辨率就等于 2.54。

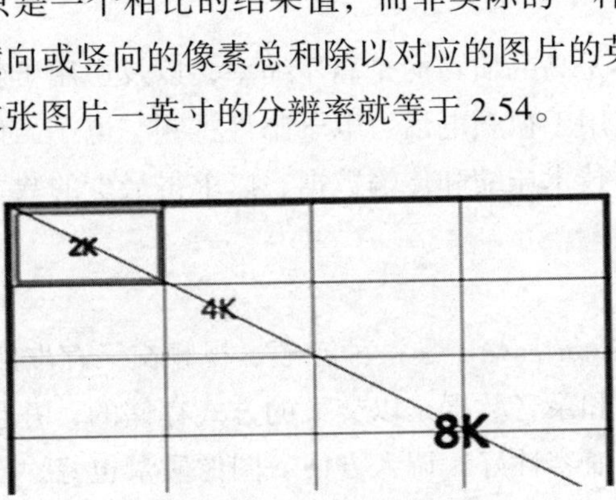

图 1-3-7　分辨率计算对比

所以，从以上的分析中我们可以看出，分辨率其实只是数学中的一个结果值。它在我们的生活当中有着非常广泛的应用，但是对于从事数字影视后期特效处理的人来讲，所做的是在像素数和内存之间进行不同的选择。比如，我们使用 AE 来新建项目文件时，就需要设置分辨率，但是不能只设置分辨率而不考虑实际影像的大小以及像素数的大小。当我们要做非常大的影像时，如果设置的分辨率非常的高，那么电脑就很容易死机，或者根本无法进行工作。

九、常见的视频格式

新媒体视频可以分为适合本地播放的本地视频和适合在网络上播放的网络流媒体视频两大类。尽管在网络上播放的视频的稳定性以及各方面质量可能都没有本地所播放的视频优秀，但是这类新媒体影像视频能够得到更为广泛的传播。随着视频技术的不断提高，视频格式也不断丰富，在进行后期编辑影片时，如果要选择最为合适的视频格式，就需要对视频格式有所了解。

（一）影像格式

1. MPEG/MPG/DAT

MPEG（motion picture experts group），这类格式包含了 MPEG-1、MPEG-2 和 MPEG-4 在内的多种视频格式。

MPEG-1 是大家接触得最多的一种视频格式，目前该视频格式广泛地应用在各种 VCD 的制作和一些片段中。大部分的 DVD 都是使用 MPEG-1 格式进行压缩的，使用 MPEG-1 压缩算法，120 分钟长的电影可以压缩到 1.2GB 左右。

MPEG-2 则主要应用 DVD 的制作中，在一些 HDTV 和一些高要求的视频编辑和处理上面也有相当广泛的应用。使用 MPEG-2 压缩算法可以将一部 120 分钟长的电影压缩至 5 ～ 8GB。

MPEG-4 追求的不是高品质，而是高压缩率，以及适用于新媒体网络传播的交互能力。MPEG-4 主要应用于视频电话、电子邮件视频、电子新闻等。MPEG-4 利用很窄的带宽，通过帧重建技术压缩和传输数据，以求得最少的数据，而跻身最佳新媒体传播之列。

2. AVI

AVI（audio video interleave）是一种音频、视频交叉存取的文件格式。在 AVI 格式的文件中，运动图像和录音数据是以交叉的方式存储的，并且独立于硬件设备，这种方式最直接的优点是兼容性好，调入方便，图像质量也好，因此常常与 DVD 并存，但是其缺点是存储文件过于庞大。

3. WMV

WMV（window media video）是一种独立于编码方式的，在网上实施传播的多媒体技术标准。WMV 的主要优点包括可扩充的媒体类型，本地或网络上进行回放，可伸缩的媒体类型，多语言支持，以及扩展性。

（二）流格式

1. RM/RA

RM/RA 是 Real Networks 公司对多媒体世界的第一大贡献，也是对在线新媒体运营推广的贡献，它的诞生使流文件更为人所知。

2. MOV

MOV（movie digital video technology）是 QuickTime 影片格式。在所有的视频格式中，MOV 格式不常被大家遇到，在 PC 几乎一统天下的今天，从苹果计算机移植过来的这种格式自然会受到排挤。这种格式具有跨平台、存储空间要求小的技术特点，采用了有损压缩方式。在国外的一些电影网站的预告片中，很多都应用了这种格式。

3. ASF

ASF（advanced streaming format）是高级流格式，采用了 MPEG-4 压缩算法，压缩率和图像的质量都很不错，因为这种格式是一种可以在网上即时观赏的视频流格式。

（三）音频格式

当声音被录制下来以后，无论是说话声、歌声，还是乐器声，都可以通过数字音乐软件处理。在新媒体影视作品中，也需要大量的音频文件来增加新媒体作品的听觉效果，所以必须了解音频格式。

1. WAV

WAV 是微软公司开发的一种声音文件格式，它可以通过增加驱动程序而支持各种各样的编码技术，这种格式不适合传播，也不适用于聆听所支持的编码技术，大部分只能在 Windows 平台下使用。因为格式可以达到较高的音质要求，所以是音乐编辑创作的首选格式。

2. MP3

MP3诞生于20世纪80年代的德国，是一种有损压缩格式，相同长度的音乐文件，用 MP3 格式来存储，容量一般只有 WAV 格式的 1/10。MP3 是目前最为普及的音频压缩格式，因为文件容量好、音质好，因此作为主流音频格式被广泛使用。

3. WMA

WMA 由微软开发，针对的不是单机市场，而是网络平台，比较适合新媒体视频的制作使用，其功能齐全、使用方便，同时支持无失真、有失真语音压缩方式。在失真压缩方式下，WMA 格式必须在 Windows 平台下才能使用，一般用于网络音频的聆听和传播。

十、色彩模式

色彩模式即描述色彩方式，在后期软件中，常用的色彩模式有HSB、HSL、RGB、YUV和灰度模式。

（一）HSB色彩模式

HSB色彩模式是基于人对颜色的心理感受而形成的，HSB将色彩理解为三个要素：色相、饱和度、和亮度。这比较符合人的主观感受，可以让使用者觉得能更加直观地感受到颜色。

（二）HSL色彩模式

HSL色彩模式（图1-3-8）是工业界的一种颜色标准，通过色调、饱和度、亮度三个颜色通道的变化，以及它们相互之间的叠加来得到各式各样的颜色，包括了人类视觉所能感知的所有颜色。HSL色彩模式是目前应用最广的颜色系统。HSL色彩模式为图像中每一个像素的分量分配一个0到255范围的强度值，HSL图像只使用三种通道就可以使它们按照不同的比例混合在屏幕上，呈现多种颜色。

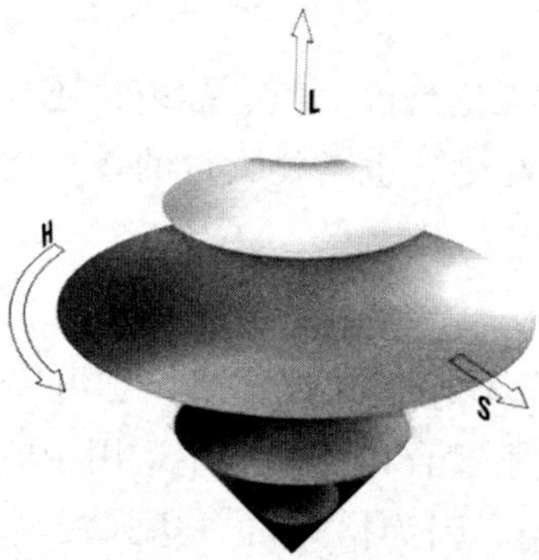

图1-3-8　HSL色彩模式结构

（三）RGB色彩模式

RGB（图1-3-9）是红、绿、蓝三原色组成的色彩模式。色彩都是由三原色组合而来的，三原色中的每一种颜色一般都包含256种亮度级别，三个通道合在一起就可以显示出完整的颜色图像。电视机或监视器等视频设备就是利用光的三原色进行色彩显示的。

RGB图像中的每个频道一般都包含28个不同的色调。通常所提到的RGB图像包含三个通道，可以通过调整红、绿、蓝三个通道的数值来调整对象的状态，每个通道的取值范围在0到255之间，三个通道中的任意两个通道的数值都为0时，图像显示为黑色，当三个频道中的任何两个数值都为 255，图像为白色。在一幅图像中可以有将近 1670 万个不同的颜色。

图 1-3-9　RGB 色彩模式结构

（四）YUV 色彩模式

YUV（图 1-3-10）是欧洲电视系统所采用的一种颜色编码方式，是 PAL 和 SECAM 模拟彩色电视制式使用的色彩空间。在现代彩色电视系统中，三管彩色摄像机或彩色 CCD 摄像机先进行取像，然后把取得的彩色图像信号经过分色分别放大校正后得到 RGB。

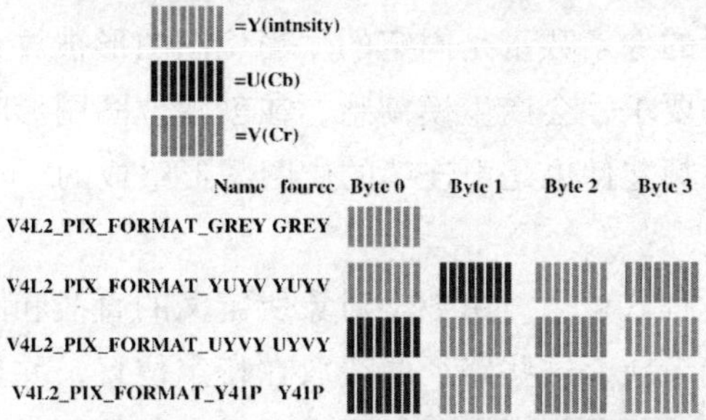

图 1-3-10　YUV 色彩模式结构

（五）灰度模式

灰度模式属于非彩色模式（图 1-3-11），它只包含 256 组不同的亮度级别，只有一个黑色通道。在图像中看到的各种灰色调都是由 256 种不同强度的黑色组表示的，灰度图像中的每一个像素的颜色都采用 8 位二进制数字的方式进行存储。

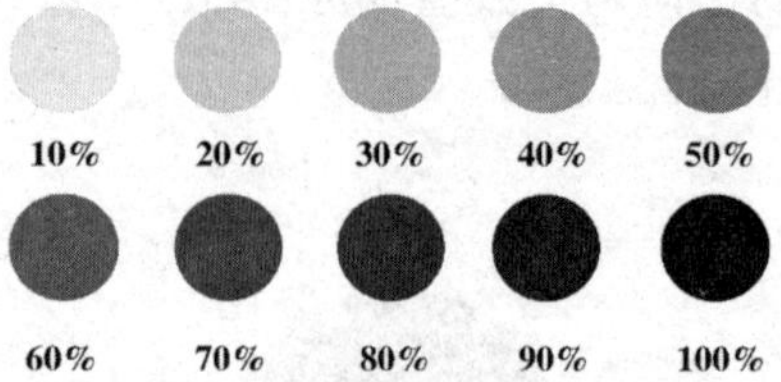

图 1-3-11 灰度色彩模式结构

十一、色彩深度

模拟信号视频转换为数字后，能否真实地反映原始图像的色彩是十分重要的。在计算机中采用色彩深度这一概念来衡量处理色彩的能力。色彩深度指的是每个像素可显示出来的色彩数，它和数字化过程中的量化比特数有着深切的关系，因此色彩深度基本上用多少量化比特数也就是多少位的 bit 来表示，比特数越高，每个像素可显示出来的色彩数目就越多。

十二、图形类型

（一）位图图形

位图图形也称光栅图形，通常称之为图像。每一幅位图图形都包含着一定数量的像素，每一幅位图图形的像素数量是固定的，当位图图形被放大时，有些像素数量不能满足更大图形尺寸的要求，会产生模糊感。在创建位图图形时必须指定图形的尺寸和分辨率。数字化的视频文件也是由连续的位图图形组成的。

（二）矢量图形

矢量图形由数学方程式产生，由数学对象所定义的直线和曲线组成。矢量图形的内容由数学定义的曲线组成，这些路径曲线放在特定位置，并且填充特定的颜色。移动缩放图片或更改图片的颜色都不会降低图像品质。矢量图形与分辨率无关，放到任意大小打印，在输出设备上都不会遗漏细节或损伤清晰度，是生成文字，尤其是小号文字的最佳选择。矢量图形还具有文件数据量小的特点。

十三、网络流媒体与移动流媒体

网络流媒体又称为流式媒体，指的是采用流式传输方式，通过互联网传送和播放的媒体格式。媒体服务商通过专用的服务器，将媒体节目转换成数据包传送到网络上，用户在电脑、电视或移动设备上接收这些数据，并通过一定的软件进行解码，然后进行播放。

网络流媒体是当前非常流行的媒体传送方式。流式这种方式将多媒体文件经过特殊的压缩方式，分成一个个压缩包，通过视频服务器向用户的电脑、电视或移动设备进行连续实时的传送。用户不必将整个视频文件全部下载，而只需要经过几秒或几十秒的缓冲后，即可在电脑、电视或移动设备上进行播放和观看，多媒体文件的剩余部分将继续在后台进行缓冲传送。现在社会正处于移动互联网高速发展的时代，使用移动互联网操作的系统，智能手机以及平板电脑正成为网络流媒体播放的主要平台。随着 3G 网络的成熟以及 5G 高速网络的蓬勃发展，移动数据网络为移动流媒体业务发展提供了更有效的支撑，今天的流式媒体视频文件格式有 3GP、RMVB、MP4、FLV、WMV 等。

第四节　镜头的一般表现手法

一、推镜头

推镜头是影视拍摄以及后期制作中常用的一种拍摄手法，这个手法主要是利用摄像机前移或者变焦来完成的，通过逐渐靠近所要表现的主体对象，使观众感觉到他在一步一步地走近所要观察的事物，这种一步一步靠近的感觉，犹如和摄像师一起身临其境。推镜头可以近距离地观看某一个物体，可以表现同一个对象从远到近的一种变化现象，也可以表现出一个对象到另一个对象的细节变化。使用这种镜头主要是为了突出拍摄对象的某一个部位或神态神情，从而可以更清楚地看到这种细节变化。例如，我们在观察一个树上的小鸟，从整体到细节特征，应用的就是推镜头。

二、拉镜头

拉镜头和推镜头恰恰是相反的。拉镜头主要是利用摄像机后移或者变焦来完成的。拉镜头给人的感觉是一步一步远离所要表现和观察的对象，可以表现一个对象从近到远的变化，也可以表现从一个对象转换到另一个对象的变化。使用这种镜头主要是为了突出拍摄对象与整体的效果，把握全局，如我们通常在影视中所看见到的，从地球上的局部到俯视整个大地，使用的就是拉镜头。

三、摇镜头

摇镜头也可以称为摇拍，即拍摄时相机是不动的，只能通过摇动镜头的移动或者旋转等来拍摄对象一个部位到另一个部位的转移。例如，当某一个人站立不动的时候，通过转动脖子来观看周围的事物，人们常说的环视四周就是这个道理。

四、移镜头

移镜头也可以称为移动拍摄。这种拍摄是将摄像机固定在某一个移动的物体上，通过向其周围各个方向进行移动来拍摄所面对的不同物体，从而使不动的物体产生运动的效果。进行这种方式摄像时，可以将画面拍摄出逐步呈现的感觉，形成一种巡视和展示的视觉现象。移镜头可以将一些对象连贯起来加以表现，所形成的动态效果组成了在后期编辑或者是影视动画中展现出来的效果，可以表现出逐渐认识的过程，从而使主题逐渐明了。例如，当我们坐在一辆飞奔的火车上，看到窗外的景物时，这些景物本来是不动的，但是我们会感觉景物在不断地移动。移镜头与此类似，这种拍摄手法很多时候用于表现静态物体转为动态时的拍摄。

五、跟镜头

跟镜头通常表述为跟拍，就是在拍摄过程当中找到了兴趣点，然后跟着这个兴趣点，或者跟随目标来进行不断的拍摄。例如，在一个酒店里边，我们一开始拍摄的是整个酒店的大场面，紧接着，过来了一个服务员在擦桌子，那我们就要跟着服务员拍摄他不停地擦桌子的走来走去的镜头。

一般来说，跟镜头所表现的拍摄对象在画面位置中是保持不变的，而我们只是随着它所经过的画面有所变动，就好比一个人跟着另外一个人或一群人在穿过大街小巷、高楼林立时的样子，他周围的事物一直在变化，但是本身的跟随并没有产生任何变化。跟镜头也是在影视制作或者后期编辑中非常常用的一种表现手法，这种手法可以非常好地突出我们所拍摄的主体，表现主体的运动速度、方向、体态、形态等信息，从而给观众一种身临其境的感觉。

六、甩镜头

甩镜头指的是非常快速地将镜头摇动或者晃动到另一个景物或者人的身上，从而将拍摄的画面切换到另一个内容，而且是快速地切换到另一个内容，而中间的过程由于运动的产生肯定是模糊的。这种拍摄手法可以表现突然过度或者突然受到了惊吓等内容，如当一个人被其他人叫到名字的时候，突然转头，转头的过程中他的眼睛里所看到的画面就类似于甩镜头的画面。

七、晃镜头

晃镜头相对于前面所介绍的拉镜头等，它主要应用在特定的环境中，让拍摄的画面产生晃动，或者左右、前后、斜角摇摆的效果。它主要用于表现人们的精神恍惚、头晕，或者是一种类似沉船时候的摇晃的效果。当表现一个人刚从酒吧里出来喝醉了的场景时，就会用到晃镜头；汽车开在一个崎岖不平的山路上时所产生的颠簸，也可以使用晃镜头来表现。

八、旋转镜头

旋转镜头指的是拍摄的对象所呈现出来一种旋转效果的画面。这种镜头沿着镜头光轴，或者是接近于镜头光轴的某个角度进行旋转拍摄，将摄像机进行快速的超过360度的旋转，这种拍摄方法很多时候会表现出一种眩晕的感觉，也是影视制作或影视后期编辑中一种常用的手法。

第五节　镜头组接的基础知识

在进行影视制作或后期编辑中，我们将一系列的镜头按照一定的次序进行组接，这种方法被称为镜头组接。这些镜头组接之所以能够延续下来，而且可以使观看者将它们理解为这是一个非常完整融合的统一体，是因为这些镜头间的变化和发展传承了一定的规律，在应用这种规律的时候，我们使用到了蒙太奇手法进行组接。下面我们了解一下镜头组接的规律和一些技巧（图1-5-1～图1-5-7为几类典型镜头构图示意）。

一、镜头组接规律

为了清晰地向受众者表达某种思想或者信息，记者在进行组接镜头的时候一定要遵循相应的规律，这种规律可以归纳为以下几点。

（1）符合观众特定的思维方式，并且与影片的表现相对应的规律。镜头在进行组接时一定要符合生活中常用的与思维相对应的逻辑关系。假设我们在影片制作或者后期编辑中并没有按照上述的规律进行制作，那么一定会由于逻辑关系的颠倒而使观众难以接受。

图 1-5-1　镜头构图示例

（2）在进行影视后期编辑组接镜头的时候，景别的变化一定要遵循循序渐进的规律。在一个场景编辑中，场景的发展不应该十分强烈，如果过于突出，与其他的镜头就很不容易组接，相反，如果场景的变化不大，后期所处理的摄影的角度也不大，也不利于其他镜头的组接。前进式句型指的是景物由远景、全景向近景、特写过渡的方法。后退式句型是指由近到远表示出一种由高昂到低沉或压抑的一种情绪。在影片编辑中通常表现为从拍摄全景、中景、近景、特写依次转换完成以后，再由特写依次向上述情景进行转换。在思想上，环行句型可以用于表现情绪由低沉到高昂，再由高昂转向低沉的过程。

图 1-5-2　特写镜头构图

图 1-5-3　大特写镜头构图

（3）镜头后期编辑组接中的拍摄方向与轴线规律。所谓轴线规律，通常指的是在多个以上的镜头中，摄像机的位置始终处于所拍摄主体运动轴线同一侧，以此可以保证镜头内的所有的主体运动可以保持一致的运动方向，否则，后期再进行组接镜头时会出现主体撞车的现象，因为此时的两组镜头互为跳走，方向相同，所以在后期视频编辑中，基本上很难与其他镜头进行组接。

图 1-5-4　大特写镜头衔接

图 1-5-5　特写镜头衔接

（4）遵循动接动，静接静的原则和规律。当两个镜头内的主体始终处于运动状态并且它们的动作非常连贯时，我们可以将动作与动作组接在一起，以便达到一种顺畅过渡、简洁过渡的目的，这种组接方法，我们称之为动接动。假设两个以上的镜头主体运动非常不连贯，或者它们之间的画面有一种停顿的感觉，那么我们必须在上一个镜头内的主体完成这个动作之后，才能与第二个镜头进行组接，并且第二个镜头开始必须是从静止的时候开始的，这种组接方法，我们称之为静接静。在静接静的这种组接过程中，前一个镜头结尾停留的时间，我们称之为落幅，后一个镜头开始时静止的片刻，我们称之为起幅，这种起幅和落幅的时间间隔大概是 1 到 2 秒。当我们将运动镜头和一种固定镜头进行组接的时候，同样需要遵循这种规律。镜头运动开始需要有起伏，结束的时候一定要有落幅，否则后期再进行编辑，会给人一种跳动的视觉感。

图 1-5-6　主观镜头示例

图 1-5-7　主观镜头衔接

二、镜头组接的节奏

一部影视作品中，作品的题材、样式、风格，以及情节的环境、气氛，人物的情绪，情节的跌宕起伏等元素，都是确定影评结构的依据。要想让观众直观地感受到这一杰作，不仅需要演员的表演，镜头的转换和运动，以及场景的时空变换等前期制作，还需要通过组接的方式，严格掌握镜头的尺寸、数量顺序，并在删除多余的枝节后才能完成。这也就是说，镜头组接是控制影片节奏的最后一个环节。

在实施上述一些操作的过程当中，影片里每一个镜头的组接都要以这部影片的内容为出发点，并以此为前提来调整或者控制后期所编辑的整部影片的节奏。如果在一个非常宁静祥和的环境中突然出现了一个节奏非常快的镜头转换，就会让观众觉得难以接受，当然，这也是非常不合适的。那么如果在一些节奏非常强烈又非常激动人心的场景中出现了一些节奏舒缓的画面，就会达到一定的视觉冲击效果。

三、镜头组接的时间长度

在剪辑组编辑镜头的时候，每一个镜头所停止的时间的长短，不仅要考虑视频内容的难易程度和受众所能接受的能力，更要考虑后期所构成的画面构图，以及后期编辑的画面内容等诸多因素。

画面内的一些其他因素会对所编辑镜头的停留时间的长短起到一定的制约作用。比如，当画面有较亮的部分，也有较暗的部分时，更易引起人们的注意，所以在表现较亮的部分的时候，可以适当地减少后期处理的时间，表现较暗的部分的时候，可以适当地延长镜头的停留时间。

第六节　影视后期制作的基本流程

一、后期制作的基本流程

（一）准备素材

素材一般包含静态序列图片、动态视频、音频资料，以及其他相关软件等（图1-6-1）。

图 1-6-1　素材包

（二）导入素材

将准备好的素材导入 AE 中，使之可以随时调用（图 1-6-2）。

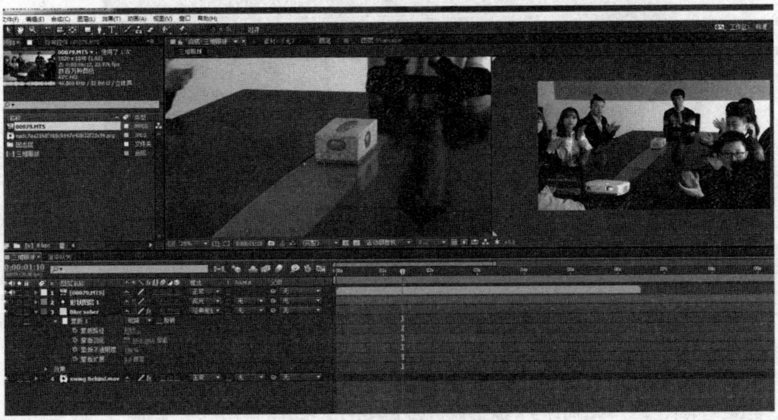

图 1-6-2　导入素材

（三）创建合成组

根据项目的需求创建合适的合成组，将导入的素材置于合成组中，随时准备处理（图 1–6–3）。

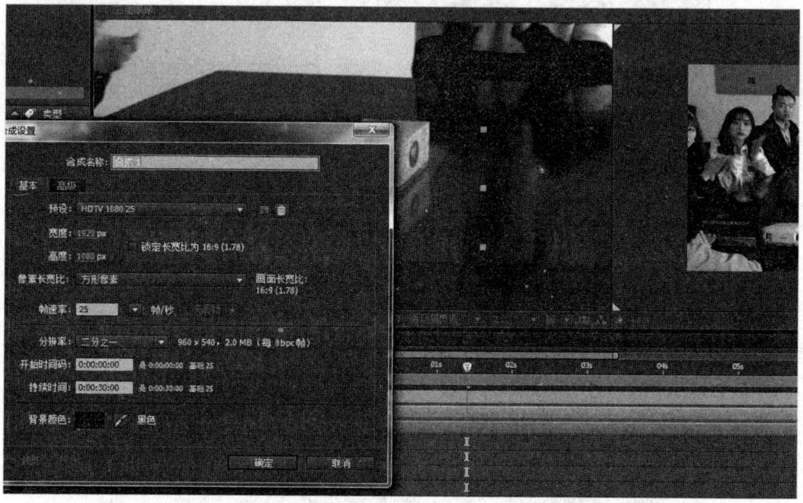

图 1–6–3　新建合成组

（四）编辑素材

在时间线窗口中对素材进行编辑，如变形、位移、旋转、添加特效、调色，将文字内容跟踪、稳定，添加遮罩等（图 1–6–4）。

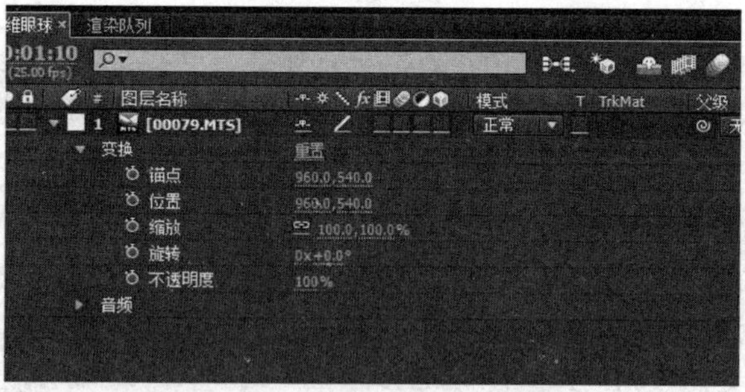

图 1–6–4　编辑素材属性

（五）预览动画

素材编辑完成以后，可以对视频特效后期处理结果进行预览（图 1–6–5）。

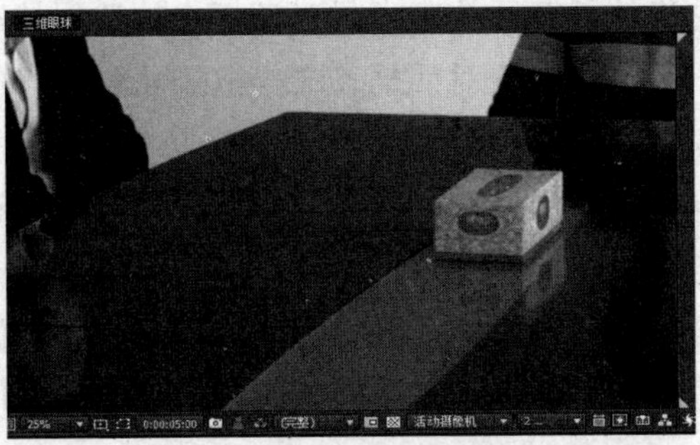

图 1-6-5　预览素材

（六）渲染输出

视频特效后期处理完成以后，如果没有问题，就可以对后期特效进行渲染输出（图 1-6-6）。

图 1-6-6　渲染输出

二、设计项目流程

在准备导入素材之前，设计项目流程可以简化我们的工作，大部分的设计是为了根据元素表现效果决定最好的设置，这一步是获得最佳画面所必需的，渲染顺序和嵌套也是项目设计的一部分。

在向项目中导入素材之前，我们可以先决定用哪个媒体用于完成的电影中，然后为设计的合成决定最佳的设置和原素材，如果我们想把项目渲染到录像带中，那么应该根据所需要的画面大小、颜色位深度和帧速率来创建素材。同样，如果设置的项目用于网上比较流行的视频流，那项目的画面大小，还有它的颜色位深度以及帧速率都可能会受到一定限制。当然任何可以导入的素材项目都可以被用于任何一个合成中。

如果我们要将一个项目渲染成一个或者是很多个媒体格式，一般情况下需要将合成的解析度设置和输出时所设置的最高解析度进行匹配，然后将设置渲染队列窗口来作为项目的每个格式，渲染一个单独的版本。

对于制作电影和视频来说，应尽量让导入合成设置和输出模式设置进行相应的匹配。例如，为了保证平稳的录音回放，素材对话框中被选中的素材帧速率应该和以下两个设置进行匹配：一是合成设置对话框，二是渲染队列窗口的输出模式。合成帧的大小应该由录音回放媒体的画面大小决定。

若将原素材与不同的像素纵横比例进行混合，我们可以在解释素材对话框中为每一个素材项目正确指定比率。

确保项目是否适合某种特殊媒体的最好方法有两个：一是做一个合成测试，二是用同种类型的设备查看。这是访问者用来查看的设备，下面提供几条建议，用于帮助我们选择合成设置。

（1）电影。若想为电影添加渲染效果，我们可以考虑使用为合成选择帧大小和纵横比，并使用原素材的帧速率，对于素材窗口约有 3：2 下拉式的电影实现从电影到视频的转移，在添加效果之前必须删除 3：2 的下拉式。

倘若我们想产生一部电影，而这部电影原来打算渲染从 CD 中进行录音回放，还需要指定导入和合成设置。该设置我们将尽可能地考虑到硬件设备，因为这些硬件设备可能是访问者会用到的，尤其是包含更旧版本的单速率或双速率的 CD 驱动器，这样就要为素材项目指定特定的设置，尽量减少最终输出数据的传输。

尽量在合成设置对话框中降低帧速率，不必将动画效果弄得太急促，可以设置每帧 15 秒即可。

但是当对最终合成进行渲染时，我们可以选择一个文件类型，使它作为与最终媒体进行匹配的压缩器或解压器。例如，对于一个交叉平台的 CD，可能会指定一个 quick time 解码器。无论选择哪一个解码器，必须保证被访问者使用的是可用于回放的系统。

（2）录像带。录像带是磁带的一种。录像带主要被用来录制和播放影音。录放像机的录制和播放，所采用的是线性式的影像储存方式。它的记存储录格式分有非压缩和压缩两大类。非压缩记录格式的录像机有 D1、D2、D3、D5 等系列，它是以原有信号码率直接记录输入信号，保持了信号的原有水平，为无损记录。录像带所采用的存储格式有 VHS 格式、S-VHS 格式、Betamax 格式、VHS-C 格式、DVCPRO 格式、Digital-S 格式、DVCAM 格式、Betacam-SX 格式、Digital-Betacam 格式。随着数字视频码率压缩在广播电视领域迅速得到普及，M-jPEG、MPEG-2 压缩标准为各界所广泛接收，实现了后期编辑处理均在数字环境中进行，极大地提高了节目制作质量和功能。

（3）动态 GIF。当渲染动态 GIF 时，颜色被混合为 8 位。在渲染最终的项目之前可以先渲染一个合成测试，以便出现意外的时候可以调整颜色。如果还包括一个阿尔法通道，在渲染之前，务必确定该素材影响最终的项目的方式。

（4）用于互联网的视频流。视频流类似于一个传统的电视信号，视频一帧又一帧地被传送给观看者，而不必将一个巨大的文件下载到硬盘上。网上的视频流受大多数用户设置调节器狭窄的带宽限制，因为这些用户设置调解器的带宽甚至比用于 CD 的录音回放还要低，要求可以直接从 After Effects 输出到 quick time 流，所以需要进一步对文件大小和数据传输率进行缩减。如果最终的输出将作为一个文件从互联网下载，那么最值得关心的问题应该是这个文件的大小，这也将直接影响到我们下载文件所需要的时间。当渲染将要下载的最终输出时，经常使用 quick time 和 AVI 两种格式。

（5）网络回放。局域网是一个室内的或专用的网络。与标准的电话线相比，局域网一般使用更高质量的通信线，所以它们的速度通常比因特网快，录音回放的数据传输率可以达到 100bit 或者更快，这取决于局域网的速度。

（6）flash 文件。把合成作为 flash 电影输出时，尽可能多地维持向量，然而在 flash 文件中许多项目不能描述成向量。

第二章　After Effects 快速入门介绍

第一节　了解影视后期合成

一、特效

在电影制作中由人工所制造出来的一种假象或者幻觉，称为电影的特效，而电影摄制者又利用电影特效尽量避免让演员在演出时候处于危险的一种情境，从而减小电影的制作成本。在特效中我们可以使用微型的模型进行特效制作，也可以在电影中制作一种假象，比如说我们经常在影视片中所看到的大爆炸、飞机飞行等需要特效制作的东西，但是这种特效往往很复杂，通常普通人所接触到的是基于自媒体的传播的很多短视频原创内容。

制作传统的电影特效需要用手工或者电脑制作出非常多的特效元素，而大型的特效制作是普通从业者所无法追赶的。下面将介绍短视频的特效制作及其原创元素。

二、合成

镜头是我们在进行影视后期制作中的重要组成元素，也是构成短视频的一种基本单位，是画面语言的基本元素。在进行影视短片创作中，单个镜头不能独立叙事或者表意，我们的作品通常是由几个镜头在一起搭建而实现的。将所有的镜头剪辑组合在一起时，一定要符合大众的审美品位，这个时候我们就需要运用镜头组合的技巧了，这就是我们所说的合成。

后期合成一定要符合人们对于审美作品的逻辑思维规律并且要依据影片事件发展的节奏来处理画面。同时，我们需要让镜头富有一定的艺术性、创造性以及丰富性，这样才能有较大的信息量。合成还要符合视觉欣赏的一定规律，镜头画面中的各种素材都有密切的组合关系，一个画面的结束要衔接另一个画面的开始，这个时候我们要特别注意两个方面之间的转接关系。

三、常用软件

剪辑软件：Adobe Premiere、Canopus Edius、Sony Vegas、Movie Maker、绘声绘影等；

合成软件：Adobe After Effects、Discreet Combustion 等；

三维软件：Autodesk 3D Studio Max 、Autodesk Maya 等；

辅助软件：Adobe Audition 、Cool 3D、AI 和 PS 等。

第二节　After Effects 的工作界面

启动 After Effects 首先会出现欢迎面板，提供几个常见的“新建合成”“打开项目”和“最近项目”等快捷功能，这些选项在进入主界面后也都有，当取消左下角勾选后下次启动软件将不再重复出现，单击“关闭”即可进入 After Effects 的主界面。此时是一个空的界面，除了文件名称和菜单之外，还有各个区域主项目、时间轴、合成视图这三大面板，另有工具栏和其他面板，如图 2-2-1 所示。

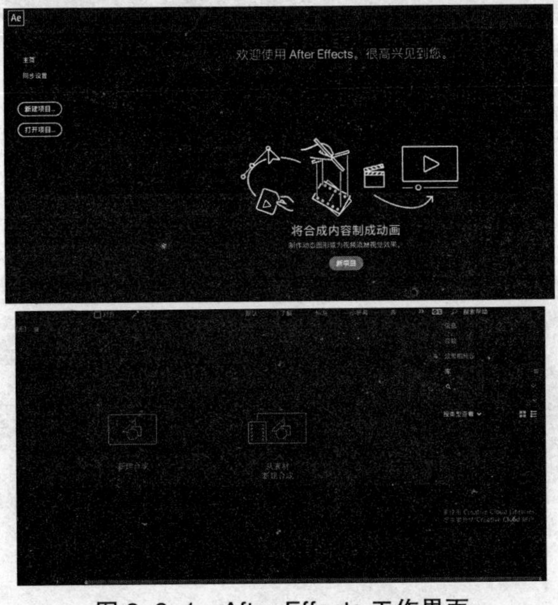

图 2-2-1　After Effects 工作界面

这里从打开一个现有的项目文件开始，在进行操作的同时介绍主界面。

一、打开软件操作界面

（1）按快捷键 Ctrl+O 键（菜单“文件 / 打开项目”命令）在“打开”对话框中选择打开相关的 AE 文件，此时界面中各个区域出现相关的内容，如图 2-2-2 所示。

图 2-2-2 After Effects 操作界面

（2）在主操作界面，可以看到这些面板中始终有一个面板以黄色轮廓显示，表明当前这个面板处于优先操作的激活状态，例如图 2-2-3 中合成面板。当鼠标在某个面板上按下时，这个面板将被激活。

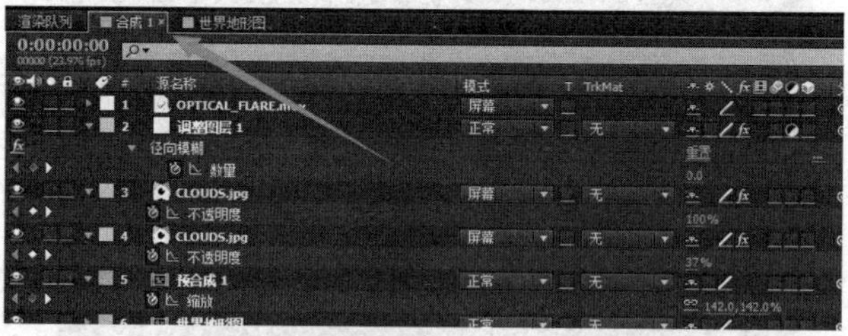

图 2-2-3 面板激活示例

二、操作界面各区域大小调整

界面中的各个区域可以通过调整邻边的边缘来改变区域的大小。将鼠标移至两个或三个面板相接处，鼠标会变化指针形状。这时拖动鼠标可改变面板相互之间的大小比例，如图 2-2-4 所示。

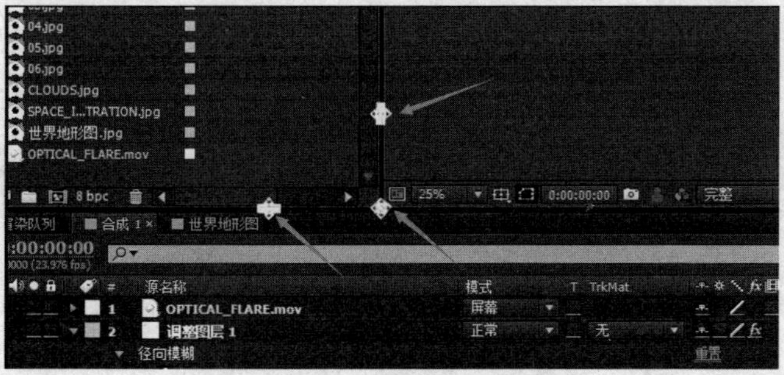

图 2-2-4　面板大小调整

三、工作区的切换

After Effects 针对不同的制作需求预设了几种工作区布局，默认界面处于标准工作区状态，可以通过以下操作。

（1）在工具栏右侧的工作区下拉选项或者选择菜单“窗口 / 工作区”命令可以看到有多种工作区分布方式，如图 2-2-5 所示。

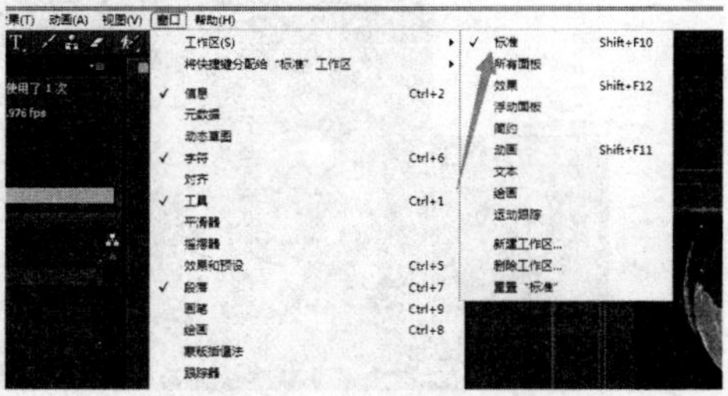

图 2-2-5　工作区的切换菜单

（2）将工作区改为“动画”可以看到界面的变化，原项目面板关闭显示，与动画有关的平滑器、摇摆器和动态草图面板显示在界面中，如图 2-2-6 所示。

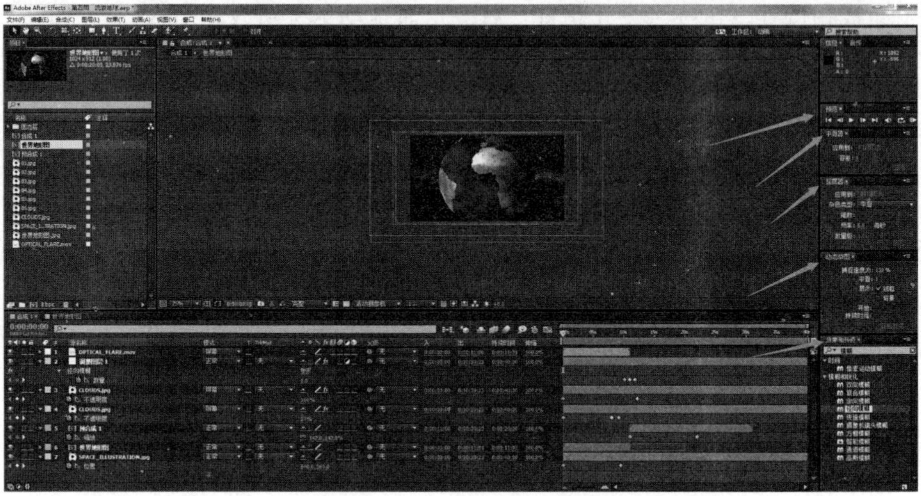

图 2-2-6　工作区切换示例

（3）将工作区域选择为浮动面板，可以看到界面中除项目、时间轴、合成视图三大面板之外的其他几个面板脱离原布局，浮动在界面上可以随意移动，如图 2-2-7 所示。

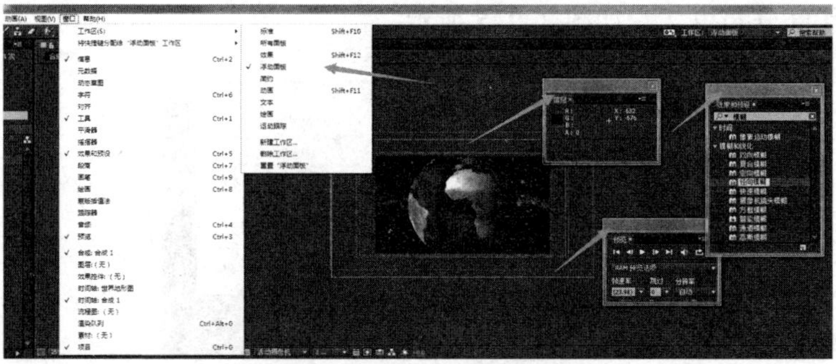

图 2-2-7　工作区面板浮动

（4）当使用多个监视器时，应用程序窗口会显示在主显示器上，可以将浮动窗口置于第 2 个监视器上。

（5）将工作区域选择为所有面板，可以看到原来 After Effects 有这么多的面板，大多面板显示出名称标签，这也是设置不同工作区有选择地显示少数几个面板的原因，如图 2-2-8 所示。

（6）可以通过切换不同的工作区域来使用合适的面板布局，如果不小心弄乱了界面的面板，例如在标准工作区状态打开或关闭掉了一些面板，想恢复到原先的状态，可以选择重置标准，这样又恢复到了默认状态，如图 2–2–9 所示。

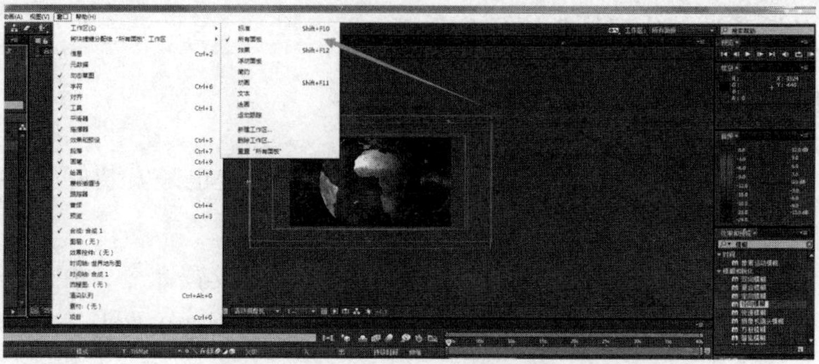

图 2–2–8　工作区面板的取量显示

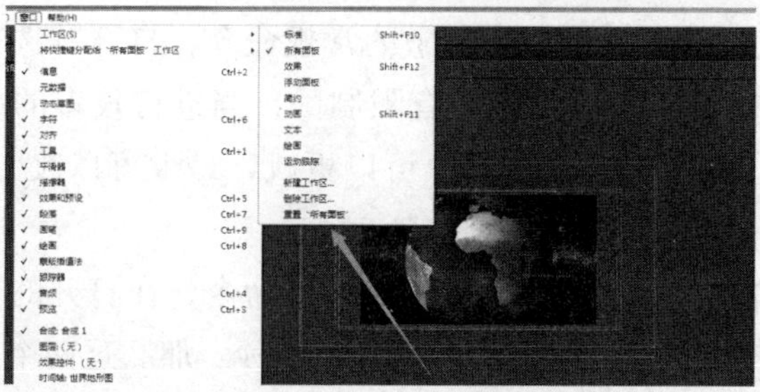

图 2–2–9　重置工作区面板布局

四、自定义工作区

可以为自己建立一个或多个自定义的面板布局，方便操作时切换。

（1）调整界面中的面板布局，如图 2–2–10 所示。

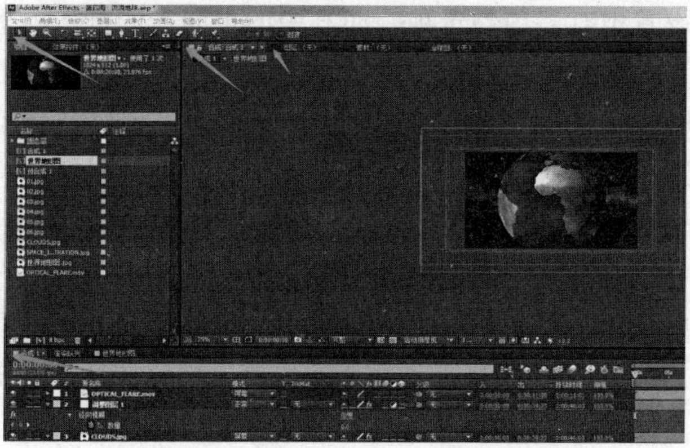

图 2–2–10　自定义工作面板区域

（2）选择工作区大于新建工作区，在弹出的对话框中将名称进行自定义。

（3）还可以为自定义的工作区域分配快捷键，After Effects 为工作区准备了三组快捷键，可以任意重新分配给常用的工作区。

五、导入项目文件

在使用 After Effects 时先进行以下软件预设操作，这也是安装好 After Effects，初次使用时的惯例。

（1）打开 After Effects，选择菜单中文件下的项目设置命令，在打开的项目设置对话框中，将时间显示样式选择为时间码，将默认基准的 30 改为 25，因为默认的时间码基准是按照美国 NTSC 制式设计的，而国内的电视和影像设备使用 PAL，所以改成 25，即以 25 帧每秒的帧速率为默认基准。

（2）选择“菜单 / 编辑 / 首选项”中的常规命令，打开首选项对话框，撤销次数默认为 32。操作过程中的撤销步骤是有限制的，当进行较多的操作后，有可能无法恢复到之前的状态。撤销次数的数值也可以更改，最大可以改为 99 次，数值大了当然会增加软件的复合。

（3）选择“菜单 / 编辑 / 首选项”中的导入命令，在打开的首选项对话框中，同样将序列素材由原来的 30 帧每秒修改为 25 帧每秒。那么这两个数字的区别为：一段由 30 个图片组成的动态画面导入到 After Effects 中，按照 30 帧每秒的设置，导入后的长度将为一秒，而 25 帧每秒的设置导入后的长度为一秒零五帧。这里的设置取决于项目合成中使用什么样的基准标准，因为国内使用 PAL 视频，基准为 25 帧每秒，所以这里统一为 25 帧每秒。

（4）接着上一步在首选项中选择显示自动保存的内容，将自动保存项目勾选上，这可是防止意外发生而惨痛丢失长时间工作成果的非常保险的措施。

（5）在同步设置中有多项勾选项，而其中的可同步的首选项指的是不依赖计算机和硬件设置的首选项，After Effects 现在支持用户配置文件并通过高比对逐一记录。可同步的首选项是利用新的同步设置功能，将应用程序首选项同步到 Creative Cloud。如果使用两台计算机，同步设置功能可以在这两台计算机之间保持这些设置的同步性，可同步设置选项。

（6）用户通过操作自己的 Creative Cloud 账户，先上载到 Creative Cloud 账户，然后下载到其他计算机上并应用。用户也可以从其他 Creative Cloud 账户同步设置，After Effects 在用户的计算机上创建用户配置文件，并使用此配置文件与关联的 Creative Cloud 账户之间同步设置。

第三节　After Effects 菜单栏介绍

一、文件菜单

文件菜单用来执行创建打开和存储文件等项目操作。选择右边带有三角符号的菜单命令会弹出子菜单，子菜单中包含更多的选项，如图 2-3-1 所示。

图 2-3-1　文件菜单

文件菜单常用的命令如下：

（1）新建：单击三角符号，弹出子菜单中可选择的命令，如图 2-3-2 所示；

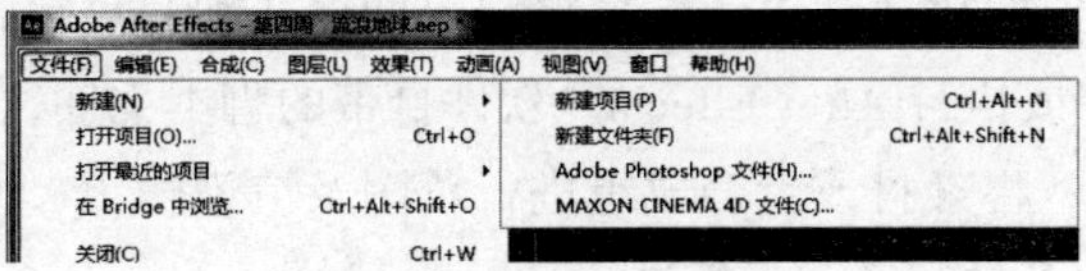

图 2-3-2　新建文件

（2）打开项目：打开项目文件对话框定位，并选择打开项目的文件；

（3）打开最近项目：显示最近打开过的项目文件，如图 2-3-3 所示；

图 2-3-3　打开最近项目

（4）保存：保存当前使用的项目；

（5）另存为：把当前正在编辑的项目存储为另一个项目文件，如图 2-3-4 所示；

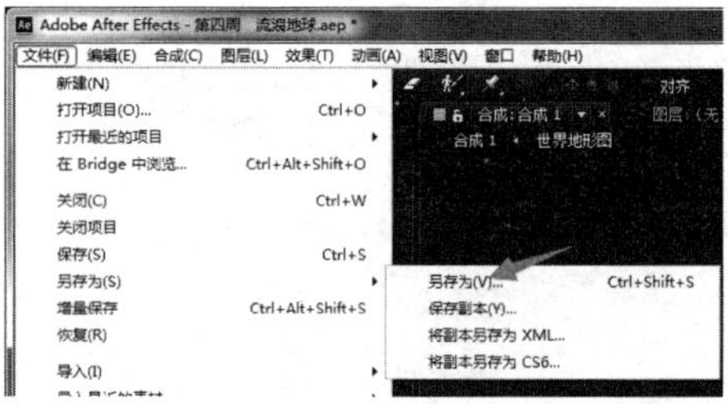

图 2-3-4　另存文件

（6）增量保存：以当前项目的名称为模板，在这个项目文件的数字排列基础上增加一个数字来存储文件，如果现有文件项目名称为 1，那么选用此项目保存的文件为 2，如果现有项目文件结尾处不是数字，那么选用此项目保存的文件名将在后缀加一个 2；

（7）恢复：把当前已经编辑过的项目恢复到最后一次保存的状态；

（8）输出：对编辑完成的合成项目进行输出，动态连接通过 Adobe 连接外部资源；

（9）基于所选项新建合成：按照在 project 窗口中被选中的素材文件的规格，创建一个新的合成组，并自动将被选中的素材文件植入新的合成组中；

（10）移除未使用素材：将未使用的素材从 project 窗口中移除；

（11）收集文件：将所有或者部分使用到的素材文件和项目文件进行打包处理；

（12）脚本：特定的描述性语言，根据一定的格式编写可执行文件，此命令可以执行脚本自定义文件或执行 After Effects，软件自带的脚本文件，如图 2-3-5 所示；

（13）创建代理：将素材或者合成组进行草图及渲染输出，并使用渲染输出得到的文件代替项目中的素材或者合成组进行显示；

（14）设置代理：使用自定义文件对当前目标进行代理显示；

（15）解释素材：重新设定素材文件的各项参数；

（16）替换素材：使用自定义文件替换当前选择的素材；

（17）重新加载素材：刷新当前素材的连接使之重新载入；
（18）在资源管理器显示：打开当前选中素材所在的文件夹；
（19）在 bridge 中显示：打开 bridge 浏览器并显示被选中的素材；
（20）项目设置：调整当前项目的显示风格、色彩设定和音频设置。

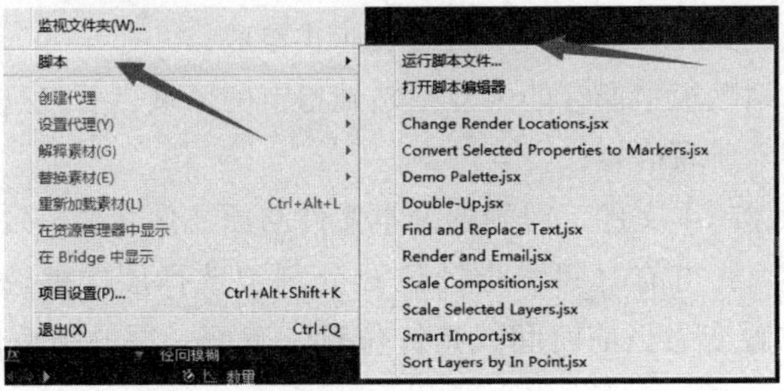

图 2-3-5 脚本命令

二、编辑菜单

编辑菜单中提供了常用的编辑命令，例如重做恢复复制文件等操作，如图 2-3-6 所示。

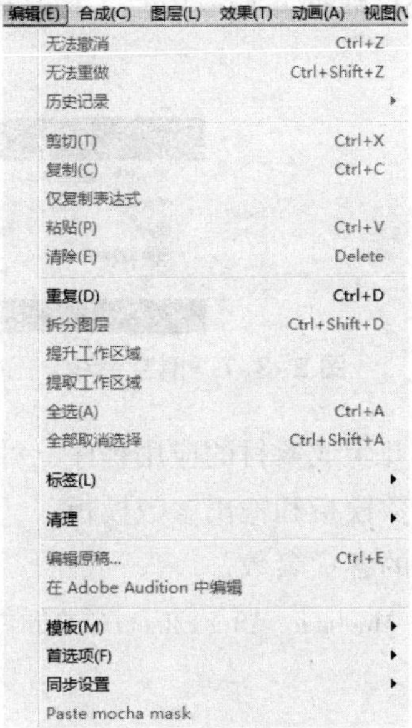

图 2-3-6 标签功能

（1）撤销：恢复到上一步的操作，撤销的次数限定取决于计算机的内存大小，内存容量越大，可撤销的次数就越多，撤销的次数限制可以在首选项设置中进行调整；

（2）重做：重做恢复的操作；

（3）历史记录：显示历史记录，选择其中一项可返回到历史状态；

（4）剪切：将选择的内容剪切掉，并存于剪贴板中；

（5）复制：复制选取的内容并存于剪贴板中，对原有的内容不做任何修改；

（6）仅复制表达式：只复制当前层的表达式参数；

（7）粘贴：将粘贴板中保存的内容粘贴到指定的区域，可以进行多次粘贴；

（8）清除：清除所写内容；

（9）副本：创建副本文件，得到的副本文件与原文件完全一致；

（10）拆分层：从当前时间线指针位置分割被选择层，被选层被分割为两层，上面一层的起始位置变为当前时间线指针位置，下面一层的结束位置变为当前时间线指针位置；

（11）提升工作区：对时间线窗口中的层进行提升操作；

（12）抽出工作区：对时间线窗口中的层进行抽出操作；

（13）全选：选择当前窗口中的所有素材；

（14）取消全选：取消当前窗口中的全部选择；

（15）标签：改变标签的颜色选项，为素材设置不同的颜色标记；

（16）清空：清空软件缓存数据并释放内存，提高软件的运行速度，如图 2-3-7 所示；

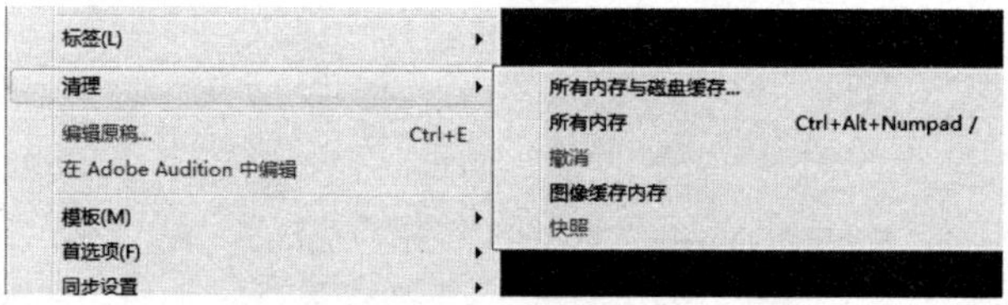

图 2-3-7　清空命令

（17）编辑原始素材：打开生成素材的应用程序，对素材进行编辑；

（18）模板：设置渲染参数模板和输出参数模板；

（19）首选项：设置软件的各项参数；

（20）粘贴 Mocha 形状：将 Mocha for After Effects CS6 插件的形状数据粘贴入被选择层。

三、合成菜单

合成菜单用于建立、合成、调整工作区以及渲染的操作，是后期编辑软件的核心菜单。

（1）新建合成：新建一个合成组，用于后期视频编辑，如图 2–3–8 所示；

（2）合成设置：调成所选择的合成组的一些参数；

（3）设置海报时间：将时间线窗口中显示的当前时间线指针的位置的帧画面设置为当前所编辑合成组的缩略图显示画面；

（4）将合成裁剪到工作区：设置合成组工作区域以后，可以删除工作区域以外的所有方面；

（5）裁剪合成到目标区域：在合成窗口中可以绘制一个我们自定义大小的矩形区域，然后可以根据此命令将合成组中的尺寸重新设置为目标区域的大小；

（6）添加到渲染队列：将选中的我们设置的合成组进行渲染输出，并且将渲染任务添加到渲染队列中；

（7）预览：可以对当前的项目进行内存的预览，同时设置是否渲染和播放该音频，如图 2–3–9 所示；

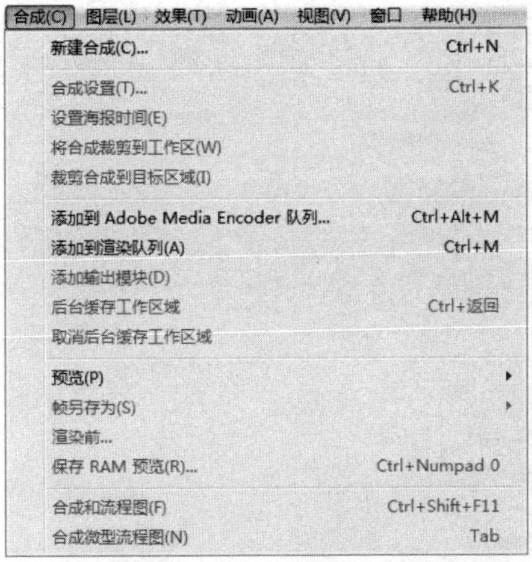

图 2–3–8　预览命令

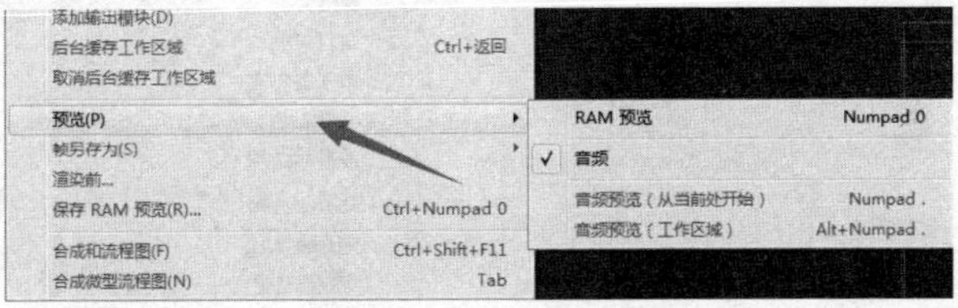

图 2–3–9　预览说明

（8）另存单帧为：将实现窗口中显示的当前时间线指针所处位置的帧画面输出为静态图片；

（9）预渲染：渲染输出当前所设置的合成组，并且将渲染输出时得到的渲染文件替换为当前所设置的合成组，同时进行预览显示，以便节省预览时的计算时间；

（10）保存 RAM 预览：将内存预演的结果存储为需要的视频文件；

（11）合成流程图：弹出新的显示窗口，以便显示节点方式，显示当前合成组的编辑流程；

（12）合成微型流程图：以微型面板的方式显示当前所设置的合成组的编辑流程。

四、图层菜单

图层菜单是 After Effects 重要的菜单，After Effects 中关于图层部分的大多数命令包含在这个菜单中。关于图层的操作，我们将在后续特效案例的实际制作中进行详细介绍。

五、效果菜单

效果菜单是 After Effects 重要的菜单，After Effects 中关于效果部分的大多数命令包含在这个菜单中。关于效果的操作，我们将在后续特效案例的实际制作中进行详细介绍，如图 2-3-10 所示。

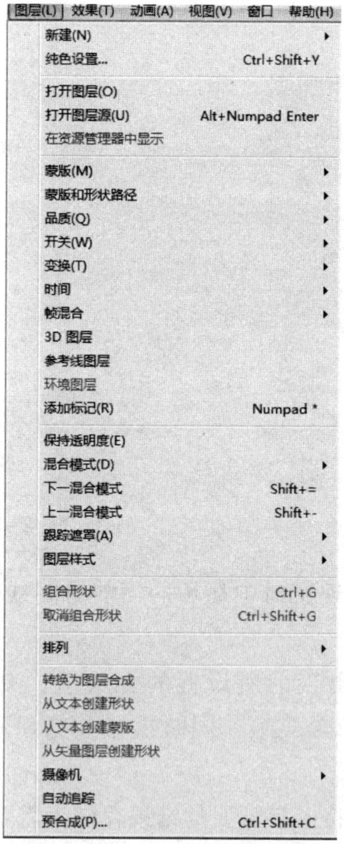

图 2-3-10　效果菜单

六、动画菜单

动画菜单是 After Effects 重要的菜单，After Effects 中关于动画部分的大多数命令包含在这个菜单中，如图 2-3-11 所示。

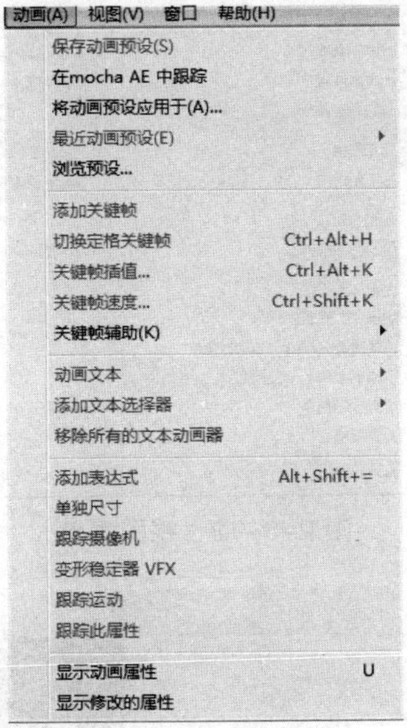

2-3-11　动画菜单

七、视图菜单

视图菜单中的命令用于调整 After Effects 软件操作界面的显示状态，如图 2-3-12 所示。

（1）跳转时间：设定当前显示窗口显示的画面；

（2）新建视图：新建一个显示窗口；

（3）放大：放大当前的显示窗口；

（4）缩小：缩小当前的显示窗口；

（5）分辨率：修改当前显示窗口的显示分辨率，如图 2-3-13 所示；

（6）模拟输出：模拟输出选项；

（7）显示标尺：在显示窗口中显示标尺；

（8）显示参考线：在显示窗口中显示参考线；

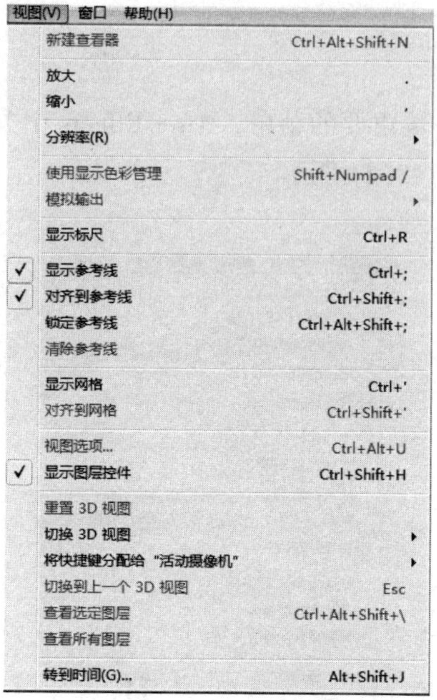

图 2-3-12　视图菜单

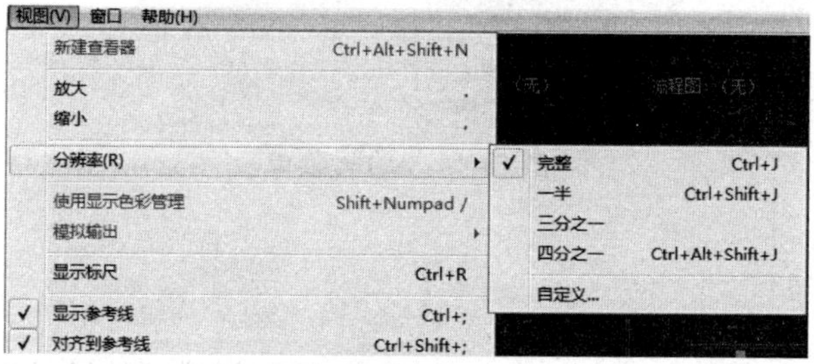

图 2-3-13　参考线设置

（9）吸附到参考线：在合成窗口中操作素材时，选择此选项，可以使素材自动吸附到参考线上；

（10）锁定参考线：使参考线不能被选中或移动；

（11）显示网格：在显示窗口中显示网格；

（12）吸附到网格：在合成窗口中操作素材时，选择此选项，可以使素材自动吸附到网格上；

（13）视图选项：打开视图控制对话框，可以选择是否显示素材的边框或者蒙版边缘线等控制器；

（14）显示层控制器：显示素材的边框或者蒙版边缘线等控制器；

（15）重制 3D 视图：将 3D 视图重置为默认状态；

（16）分配快捷键给活动摄像机：为活动摄像机分配一个快捷键；

（17）切换到上一个 3D 视图：切换当前显示窗口的显示视图模式；

（18）查看所选图层：查看当前选择的 3D 涂层。

八、窗口菜单

窗口菜单包含了设置显示或关闭各功能窗口的命令，如图 2-3-14 所示。

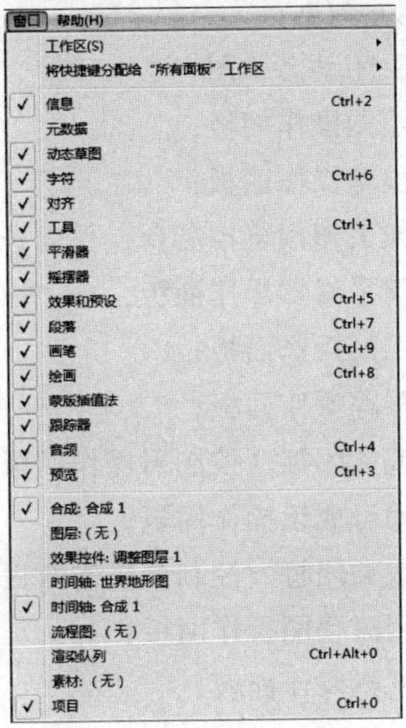

图 2-3-14　窗口菜单

菜单中各命令的说明如下。

（1）工作区：选择或订制工作界面布局，可以使用快捷键，在多个工作界面布局中切换，如图 2-3-15 所示。

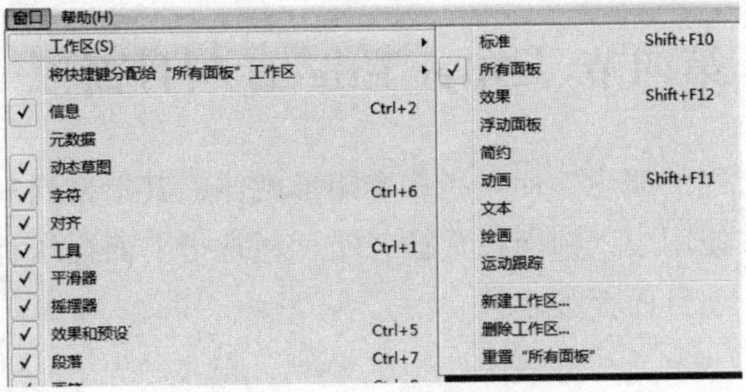

图 2-3-15　工作区界面

（2）分配快捷键到标准工作区：分配快捷键到指定的工作界面布局中；
（3）对齐：打开或关闭对齐操作面板；
（4）音频：打开或关闭音频操作面板；
（5）画笔：打开或关闭画笔操作面板；
（6）文字：打开或关闭文字操作面板；
（7）特效和预设：打开或关闭特效和预设操作面板；
（8）智能蒙版插值：打开或关闭智能蒙版差值操作面板；
（9）元数据：打开或关闭元数据；
（10）动态草图：打开或关闭动态草图；
（11）绘图：打开或关闭绘图操作面板；
（12）段落：打开或关闭段落操作面板；
（13）预览控制台：打开或关闭预览控制台操作面板；
（14）平滑器：打开或关闭平滑器操作面板；
（15）工具：打开或关闭工具操作面板；
（16）跟踪：打开或关闭跟踪操作面板；
（17）摇摆控制器：打开或关闭摇摆控制器操作面板；
（18）合成组：打开或关闭合成组操作面板；
（19）特效控制台：打开或关闭特效控制台操作面板；
（20）流程图：打开或关闭流程图操作面板；
（21）素材：打开或关闭素材操作面板；
（22）层：打开或关闭层操作面板；
（23）项目：打开或关闭项目操作面板；
（24）渲染队列：打开或关闭渲染队列操作面板；
（25）时间线：打开或关闭时间线操作面板。

第四节　After Effects 项目面板

帧面板不同于时间的概念，而是指一个矩形载体，其上排列一个或多个带有名称标签的功能面板。在使用中，帧面板常被忽略，通常指上面提示有名称标签的功能面板，例如信息面板、项目面板等。

一、帧面板操作

这里在 4 个合成时间轴所在帧面板的右上角，单击图标弹出菜单。当选择关闭面板时，只关闭 4 个合成时间轴中的一个，其他 3 个还存在。当选择关闭帧时，当前这个面板包括这些合成时间轴将全部关闭显示，当帧上的合成时间轴面板有很多个，而只想保留其中的一个，关闭其他时间轴面板，就可使用这个选项，如图 2-4-1 所示。

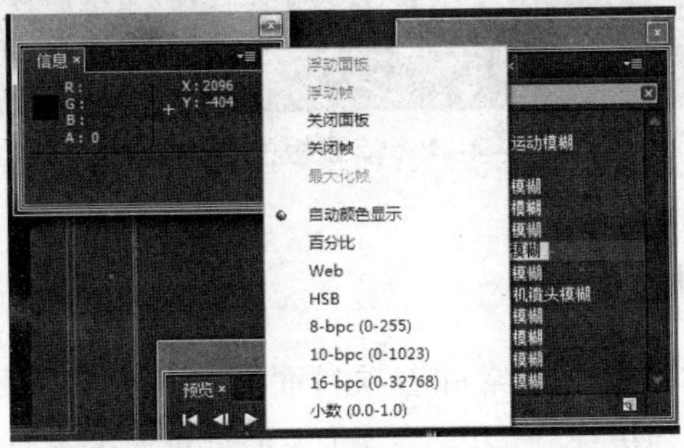

图 2-4-1　帧面板的显示

同样，选择浮动面板时，只有一个合成时间轴面板脱离开转变为浮动状态，而选择浮动帧时，则是几个合成时间轴面板一起转变为浮动状态，如图 2-4-2 所示。

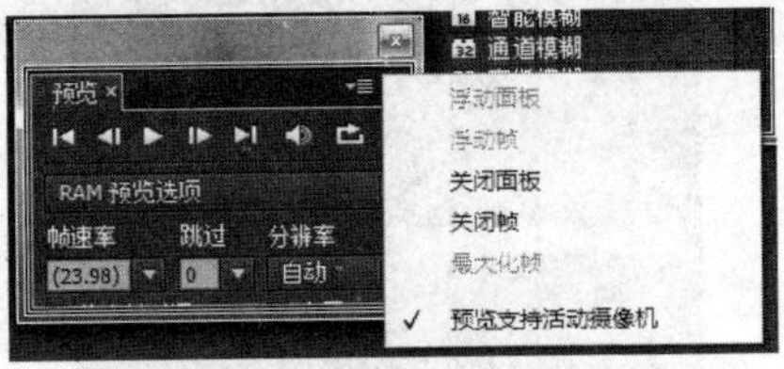

图 2-4-2　帧面板的浮动

面板之间均可以拖移，可以将多个面板拖至一个帧上排列放置，拖放到目标时，当浅蓝色目标区域提示在中央时，面板以排列方式加入目标所在的帧，如图 2-4-3 所示。

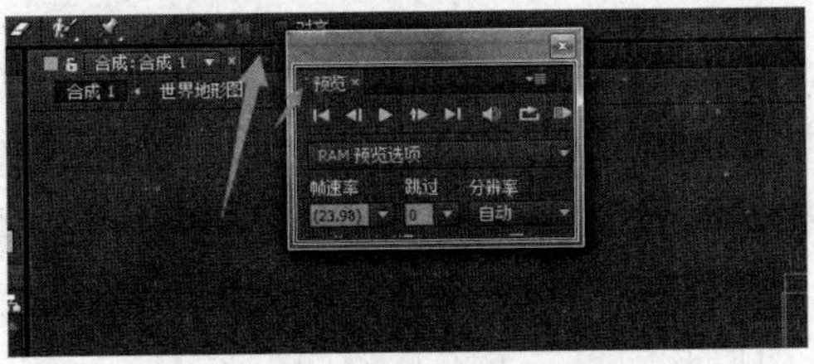

图 2-4-3　帧面板的组合移动

拖移时，当浅蓝色目标区域提示在一侧时，面板以新的帧并排放置，并挤占相应的面积，如图 2-4-4 所示。

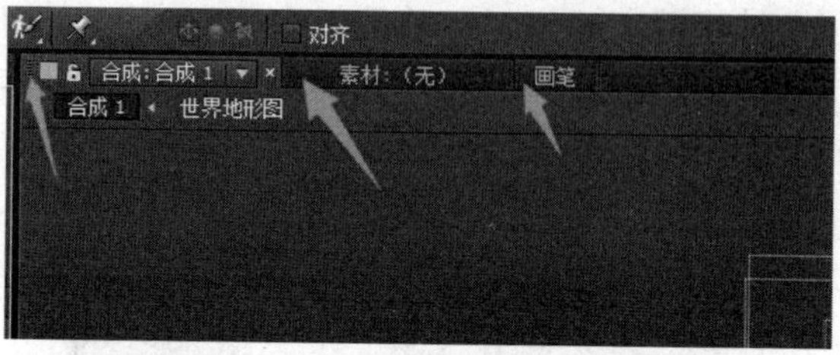

图 2-4-4　帧面板的组合排列

二、三大常驻面板

（1）项目面板界面。左上角常驻着项目面板，起着放置和管理素材合成的作用，平时所显示的项目列表列出比较少，只为几项最为重要的名称、类型等。也可以在项目面板右上角的图标上单击弹出菜单，将列出菜单下众多的内容，按列的方式显示出来，这样可以了解到项目面板中的各素材与合成的详细属性，项目面板如图 2-4-5 所示。

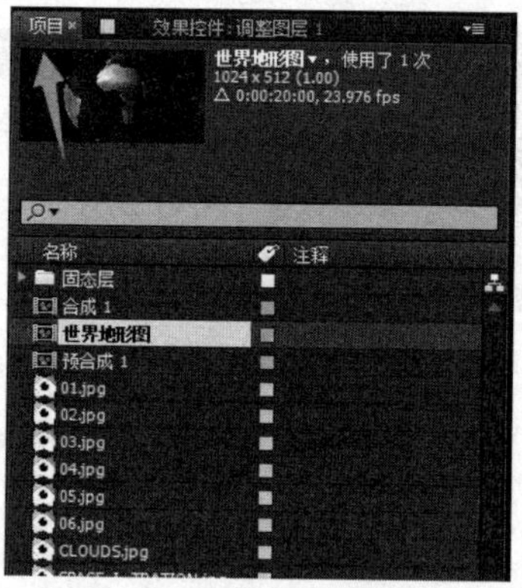

图 2-4-5　项目面板介绍

（2）时间轴面板。界面下部的时间轴面板是最重要的操作面板，合成制作的大部分操作集中在时间轴面板中的众多图层上。时间轴面板也通常占据着界面下面一半的区域，其左侧是图层的各类设置属性栏，右侧是时间标尺区域，每个图层在其所处的时间范围内显示，上面图层叠加在下面图层的画面之上，通常需要使用多种方法将上下多个同一时间段的图层共同显示在合成视图面板中，如图 2-4-6 所示。

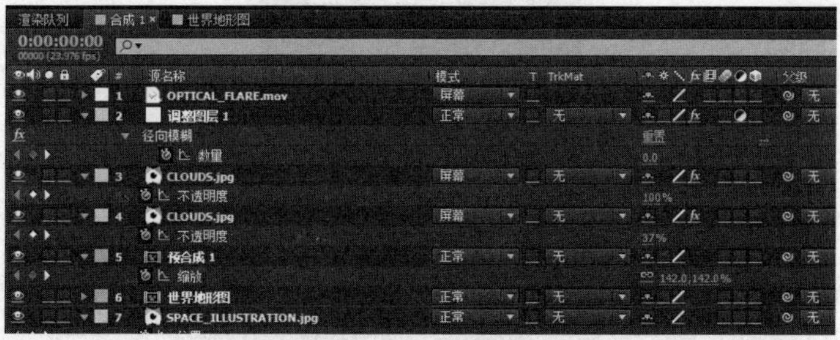

图 2-4-6　时间轴面板介绍

（3）合成视图面板。三大面板中最为直观的是合成视图面板。项目面板中的素材时间轴中合成的效果在这里完全得到展示，合成视图的面板可以对画面以不同的大小比例进行全貌或局部形式，可以使用粗略的分辨率快速查看动画的大致效果，也可以用精细的分辨率精确预览最终的效果。在合成视图面板中预览效果动画的速度取决于软硬件的配置与制作效果的复杂程度，如图 2-4-7 所示。

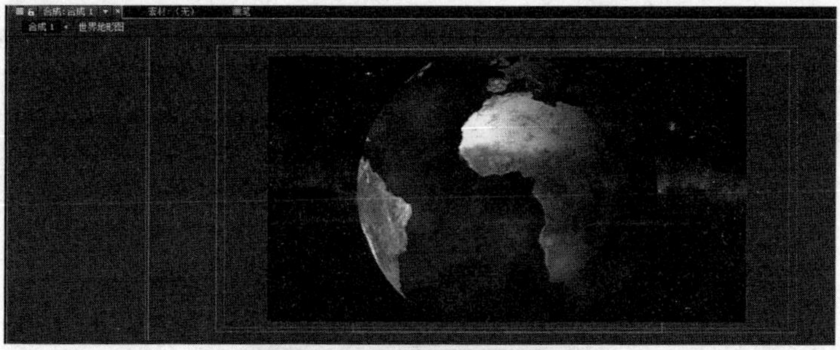

图 2-4-7　合成视图面板介绍

三、其他常用面板

除了三大基本的面板之外，标准工作区界面中还有信息、音频、预览效果、预设面板以及建立文字时常用设置的字符和段落面板。

（1）信息面板：显示当前操作状态中的一些信息供参考，如在视图面板中鼠标指针处的颜色值坐标、时间轴中选中图层的信息等，如图 2-4-8 所示。

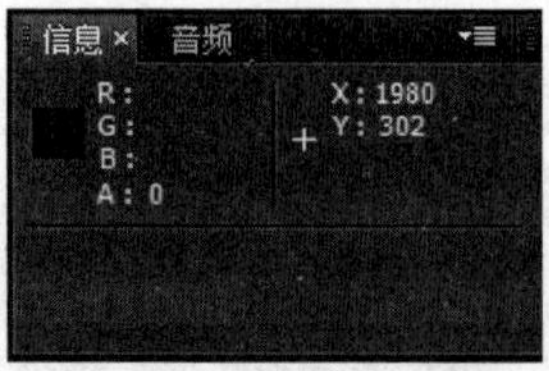

图 2-4-8　信息面板介绍

（2）音频面板：在预览音频时会显示有音量，只是当声音电平达到红色时，说明音量过高引起音频失真，需要适当降低，如图 2-4-9 所示。

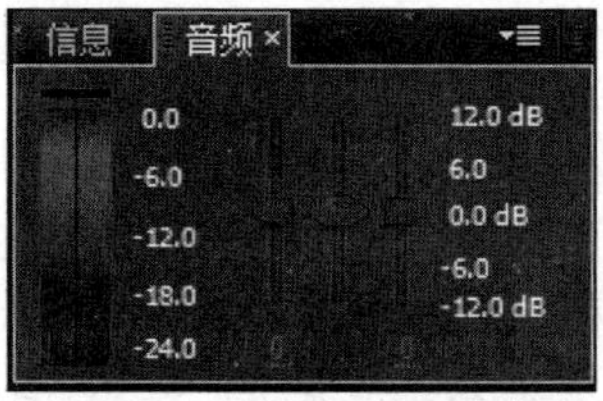

图 2-4-9　音频面板介绍

（3）预览面板：可以对合成中的动画进行实时的预览，或每跳几帧进行快速预览，可以每次从头预览，也可以从当前时间指示器的位置点开始预览，还可以静音、循环、逐帧全屏预览，如图 2-4-10 所示。

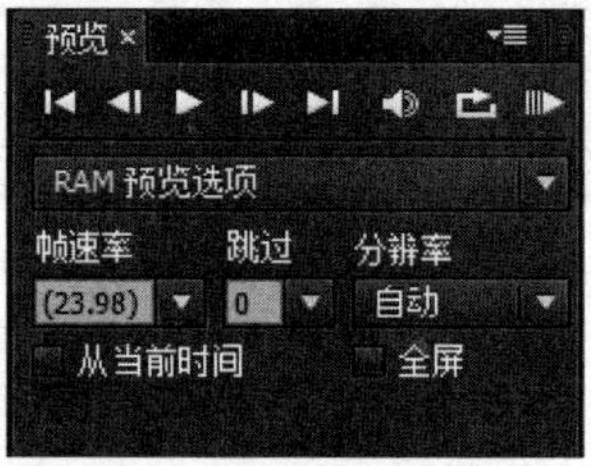

图 2-4-10　预览面板介绍

（4）效果和预设面板：可以选择效果和预设，将其拖至时间轴中的图层上，为图层添加这个效果和预设，其中预设是常用的设置好参数值中的一个或多个效果组合，添加效果和预设后相应会自动打开效果控制的面板，显示为图层添加的效果。可以在效果空间面板中或时间轴图层的效果下进行效果设置操作，如图 2-4-11 所示。

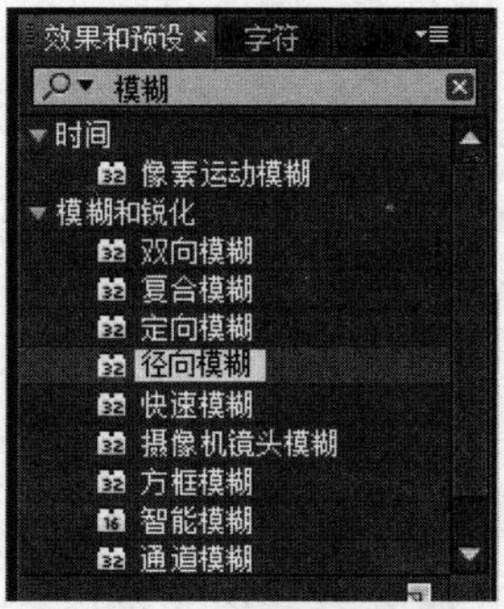

图 2-4-11　效果和预设面板介绍

（5）字符和段落面板：是建立和修改文字时需要的设置面板，在其中设置文字的字体、颜色、大小、字符间距、行间距以及文体的对齐方式等，如图 2-4-12 所示。

图 2-4-12　字符和段落面板介绍

（6）此外还有渲染队列的面板，将在后面下一章节进行讲解。每个面板右上角都有弹出菜单的图标，显示面板的先用菜单选项，也包括浮动关闭或面板的共同菜单选项，标准工作界面下的其他面板及文本相应的面板，如图 2-4-13 所示。

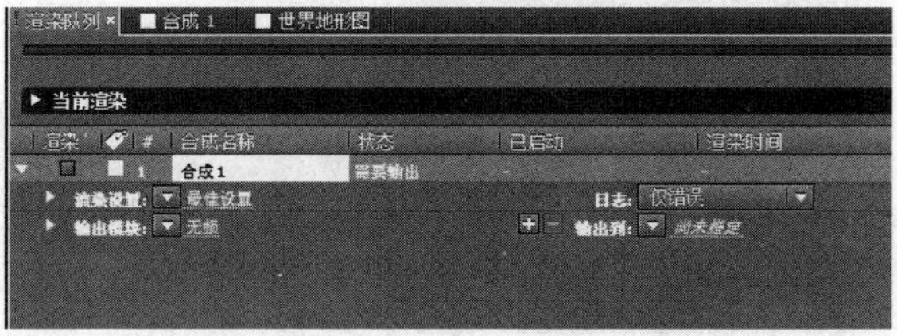

图 2-4-13　渲染队列面板介绍

四、首选项面板设置

首选项面板用于设置 After Effects 外观和其他一些功能偏好，用户可以根据自己的需要和习惯，在开始工作之前进行参数设置。面板中还有十几个设置选项，根据工作流程的环节属性进行分类，其中最常用的有视频预览、自动保存、内存和多重处理等几个部分，如图 2–4–14 所示。

（1）常规：常规选项用于设置通用的性能参数；

（2）可撤销操作步数：设置可以撤销或恢复操作的步数，最多可以撤销、恢复 99 步，设置的步数越多，占用的系统资源也越多；

（3）显示工具提示，设置工具提示：设置当鼠标指针悬停在工作区域按钮时，是否显示工具信息；

（4）在合成开始创建图层：创建新图层的起始位置，位于合成组的起始位置上；

（5）开关影响嵌套的合成：控制对被嵌入的合成组的质量设置，以及运动模糊等设置的修改，以及是否影响原有合成组；

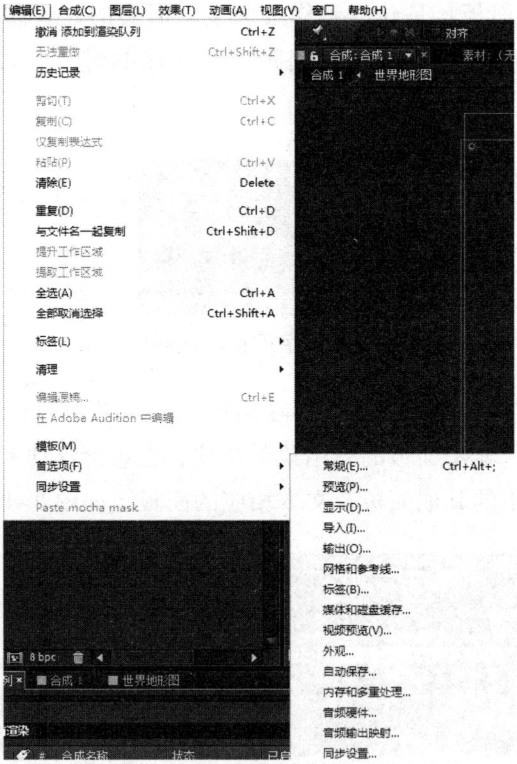

图 2–4–14　首选项面板介绍

（6）默认的空间插值为线性，默认为勾选状态；

（7）在编辑蒙版时，保持固定的点数和羽化点数：默认为勾选状态，为蒙版做动画时为蒙版添加的新控制点便会运用在整个动画持续时间中，同样蒙版的数据在某一时间点删除；如果不勾选此项程序，只会删除当前时间点上的控制点，而保留其他时间点上的控制点，增加控制点也只会在当前时间点被加入；

（8）同步所有相关项目的时间：勾选此项可以使所有关联的项目同步默认为勾选状态；

（9）用简明英语编写表达式：若勾选此框，在表达式中采用紧凑的方式运行，可以省略英文单词的部分字母；

（10）输出设备：在该下拉列表中可以选择使用输出的设备，默认为仅适用于计算机的显示器显示；

（11）输出模式：设置输出到视频监视器的模式，不同的类型有不同的选择；

（12）输出品质：可以设置为快速或更精确；

（13）自动保存选项；

（14）自动保存项目文件：可以设置 After Effects 软件是否自动保存项目文件；

（15）保存间隔时间：可以设置自动保存文件的间隔时间，默认为 20 分钟；

（16）最多项目保存数量：此选项可以设置自动保存的项目，文件的数量默认为 5 个。

第五节　After Effects 操作中的快捷键

快捷键在 After Effects 中有着重要的意义，可以加快操作，使精力专注于制作效果，特别是在烦琐复杂的操作中，快捷键能显著提高工作效率。在使用快捷键时要注意的是针对哪个面板进行操作。例如，按 Ctrl+M 键渲染输出时，如果当前项目面板处于激活状态，项目面板便处于选中状态。

初学者操作 After Effects 的快捷键是一个很好的了解 After Effects 功能的方法，After Effects 的快捷键在菜单命令后面有相应的提示，因为 After Effects 的快捷键非常多，在学习的时候可分开来逐步了解。

一、项目窗口

（1）新建项目：Ctrl+Alt+N；

（2）打开项目：Ctrl+O；

（3）打开项目时只打开项目窗口：按住 Shift 键；

（4）打开上次打开的项目：Ctrl+Alt+Shift+P；

（5）保存项目：Ctrl+S；

（6）选择上一子项：上箭头；

（7）选择下一子项：下箭头；

（8）打开选择的素材项或合成图像：用双击左键；

（9）在 After Effects 素材窗口中打开影片：Alt+ 双击。

二、激活最近激活的合成图像

（1）增加选择的子项到最近激活的合成图像中：Ctrl+/；
（2）显示所选的合成图像的设置：Ctrl+K；
（3）增加所选的合成图像的渲染队列窗口：Ctrl+Shift+/；
（4）引入一个素材文件：Ctrl+I；
（5）引入多个素材文件：Ctrl+Alt+I。

三、替换选择层的源素材或合成图像

（1）替换素材文件：Ctrl+H；
（2）设置解释素材选项：Ctrl+F；
（3）扫描发生变化的素材：Ctrl+Alt+Shift+L；
（4）重新调入素材：Ctrl+Alt+L；
（5）新建文件夹：Ctrl+Alt+Shift+N；
（6）记录素材解释方法：Ctrl+Alt+C；
（7）应用素材解释方法：Ctrl+Alt+V；
（8）设置代理文件：Ctrl+Alt+P；
（9）退出：Ctrl+Q。

四、合成图像、层和素材窗口

（1）在打开的窗口中循环：Ctrl+Tab；
（2）显示 / 隐藏标题安全区域和动作安全区域：'；
（3）显示 / 隐藏网格：Ctrl+"；
（4）显示 / 隐藏对称网格：Alt+"；
（5）居中激活的窗口：Ctrl+Alt+\；
（6）动态修改窗口：Alt+ 拖动属性控制。

五、暂停修改窗口（大写键）

（1）在当前窗口的标签间循环：Shift+" 或 Shift+.；
（2）在当前窗口的标签间循环并自动调整大小：Alt+Shift+" 或 Alt+Shift+.；
（3）快照（多至 4 个）：Ctrl+F5，F6，F7，F8；
（4）显示快照：F5，F6，F7，F8；

（5）清除快照：Ctrl+Alt+F5，F6，F7，F8；
（6）显示通道（RGBA）：Alt+1，2，3，4；
（7）带颜色显示通道（RGBA）：Alt+Shift+1，2，3，4；
（8）带颜色显示通道（RGBA）：Shift+ 单击通道图标；
（9）带颜色显示遮罩通道：Shift+ 单击 ALPHA 通道图标。

六、显示窗口和面板

（1）项目窗口：Ctrl+0；
（2）项目流程视图：F11；
（3）渲染队列窗口：Ctrl+Alt+0；
（4）工具箱：Ctrl+1；
（5）信息面板：Ctrl+2；
（6）时间控制面板：Ctrl+3；
（7）音频面板：Ctrl+4；
（8）显示 / 隐藏所有面板：Tab；
（9）General 偏好设置：Ctrl+；
（10）新合成图像：Ctrl+N；
（11）关闭激活的标签 / 窗口：Ctrl+W；
（12）关闭激活窗口（所有标签）：Ctrl+Shift+W；
（13）关闭激活窗口（除项目窗口）：Ctrl+Alt+W。

七、时间布局窗口中的移动

（1）到工作区开始：Home；
（2）到工作区结束：Shift+End；
（3）到前一可见关键帧：J；
（4）到后一可见关键帧：K；
（5）到前一可见层时间标记或关键帧：Alt+J；
（6）到后一可见层时间标记或关键帧：Alt+K；
（7）到合成图像时间标记：主键盘上的 0 ～ 9；
（8）滚动选择的层到时间布局窗口的顶部：X；
（9）滚动当前时间标记到窗口中心：D；
（10）到指定时间：Ctrl+G。

八、合成图像、时间布局、素材和层窗口中的移动

（1）到开始处：Home 或 Ctrl+Alt+ 左箭头；
（2）到结束处：End 或 Ctrl+Alt+ 右箭头；
（3）向前一帧：Page Down 或左箭头；
（4）向前十帧：Shift+PageDown 或 Ctrl+Shift+ 左箭头；
（5）向后一帧：PageUp 或右箭头；
（6）向后十帧：Shift+PageUp 或 Ctrl+Shift+ 右箭头；
（7）到层的入点：I；
（8）到层的出点：O；
（9）逼近子项到关键帧、时间标记、入点和出点：Shift+ 拖动子项。

九、预示

（1）开始 / 停止播放：空格；
（2）从当前时间点预视音频：0 ～ 9（数字键盘）；
（3）RAM 预视：0（数字键盘）；
（4）每隔一帧的 RAM 预视：Shift+0（数字键盘）；
（5）保存 RAM 预视：Ctrl+0（数字键盘）；
（6）快速视频：Alt+ 拖动当前时间标记；
（7）快速音频：Ctrl+ 拖动当前时间标记；
（8）线框预视：Alt+0（数字键盘）；
（9）线框预视时用矩形替代 alpha 轮廓：Ctrl+Alt+0（数字键盘）；
（10）线框预视时保留窗口内容：Shift+Alt+0（数字键盘）；
（11）矩形预视时保留窗口内容：Ctrl+Shift+Alt+0（数字键盘）。

十、合成图像、层和素材窗口中的编辑

（1）拷贝：Ctrl+C；
（2）复制：Ctrl+D；
（3）剪切：Ctrl+X；
（4）粘贴：Ctrl+V；
（5）撤销：Ctrl+Z；
（6）重做：Ctrl+Shift+Z；
（7）选择全部：Ctrl+A；

（8）取消全部选择：Ctrl+Shift+A 或 F2；
（9）层、合成图像、文件夹、效果更名：Enter（数字键盘）；
（10）原应用程序中编辑子项（仅限素材窗口）：Ctrl+E。

十一、合成图像和时间布局窗口中的层操作

（1）放在最前面：Ctrl+Shift+]；
（2）向前提一级：Shift+]；
（3）向后放一级：Shift+ [；
（4）放在最后面：Ctrl+Shift+ [；
（5）选择下一层：Ctrl+ 下箭头；
（6）选择上一层：Ctrl+ 上箭头；
（7）通过层号选择层：1 ～ 9（数字键盘）；
（8）取消所有层选择：Ctrl+Shift+A；
（9）锁定所选层：Ctrl+L；
（10）释放所有层的选定：Ctrl+Shift+L；
（11）分裂所选层：Ctrl+Shift+D。

十二、激活合成图像窗口

（1）在层窗口中显示选择的层：Enter（数字键盘）；
（2）显示隐藏视频：Ctrl+Shift+Alt+V；
（3）隐藏其他视频：Ctrl+Shift+V；
（4）显示选择层的效果控制窗口：Ctrl+Shift+T 或 F3。

十三、在合成图像窗口和时间布局窗口中转换

（1）打开源层：Alt+ 双击层；
（2）在合成图像窗口中不拖动句柄缩放层：Ctrl+ 拖动层；
（3）在合成图像窗口中逼近层到框架边和中心：Alt+Shift+ 拖动层；
（4）逼近网格转换：Ctrl+Shit+"；
（5）逼近参考线转换：Ctrl+Shift+；；
（6）拉伸层适合合成图像窗口：Ctrl+Alt+F；
（7）层的反向播放：Ctrl+Alt+R；
（8）设置入点：[；
（9）设置入点：]；

（10）剪辑层的入点：Alt+[；
（11）剪辑层的出点：Alt+]；
（12）所选层的时间重映象转换开关：Ctrl+Alt+T；
（13）设置质量为最好：Ctrl+U；
（14）设置质量为草稿：Ctrl+Shift+U；
（15）设置质量为线框：Ctrl++Shift+U；
（16）创建新的固态层：Ctrl+Y；
（17）显示固态层设置：Ctrl+Shift+Y；
（18）重组层：Ctrl+Shift+C；
（19）通过时间延伸设置入点：Ctrl+Shift+，；
（20）通过时间延伸设置出点：Ctrl+Alt+，
（21）约束旋转的增量为 45 度：Shift+ 拖动旋转工具；
（22）约束沿 X 轴或 Y 轴移动：Shift+ 拖动层；
（23）复位旋转角度为 0 度：双击旋转工具；
（24）复位缩放率为 100%：双击缩放工具。

十四、合成图像层和素材窗口中的空间缩放

（1）缩放至 100%：主键盘上的 / 或双击缩放工具；
（2）放大并变化窗口：Alt+. 或 Ctrl+=（主键盘）；
（3）缩小并变化窗口：Alt+，或 Ctrl+-（主键盘）；
（4）缩放至 100% 并变化窗口：Alt+/（主键盘）；
（5）缩放窗口：Ctrl+\；
（6）缩放窗口适应于监视器：Ctrl+Shift+\；
（7）窗口居中：Shift+Alt+\；
（8）缩放窗口适应于窗口：Ctrl+Alt+\；
（9）图像放大，窗口不变：Ctrl+Alt+ =；
（10）图像缩小，窗口不变：Ctrl+Alt+ -。

十五、时间布局窗口中的时间缩放

（1）缩放到帧视图：；；
（2）放大时间：=（主键盘）；
（3）缩小时间：-（主键盘）；

十六、时间布局窗口中查看层属性

（1）定位点：A；

（2）音频级别：L；

（3）音频波形：LL；

（4）效果：E；

（5）遮罩羽化：F；

（6）遮罩形状：M；

（7）遮罩不透明度：TT；

（8）不透明度：T；

（9）位置：P；

（10）旋转：R；

（11）时间重映象：RR；

（12）缩放：S；

（13）显示所有动画值：U；

（14）在对话框中设置层属性值（与 P,S,R,F,M 一起）：Ctrl+Shift+ 属性快捷键；

（15）隐藏属性：Alt+Shift+ 单击属性名；

（16）弹出属性滑竿：Alt+ 单击属性名；

（17）增加 / 删除属性：Shift+ 单击属性名；

（18）switches/modes 转换：F4；

（19）为所有选择的层改变设置：Alt+ 单击层开关；

（20）打开不透明对话框：Ctrl+Shift+O；

（21）打开定位点对话框：Ctrl+Shift+Alt+A；

十七、时间布局窗口中工作区的设置

（1）设置当前时间标记为工作区开始：B；

（2）设置当前时间标记为工作区结束：N；

（3）设置工作区为选择的层：Ctrl+Alt+B。

（4）未选择层时，设置工作区为合成图像长度：Ctrl+Alt+B。

十八、时间布局窗口中修改关键帧

（1）设置关键帧速度：Ctrl+Shift+K；

（2）设置关键帧插值法：Ctrl+Alt+K；
（3）增加或删除关键帧（计时器开启时）或开启时间变化计时器：Alt+Shift+。

十九、属性快捷键

（1）选择一个属性的所有关键帧：单击属性名；
（2）增加一个效果的所有关键帧到当前关键帧选择：Ctrl+ 单击效果名；
（3）逼近关键帧到指定时间：Shift+ 拖动关键帧；
（4）向前移动关键帧一帧：Alt+ 右箭头；
（5）向后移动关键帧一帧：Alt+ 左箭头；
（6）向前移动关键帧十帧：Shift+Alt+ 右箭头；
（7）向后移动关键帧十帧：Shift+Alt+ 左箭头；
（8）在选择的层中选择所有可见的关键帧：Ctrl+Alt+A；
（9）到前一可见关键帧：J；
（10）到后一可见关键帧：K；
（11）在线性插值法和自动 Bezer 插值法间转换：Ctrl+ 单击关键帧；
（12）改变自动 Bezer 插值法为连续 Bezer 插值法：拖动关键帧句柄；
（13）Hold 关键帧转换：Ctrl+Alt+H 或 Ctrl+Alt+ 单击关键帧句柄；
（14）连续 Bezer 插值法与 Bezer 插值法间转换：Ctrl+ 拖动关键帧句柄；
（15）Easy easy：F9；
（16）Easy easy 入点：Alt+F9；
（17）Easy easy 出点：Ctrl+Alt+F9。

二十、合成图像和时间布局窗口中层的精确操作

（1）以指定方向移动层一个像素：箭头；
（2）旋转层 1 度：+（数字键盘）；
（3）旋转层 –1 度：–（数字键盘）；
（4）放大层 1%：Ctrl+ +（数字键盘）；
（5）缩小层 1%：Ctrl+ –（数字键盘）；
（6）移动、旋转和缩放变化量为 10：Shift+ 快捷键；
（7）层的精调是按当前缩放率下的像素计算，而不是实际像素；

二十一、合成图像窗口中合成图像的操作

（1）显示 / 隐藏参考线：Ctrl+；；

（2）锁定 / 释放参考线锁定：Ctrl+Alt+Shift+；；
（3）显示 / 隐藏标尺：Ctrl+ R；
（4）改变背景颜色：Ctrl+Shift+B；
（5）设置合成图像解析度为 full：Ctrl+ J；
（6）设置合成图像解析度为 Half：Ctrl+ Shift+J；
（7）设置合成图像解析度为 Quarter：Ctrl+ Alt+Shift+J；
（8）设置合成图像解析度为 Custom：Ctrl+ Alt+J；
（9）合成图像流程图视图：Alt+F11。

二十二、层窗口中遮罩的操作

（1）椭圆遮罩置为整个窗口：双击椭圆工具；
（2）矩形遮罩置为整个窗口：双击矩形工具；
（3）在自由变换模式下围绕中心点缩放：Ctrl+ 拖动；
（4）选择遮罩上的所有点：Alt+ 单击遮罩；
（5）自由变换遮罩：双击遮罩；
（6）推出自由变换遮罩模式：Enter；

二十三、合成图像和实际布局窗口中的遮罩操作

（1）定义遮罩形状：Ctrl+ Shift+M；
（2）定义遮罩羽化：Ctrl+ Shift+F；
（3）设置遮罩反向：Ctrl+ Shift+I；
（4）新遮罩：Ctrl+ Shift+N。

二十四、效果控制窗口中的操作

（1）选择上一个效果：上箭头；
（2）选择下一个效果：下箭头；
（3）扩展 / 卷收效果控制：'；
（4）清除层上的所有效果：Ctrl+ Shift+E；
（5）增加效果控制的关键帧：Alt+ 单击效果属性名。

二十五、激活包含层的合成图像窗口

（1）应用上一个喜爱的效果：Ctrl+Alt+Shift+F；
（2）应用上一个效果：Ctrl+Alt+Shift+E；

二十六、合成图像和实际布局窗口中使用遮罩

（1）设置层时间标记：*（数字键盘）；

（2）清楚层时间标记：Ctrl+ 单击标记；

（3）到前一个可见层时间标记或关键帧：Alt+J；

（4）到下一个可见层时间标记或关键帧：Alt+K；

（5）到合成图像时间标记：0 ～ 9（数字键盘）；

（6）在当前时间设置并编号一个合成图像时间标记：Shift+0 ～ 9（数字键盘）。

二十七、激活最近激活的合成图像

（1）增加激活的合成图像到渲染队列窗口：Ctrl+ Shift+/；

（2）在队列中不带输出名复制子项：Ctrl+ D；

（3）保存帧：Ctrl+Alt+S；

（4）打开渲染对列窗口：Ctrl+Alt+O；

二十八、工具箱操作

（1）选择工具：V；

（2）旋转工具：W；

（3）矩形工具：C；

（4）椭圆工具：Q；

（5）笔工具：G；

（6）后移动工具：Y；

（7）手工具：H；

（8）缩放工具（使用 Alt 缩小）：Z；

（9）从选择工具转换为笔工具：按住 Ctrl；

（10）从笔工具转换为选择工具：按住 Ctrl；

（11）在信息面板显示文件名：Ctrl+Alt+E。

二十九、操作界面中的常用快捷键

（1）按 Ctrl+0 键，可以切换项目面板的显示和关闭；

（2）按 Ctrl+1 至 9 键，可以切换其他不同面板的显示和关闭；

（3）按 Ctrl+Alt+0 键，可以切换渲染队列面板的显示和关闭；

（4）按 ~ 键，可以将帧面板最大化，操作时是将鼠标移至某个帧面板上按 ~ 键

可将这个帧面板最大化，例如将鼠标停留在合成视图面板中，不必单击。按 ~ 键后合成视图面板放大至全屏，在按 ~ 键后恢复原来的大小；

（5）按 Ctrl+/ 键，可全屏或最大化界面，当 After Effects 接连着电脑屏幕非满屏时，按这个快捷键会使主界面满屏，当主界面满屏时，按这个快捷键会将最顶端的项目文件名称隐藏，将界面最大化；

（6）按 Ctrl+/ 键，全屏或最大化浮动面板，按 Ctrl+/ 键同样适用于浮动面板，将其放大到全屏或隐藏其标签名称最大化，例如在合成视图面板的右上角菜单中，将其设为浮动面板，然后按 Ctrl+/ 键，将其全屏显示，再按一次 Ctrl+/ 键，将隐藏所有信息，只显示视图中的画面；

（7）在合成制作中需要注意保存文件，这时候需要再次按 Ctrl+/ 键返回，当然通过按 Alt+F4 键也可以关闭最大化面板，在操作界面混乱的时候，别忘记使用工作区选项和重置工作区来恢复界面。

三十、预览合成的几个快捷键

（1）空格键：即时预览当前时间指示器后的动画；

（2）小键盘的 0 键：可以通过计算完整预览合成的视音频动画；

（3）Pageup 键：预览上一帧动画；

（4）Pagedown 键：预览下一帧画面；

（5）Del 键：仅仅预览音频；

（6）在 After Effects 中左右移动时间指示器，用的不是左右方向键，而是上下翻页键，如果使用左右方向键，则会误选中移动图层的位置。

第六节 After Effects 工具的使用

After Effects 工具面板中有多种操作工具，右侧加入了工作区选择栏和 Adobe 软件帮助搜索栏的内容，最常用的工具是第 1 个选择工具，在切换使用其他工具之后，长期换回选择工具状态，工具面板通常放在菜单之下形成工具栏，如图 2-6-1 所示。

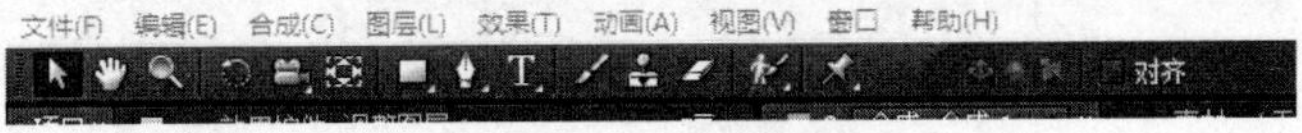

图 2-6-1 工具架介绍

（1）在工具按钮右下角若带有小三角标记，则表明这是一组同类工具，在其上按住鼠标不放，会显示出其他隐藏的工具，或者按住 Alt 键，单击带有小三角形标记的按钮，会循环切换显示出所隐藏的工具。

（2）工具栏也是一个面板，单击工具栏的左端，可以将其转变为浮动面板，如图 2-6-2 所示。

图 2-6-2　工具架转为浮动面板

（3）用鼠标按住浮动面板中工具名称处的标签，将其拖到菜单下方，出现浅绿色的提示释放鼠标，浮动的工具面板又恢复成菜单下方的工具栏。

第三章　After Effects 项目案例

重点：After Effects 各类表达式的用法。

难点：After Effects 各类表达式的操作。

实战：After Effects 各类表达式的创建。

今天我们要做的是表达式的案例和音乐频率的波动，在做之前需要准备图片素材以及音频素材。参考前边所说的影视后期特效基础部分，图片素材需要的是 JPG 格式，音频素材需要的是 WAV 格式。

项目一　抖动表达式的空中飞行

掌握抖动表达式的基本操作有助于我们在影视后期特效处理中提高工作效率，帮我们实现很多有创意的想法。网络上流传的很多在飞机座舱中自拍的场景，其实用一个洗衣液的瓶口把手就可以拍摄出。现在我们就利用表达式来制作动态的模拟飞机抖动。具体的操作步骤如下：

（1）准备相应的素材，打开相关的搜索引擎搜索两张图片，一张是飞机机翼的图片；飞机机翼一定要在云层的上面，另外一张是在飞机座舱中挨着窗口的图片，同时准备模拟飞机飞行中的音频文件，如图 3-1-1 所示。

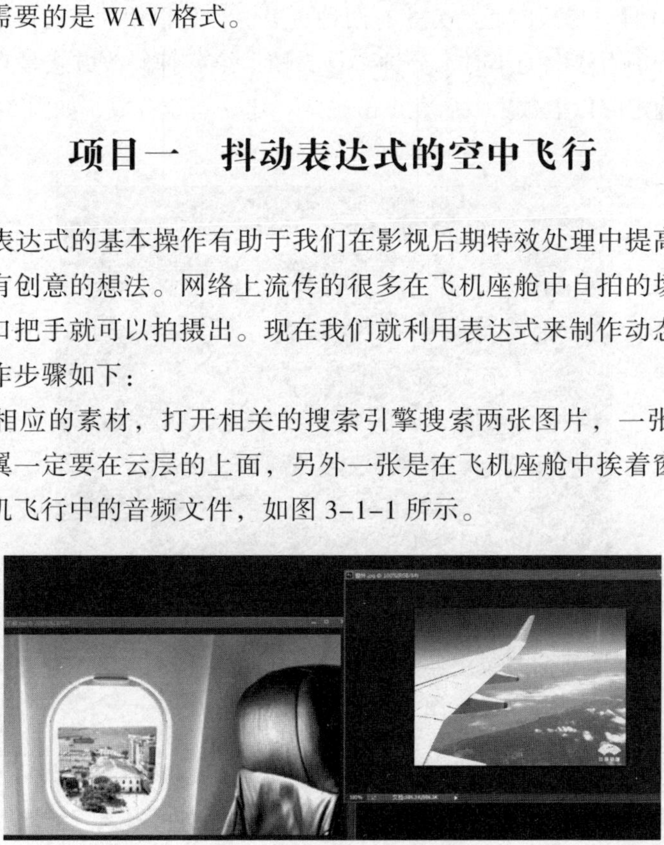

图 3-1-1　项目文件图片导入

（2）用 PhotoShop 图片处理软件打开飞机座舱的图片，用套索或者钢笔工具抠出飞机座舱窗口外的区域，打开通道层，新建一个通道。这么做的目的是将抠出来的飞机座舱外的区域建立一个新的通道，以便在后期软件中可以将其抠出。将修改后的 PS 文件存储为“飞机窗口”，格式为 TGA 格式，如图 3-1-2 所示。

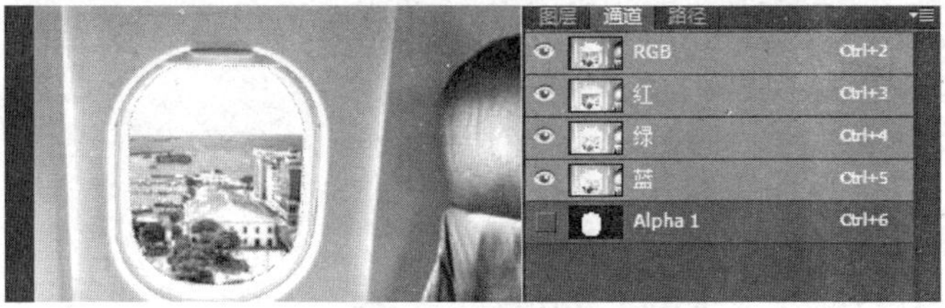

图 3-1-2　窗口抠图通道处理

（3）打开 After Effects，新建项目合成，其中，把项目合成的名称为“我要去飞行”，把项目的大小修改为 1920 × 1080，把项目的时间帧率修改为每秒 25 帧，把项目的时间修改为 30 秒。修改时间的方式有两种：第一种是根据项目窗口中的数值直接进行修改，项目从左边依次为小时、分钟、秒、帧；第二种修改方式是直接选中这些数值键入 3000，确定完以上数字以后，点击确定，建立新建合成，如图 3-1-3 所示。

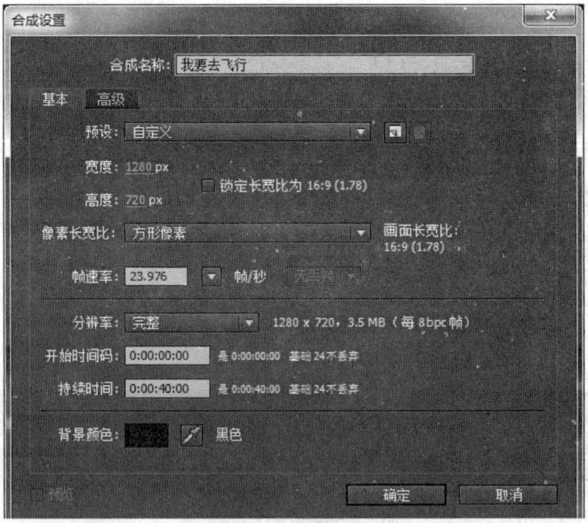

图 3-1-3　新建项目

（4）在项目区域导入文件，找到刚才的 PS 文件“飞机窗口”屏幕中会出现选项框，直接选择该选项。在图层区域可以看到新导入的一个文件图层，这个涂层在 PS 当中已经去除了遮罩，如图 3-1-4 所示。

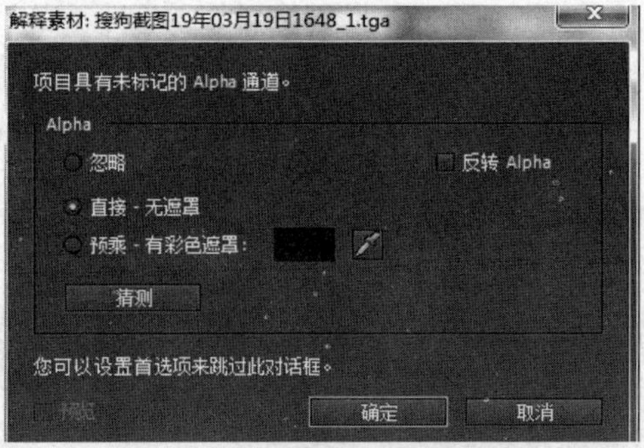

图 3–1–4　应用所建立的遮罩

（5）在项目中导入刚才找到的云层图片，导入以后，将云层图片直接拖动到图层序列里，还得在窗口下边。通过已经抠除的窗口区域，透出外面的云层，此时已经达到我们想看的静态效果，如图 3–1–5 所示。

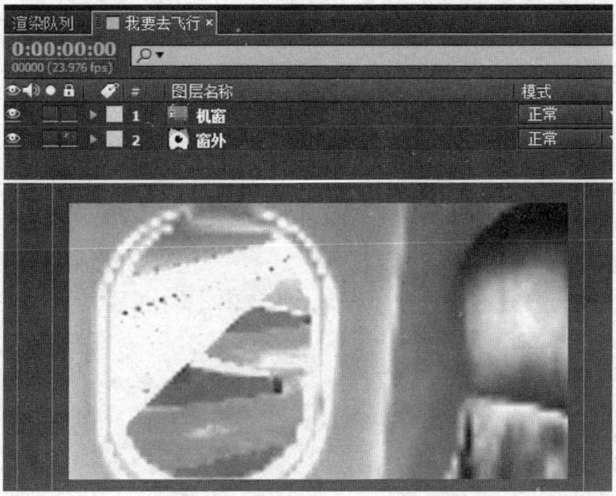

图 3–1–5　导入背景云层图片

（6）选中图层中的原生图片，打开图片下面的下拉菜单，可以看到很多选项，选择位置选项，当然也可以通过快捷键的方式，选中图片之后直接按 P 键，就可以打开所需要的“修改位置”的选项，其他的暂时隐藏，如图 3–1–6 所示。

图 3–1–6　修改云层位置

（7）修改 x 和 y 值的数值。通过修改数值可以看到，窗口外的云层会产生一定的运动，这就是所需要模拟的飞机在云层上飞行的效果，但是云层需要不停地运动，我们在修改数值的时候，要通过不停地修改关键帧，以达到想要的效果。但是这种操作非常麻烦，我们可以使用表达式来对其进行修改，一个简单的表达式就可以完成，如图 3-1-7 所示。

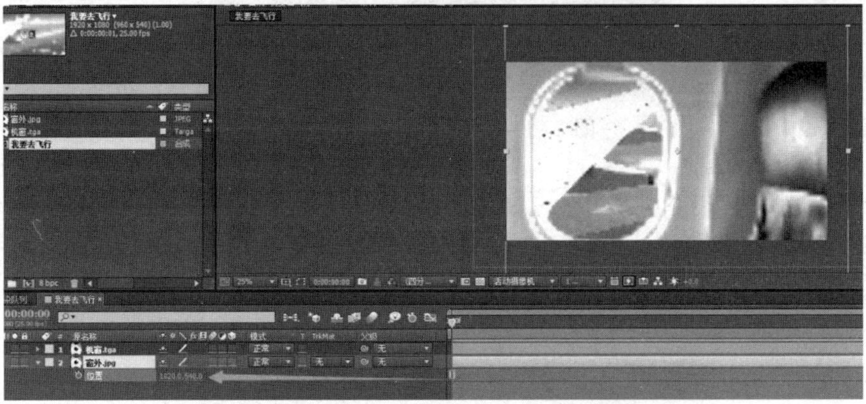

图 3-1-7　对云层做动画设置

（8）按着键盘上的 Alt 键，再点击移动选项前面的小闹钟图标，可以看到在图层的移动选项后面变成了输入表达式的操作方式，如图 3-1-8 所示。

图 3-1-8　表达式输入设置

（9）在表达式里边输入 wiggle（10，20），按空格键进行播放，可以看到外面的云层图片已经随着表达式的输入产生了随机的位置变动，如图 3-1-9 所示。

图 3-1-9　输入表达式

（10）打开窗口当中的预览面板，然后点击面板最右边的缓冲播放，就可以播放音频了，如图 3-1-10 所示。

图 3-1-10　预览动画

（11）通过预览检查一下，此次编辑的视频文件是否已经达到了效果，如果已经达到了，就可将其输出，从而在网络上进行播放，或者通过其他途径播放。

（12）在合成菜单中选中输出电影，或者直接使用快捷键 Ctrl+M 键。

（13）在最下面的显示区域中将会出现渲染设置，点击设置最右边的选项，可以设置所渲染存储的文件名及位置，如图 3-1-11 所示。

图 3-1-11　渲染输出

（14）找到文件所输出位置的文件夹，打开预览。

（15）本次案例主要学习的是表达式，我们既要了解表达式在短视频后期特效处理中的重要作用，又要学会随机摇摆这种表达式。

项目二　抖动表达式的灯泡闪动

在项目一中的案例我们学习的是 wiggle 表达式的基本用法，通过这个表达式，我们获得了新的视频效果。那么这种表达式还有其他用途吗？我们将通过以下案例来进行新的讲解，如图 3–2–1 所示。

图 3–2–1　案例所用灯泡素材

（1）同样的方法，在进行项目制作之前，先找到对应的图片，通过相关的搜索引擎搜索到灯泡图片，然后对灯泡的亮度进行调整，使其产生不规则的闪动，如图 3–2–2 所示。

图 3–2–2　案例原理说明

（2）打开 After Effects，新建项目文件，项目文件重命名为“闪动的灯泡”，尺寸大小为 1920×1080，帧率为每秒 25 帧，时间为 60 秒，设置成功后点击确认，如图 3-2-3 所示。

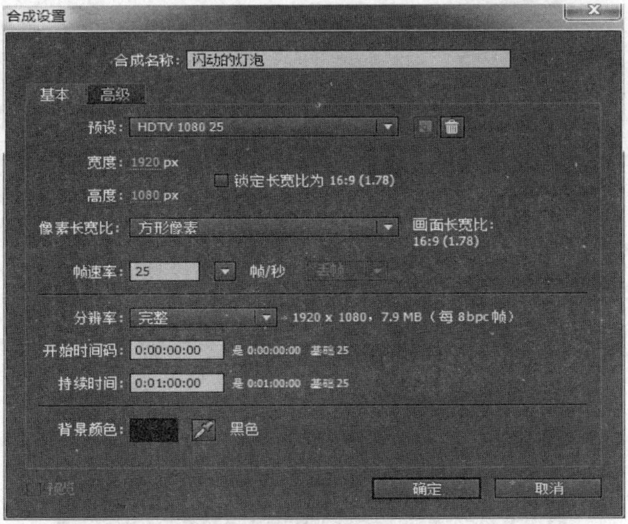

图 3-2-3 新建项目文件

（3）在新建的项目合成窗口中导入刚才找来的灯泡图片，将导入的灯泡图片拖动到下面的层编辑器中。此处告诉大家一个小技巧，在项目中导入的任何文件的名称，我们可以直接选中该文件后敲回车键进行修改，如图 3-2-4 所示。

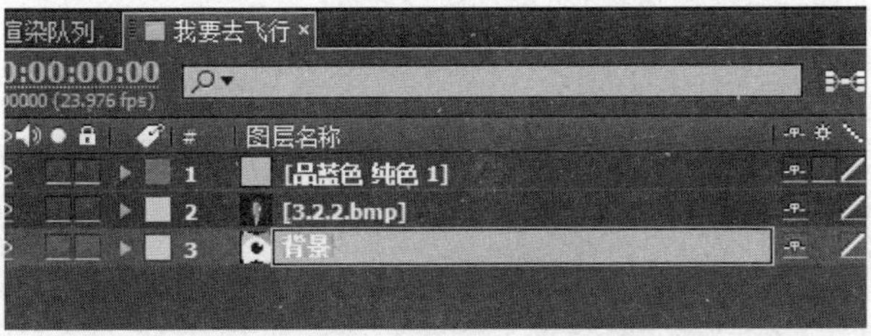

图 3-2-4 导入背景素材

（4）在编辑区域点击右键，新建固态层，我们将固态中的颜色调整为黄色，将固态大小调整为和合成同样的大小，点击确认，在灯泡上方将出现一个黄色的图层，如图 3-2-5 所示。

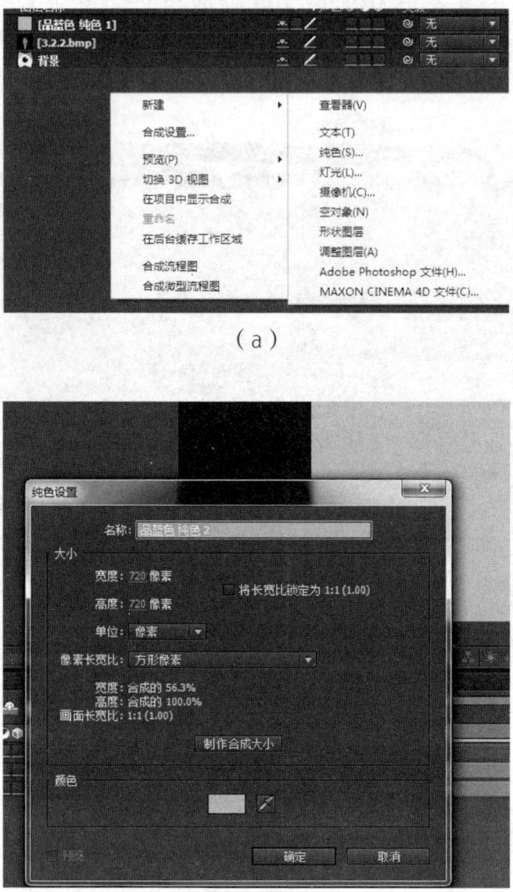

（a）

（b）

图 3-2-5　新建固态层

（5）选中图层，单击工具栏中的遮罩工具，在制造工具的下方选中圆形的主要工具，如果工具栏中的制造工具显示为其他图形的指导工具，可以用鼠标按中这套工具，它会出现一个下拉菜单，然后在下拉菜单中找到相对应的工具图形，这里需要一个圆形的遮罩工具，如图 3-2-6 所示。

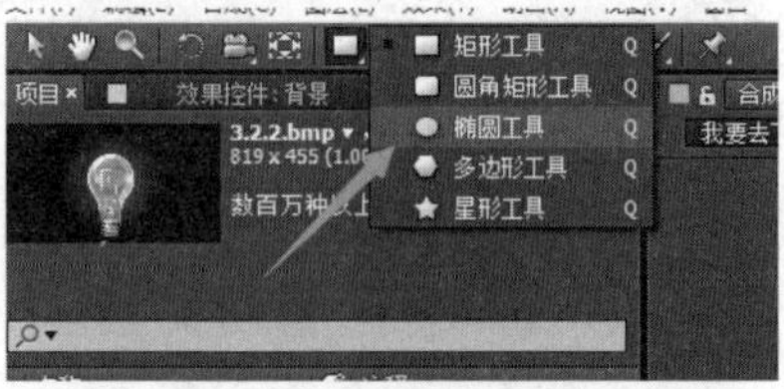

图 3-2-6　圆形遮罩工具抠图

（6）选中圆形的计算工具以后，在刚才新建的黄色图层上面，按住鼠标画一个和灯泡大小相近的圆形图案，接着对图案旁边的某点进行调整，将某点调整到我们所导入的灯泡大小，此时黄色的图层上仅仅会显示一个和下面灯泡图层灯泡大小相近的黄色区域，如图 3–2–7 所示。

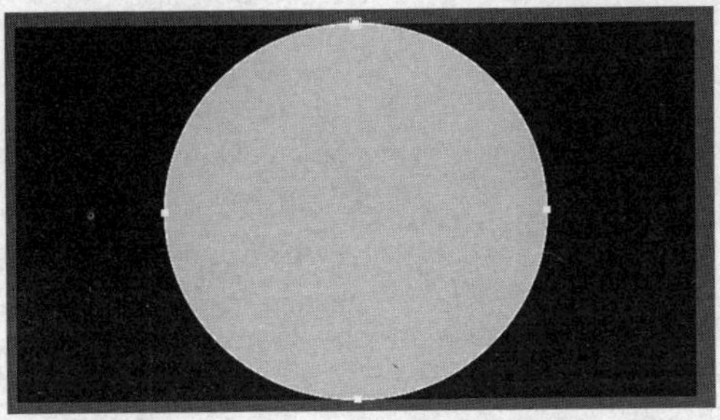

图 3–2–7 绘制圆形遮罩图形

（7）选中黄色图层，点击展开图层最左边的属性选项，找到遮罩选项的下拉选项。调整遮罩的羽化值还有另外一种快捷方法，即选中黄色图层，点击 M 键，可以直接打开黄色图层的遮罩选项，再打开遮罩选项的下拉式，找到里面的羽化值，调整羽化值，调整后效果如图 3–2–8 所示。

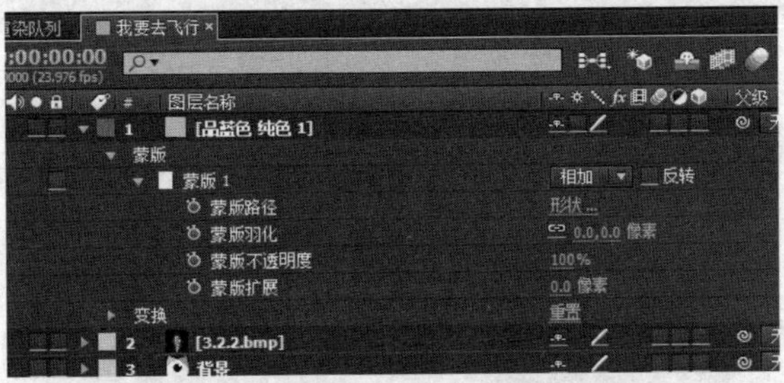

（a）

（b）

图 3–2–8 调整遮罩羽化效果

（8）选中黄色图层，按 Ctrl+D 键进行复制，给新复制的图层加入特效，找到特效菜单，点击生成，从生成的选项里面找到填充，给新复制的图层应用填充命令，将图中的颜色修改为黄蓝色或者是其他颜色，如图 3-2-9 所示。

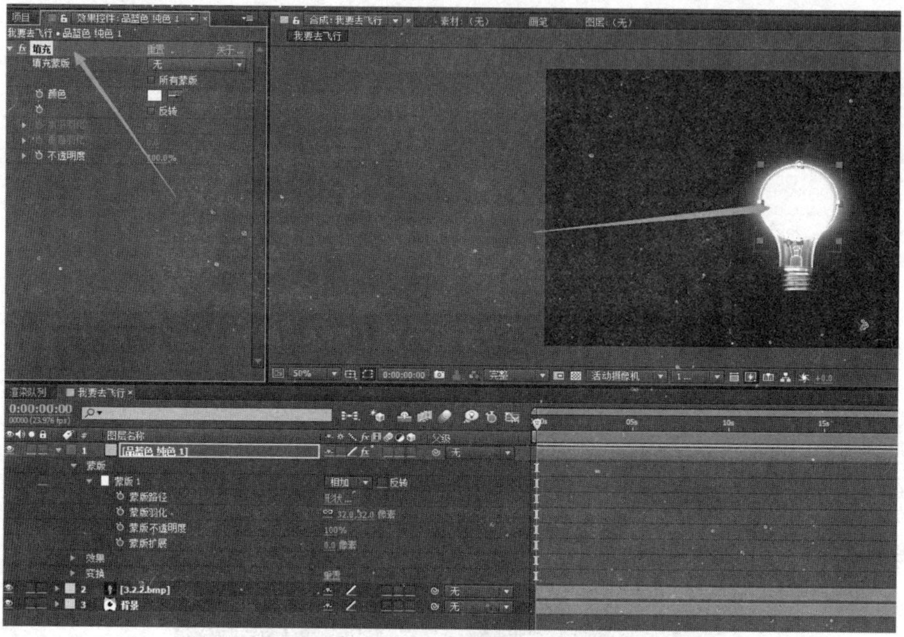

图 3-2-9　复制遮罩

（9）打开新复制的黄蓝色涂层，继续点击 M 键，打开其中的羽化值，调整羽化值，如图 3-2-10 所示。

图 3-2-10　对新遮罩进行调整

项目三　抖动表达式的音符跳动

下面我们将通过一个新的项目练习来了解关于表达式在影视后期中的应用。和上次的案例一样，我们在准备一个新的项目之前需要设置好偏好的参数，其中包含预览缓冲导入选项、辅助线等很多对合成很重要的参数，正确设置好这些参数，有利于为之后的和声工作提供必要的条件，从而节省后期影视编辑工作的时间。

表达式在影视后期编辑中有着十分重要的作用，正确的表达式可以减少影视后期编辑中的一些工序，提高工作效率。今天我们要学习的表达式和之前学习的表达式一样，之前的摇摆表达式是将物体进行随机摇摆，今天我们将结合放大、缩小功能对物体的某个轴向进行锁定后，结合表达式的应用，做出相对应的实际的案例效果。

（1）打开 After Effects CC，找到文件菜单，打开其中的新建项目 / 新建项目合成，在新建项目合成中，将新建项目调整为长 1920，宽 1280，帧速率保持每秒 25 帧不变，时间设置为 1 分钟。设置时间的时候有一个小诀窍，可以直接在设置时间栏中输入相对应的数值进行设置，从左向右依次对应的是小时、分钟、秒数、帧数，我们也可以直接输入一个展位数，让其自动计算出它的时间数，如输入 10000，系统会自动分配其所对应的数值，分配完以后它所对应的分钟数为 1 分钟。新建合成的名称我们修改为“音乐跳动”，如图 3-3-1 所示。

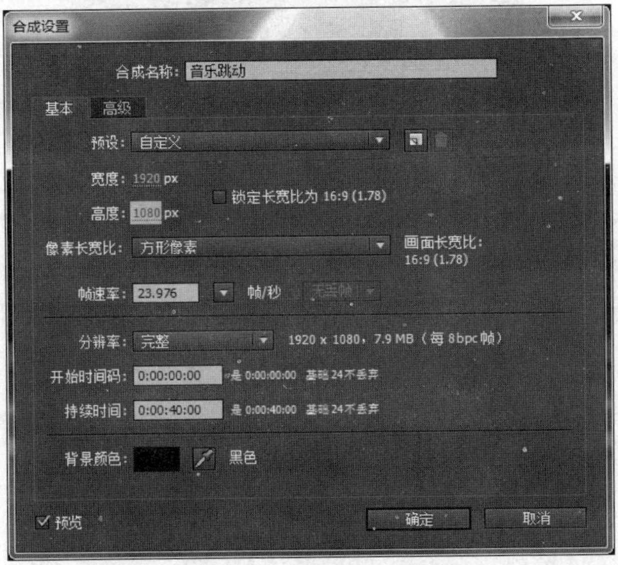

图 3-3-1　新建项目工程文件

（2）建完项目合成后，在对应的层编辑区域新建相对应的图层。

（3）在左部的空白区域处单击右键，选择新建固态层，固态层的大小调整为 400×400，固态层的颜色调整为蓝色，如图 3-3-2 所示。

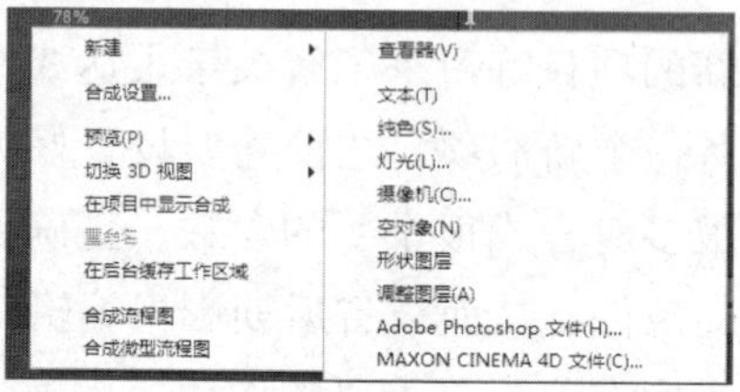

图 3-3-2　新建固态层菜单选择

（4）此时，在合成编辑器中可以看到新建的固态层为一个蓝色的大小为 100×100 的方块，如图 3-3-3 所示。

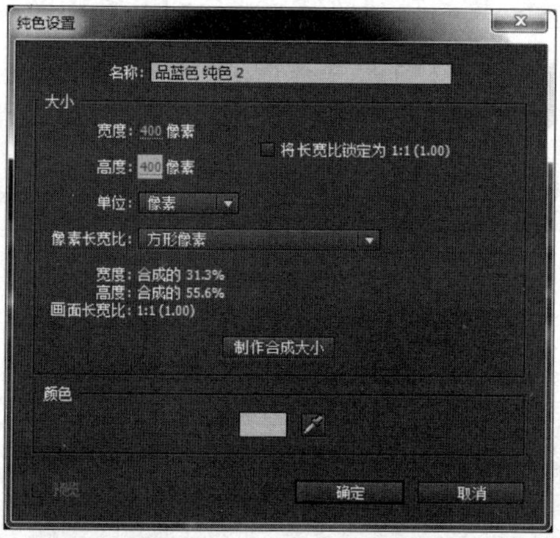

图 3-3-3　固态层选项

（5）选中工具栏中的坐标修改工具，将图形的中心坐标位置调整至图形的中下部，如图 3-3-4 所示。

图 3-3-4　调整固态层位置

（6）选中该固态层下拉选项当中的缩放选项，或者直接使用快捷键 S 键，展开缩放选项，如图 3-3-5 所示。

图 3-3-5 利用快捷键对固态层操作

（7）选中缩放的 x、y 数值，通过按住鼠标中键左右拖动，在合成图中可以看到图形发生了缩放变化，如图 3-3-6 所示。

图 3-3-6 利用鼠标中键调整数值

（8）按着键盘上的 Alt 键，同时鼠标选中缩放前面的小闹钟按钮，在缩放图层栏出现表达式的输入框，如图 3-3-7 所示。

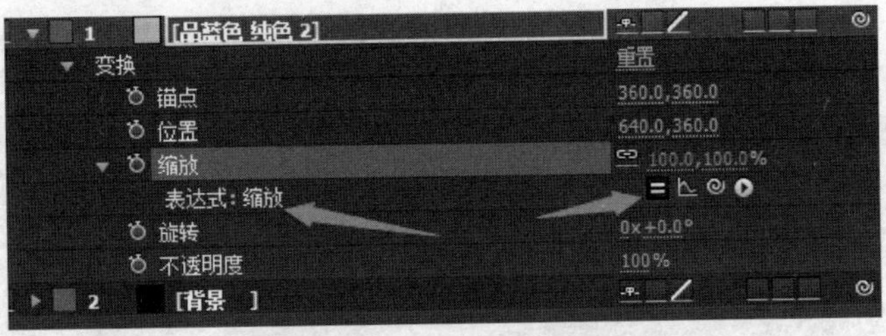

图 3-3-7 打开图层表达式

（9）在表达式内输入 [50，90]，如图 3-3-8 所示，可以看到图形按照输入的数值发生了变化。但是缩放控制数值已经无法通过鼠标进行控制，也就是说，当我们在缩放内输入数值时，该图层的该项数值已经转向由表达式控制。

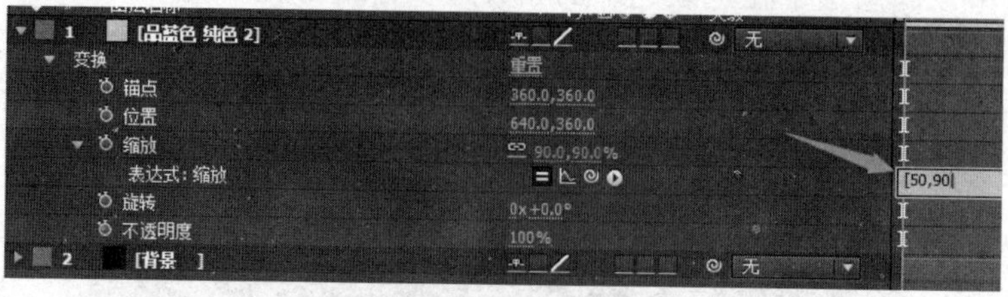

图 3-3-8　输入表达式

（10）基于以上的表达式，我们需要进一步调整表达式的内容，将 [50，90] 修改为 [50，scale（1）]，如图 3-3-9 所示。此时，用鼠标选中缩放数值，按住鼠标中键左右拖动，可以看到图形的上下沿着 y 的方向随着数值的变化而变化。那是因为，x 轴的数值已经被表达式锁定。

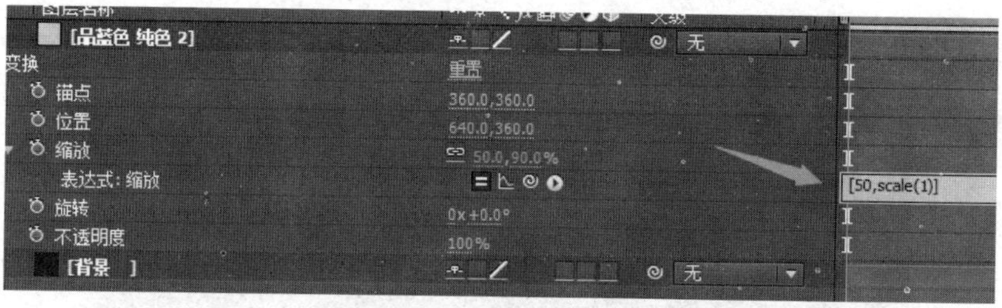

图 3-3-9　调整表达式数值

（11）将表达式调整为 [scale（0），90]，如图 3-3-10 所示。此时，用鼠标选中缩放数值，按住鼠标中键左右拖动，可以看到图形的上下沿着 x 的方向随着数值的变化而变化。那是因为，y 轴的数值已经被表达式锁定。

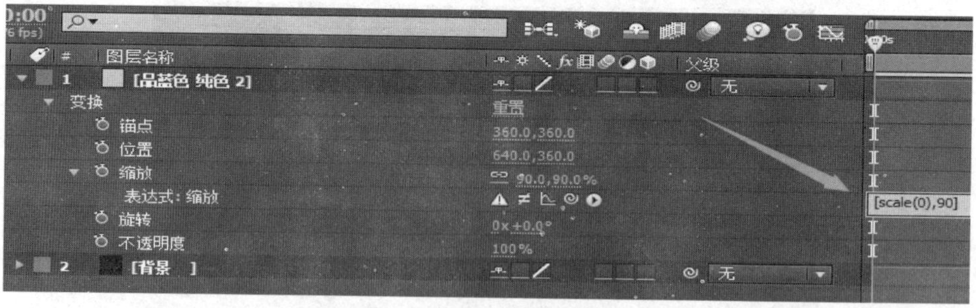

图 3-3-10　拖动数值到表达式

（12）基于以上表达式，我们再做进一步调整，将表达式 [50，scale（1）] 修改

为 [18，wiggle（10，10）[1]]，如图 3-3-11 所示。然后按住空格键，可以看到，一段沿 y 轴方向的随机图形动画已经形成。

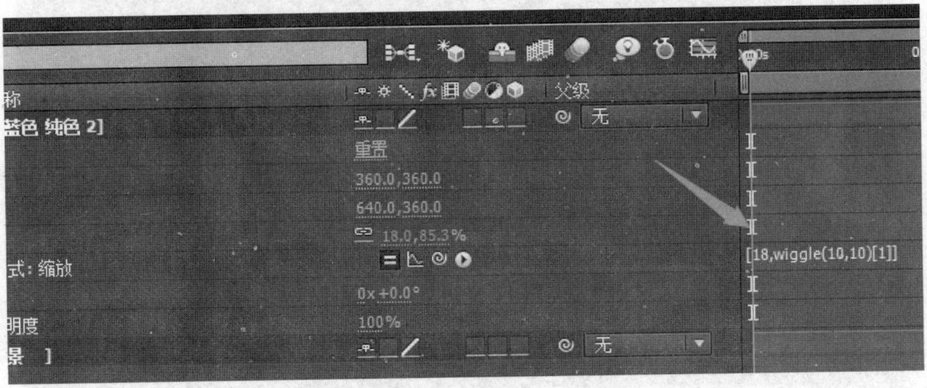

图 3-3-11　调整表达式数值

（13）基本的图形随机表达式已经完成，接下来，我们根据以上的制作基础进行扩充，达到图形随音乐节奏起伏的效果。

（14）选中图形图层，按 Ctrl+D 进行复制，将复制后的图层往后移动，形成两个并排的图形，然后把新的图形表达式的可控数值修改为 [20，wiggle（15，15）[1]]，如图 3-3-12 所示。

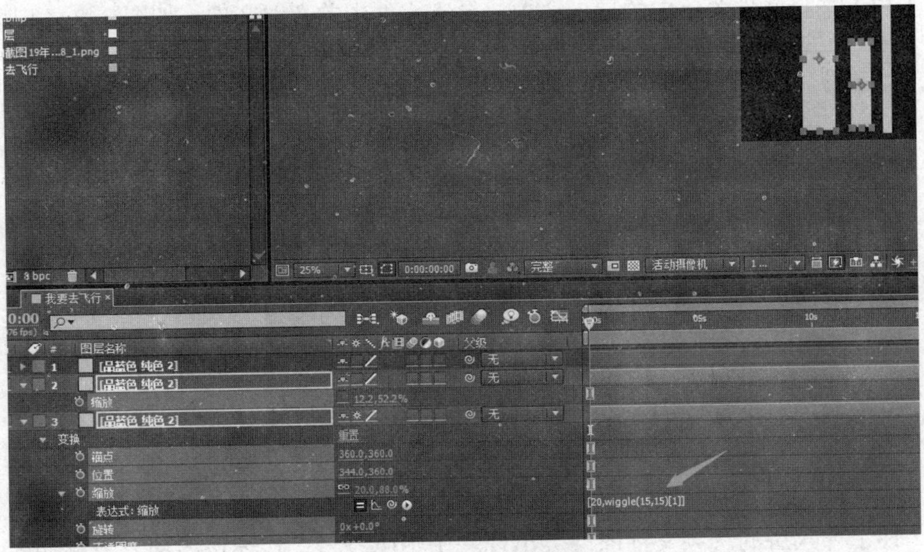

图 3-3-12　复制表达式

（15）选中新的图形图层，执行效果菜单中的生成选项，再选中其中的子菜单“填充选项”，通过效果控制器修改颜色，如图 3-3-13 所示。

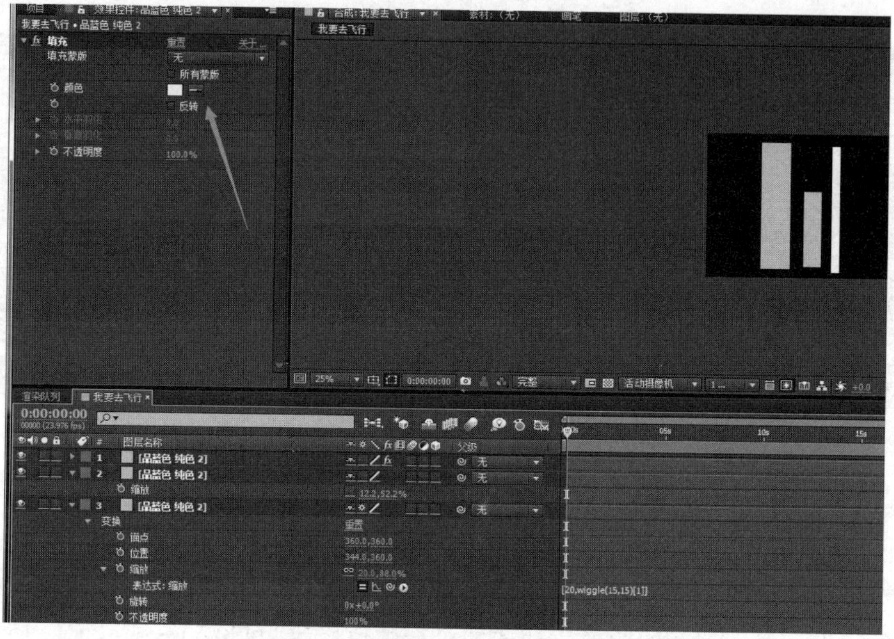

图 3-3-13　建立填充功能

（16）重复以上复制和填充操作，将复制出来的图形排列成曲排样式。

（17）选择文件菜单中的导入命令，导入文件中的音频文件，如图 3-3-14 所示。

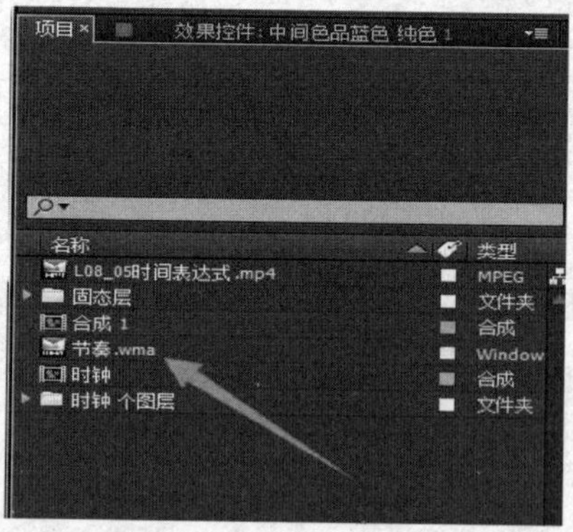

图 3-3-14　导入音频文件

（18）导入后的音频文件图层会出现一个喇叭符号，代表该图层有音频功能，点击展开三角符号，展开其音频轨道，如图 3-3-15 所示。

图 3-3-15 展开音频文件

（19）选择图形层，根据音乐节奏先调整图层表达式中的 wiggle 数值，然后对图形图层等的缩放值进行关键帧的设置。

（20）对所有复制的图形图层重复以上操作后按数字键盘的 0 键进行预览，可以看出曲排的图形图案样式已经随着音乐进行随机跳动。

（21）笔记本没有单独的数字键盘，但可以通过打开窗口中的预览窗口，点击缓冲播放按钮来预览，如图 3-3-16 所示。

图 3-3-16 预览动画面板操作

项目四　随机时间表达式的钟表工作

接下来的案例，我们通过时间表达式来制作一些特定的效果。

（1）在制作表达式之前，我们需要准备闹钟图片，然后在PS里面将闹钟的时针、分针、秒针进行拆分，然后将整个文件存储为psd文件，以备我们后期使用，如图3-4-1所示。

图 3-4-1　案例闹钟素材剖解

（2）打开After Effects软件，新建合成，在设置面板中将合成名字修改为“钟表”，将合成的宽度设置为1920，高度设置为1080，像素比设置为方形，帧速率修改为每秒25帧，总的时间为12秒，背景颜色保持不变，点击确认，如图3-4-2所示。

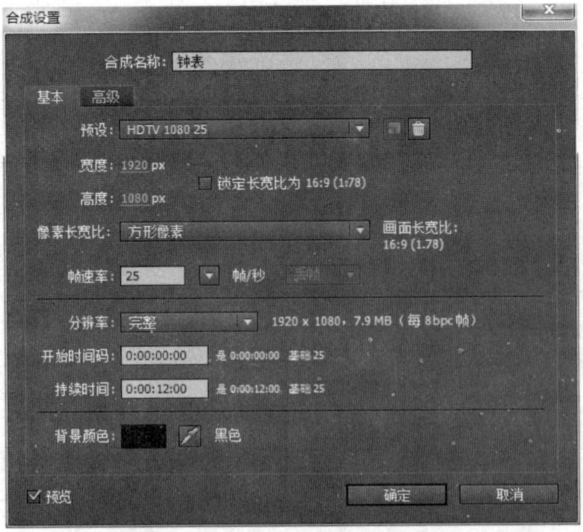

图 3-4-2　新建项目文件

（3）在合成区域当中点击鼠标右键，选择新建纯色，出现纯色设计面板，将纯色设置为 500×500，颜色保持不变，点击确认，屏幕的视图窗口中出现一个方块形状的矩形图案，如图 3-4-3 所示。

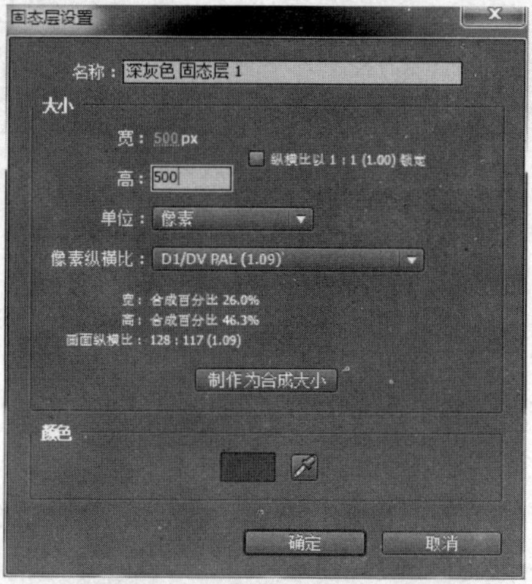

图 3-4-3　新建固态层设置

（4）在合成中选中刚才建立的固态层，选择固态层的旋转属性，选择的方式可以直接按键盘上的 R 键，然后在按住 Alt 键的同时，单击旋转选项左边的闹钟按钮，出现旋转层里面的表达式输入框，在表达式中输入 time，如图 3-4-4 所示，按空格键播放。我们可以看到，刚刚新建的巨型图案随着时间滑块的播放进行了旋转，旋转的速率一帧等于一度。

图 3-4-4　建立表达式

（5）接着将该固态层按 Ctrl+D 键进行复制，复制完的固态层同样打开旋转属性，我们将刚才输入的表达式 time 后面乘以 10，如图 3-4-5 所示。按空格键播放，可以看到新复制出来的固态层旋转速度明显高于前一个固态层，那是因为我们在表达式后面乘以 10 以后，向前移动 1 帧，新的固态层上物体旋转速度增加 10 倍。

图 3-4-5　输入表达式

（6）通过以上的简单表达式，我们可以得出一些经验，然后将此经验带到时钟旋转案例当中。

（7）在项目中双击，选中刚才修改过的时钟 psd 文件，导入文件，如图 3-4-6 所示。此时会出现一个选项框，我们在选项框当中选择将文件以合成的方式输入，这样在项目中就会出现一个“时钟”合成文件。

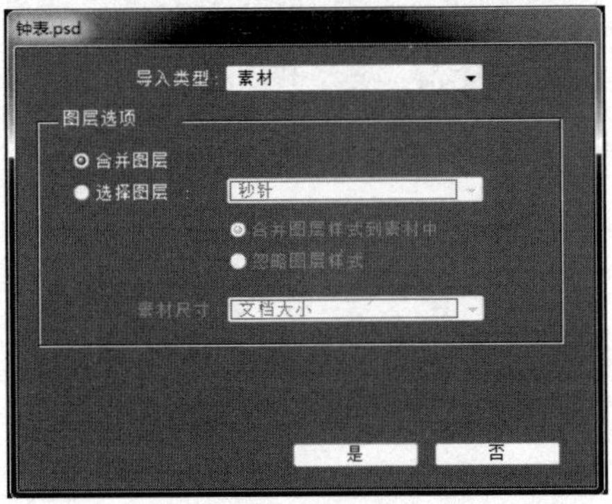

图 3-4-6　导入闹钟素材 psd 文件

（8）双击时钟合成，可以看到合成当中有之前我们在 psd 当中已经建立的图层时、分、秒以及背景，如图 3-4-7 所示。

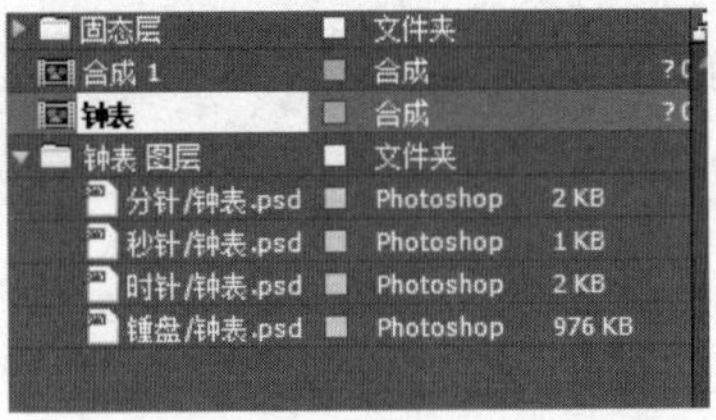

图 3-4-7　打开已导入的时钟文件

（9）将背景也就是整个显示数字的圆盘的背景图层锁定在图的左边，点击锁定按钮进行锁定，虽然我们不会用到这个图层，但是在操作过程当中可能会出现一些误操作，因此要对它进行锁定，如图 3-4-8 所示。

图 3-4-8 锁定不用的图层

（10）选中时针、分针、秒针，选择完之后将其中心点坐标移动到每个指针的下方，这样它在旋转的时候就可以围着中心点进行旋转。那怎么去修改中心点坐标的位置呢？选中工具栏当中摄像机右边的移动坐标中心时的工具，选中工具以后，将时针、分针、秒针的中心坐标移到其下方，如图 3-4-9 所示。

图 3-4-9 调整指针的中心点

（11）修改完时针、分针、秒针的中心坐标以后，打开这三个图层旋转属性，修改后面的属性值，观察图层的变化，看看时针、分针、秒针是否围着中心轴进行旋转，像正常的钟表旋转一样，如图 3-4-10 所示。

图 3-4-10 测试指针的旋转功能

（12）选择秒针图层，然后输入表达式 time，按空格键播放，我们发现秒针已经随着播放在旋转，这就是我们想要的效果，如图 3-4-11 所示。

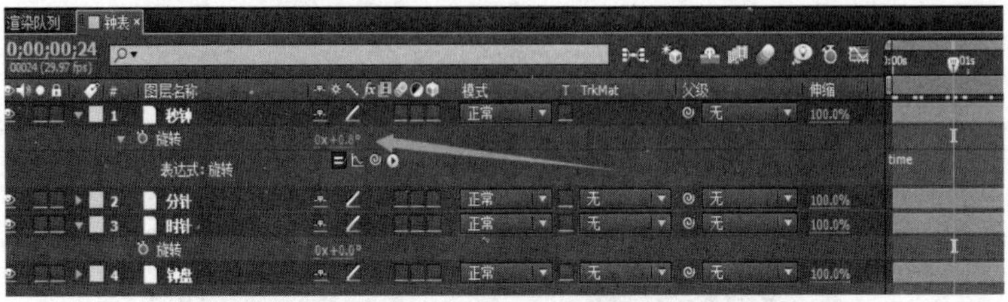

图 3-4-11　对分针图层输入表达式

（13）接下来调整分针，调整旋转属性，输入表达式 time。播放的时候，分针的旋转如果按 time 正常播放，它的旋转速度和秒针是一样的，怎么样使分针的旋转基于秒针的旋转达到正常的旋转水平值呢？那我们在 time 的后面除以 6，输入完以后，我们发现时钟的旋转已经趋于正常，如图 3-4-12 所示。

图 3-4-12　调整表达式数值

（14）调整完分针的旋转以后，开始调整时针的旋转，同样打开时针的表达式，在表达式 time 后除以 36，按空格键进行播放，发现时针也趋于正常时钟的旋转速度，如图 3-4-13 所示。

图 3-4-13　对时针图层输入表达式

（15）基于以上的操作，time 这个表达式通过时钟的旋转进行了淋漓尽致的发挥，如图 3-4-14 所示。

图 3-4-14　测试表达式后效果

（16）最后要做的就是输出渲染。选中合成菜单里边的输出，也可以按 Ctrl+M 键进行输出。打开输出选项以后，可以看到在渲染队列中很多数值需要进行调整，我们根据之前讲解的渲染输出的设置来进行设置，最终将其输入成在自媒体平台中适合播放或者是其他平台中适合播放的视频格式，如图 3-4-15 所示。

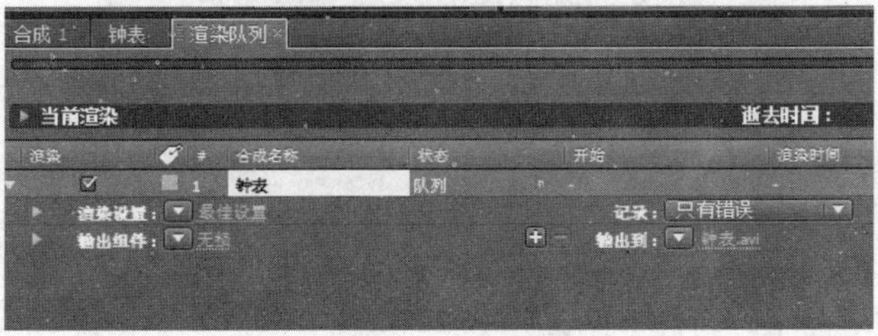

图 3-4-15　渲染输出

项目五　索引表达式的三维立体文字

学了表达式的基本用法，并且通过案例对表达式有了深入的了解，下面我们来学习一个新的表达式，即索引表达式。我们先来看一下索引表达式可以制作出什么样的影视特效后期效果。

（1）建立合成，合成的大小是 1920 × 1080，合成的名字为“索引表达式”，合成的时间为 20 秒，如图 3-5-1 所示。

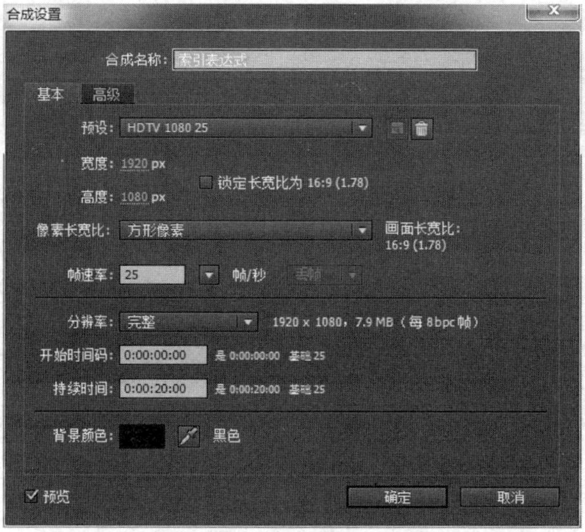

图 3-5-1　新建项目文件

（2）建立合成以后，新建固态层，固态层的大小设置为 500 × 500，颜色使用默认的颜色，点击确认，在窗口中出现一个矩形的固态层，如图 3-5-2 所示。

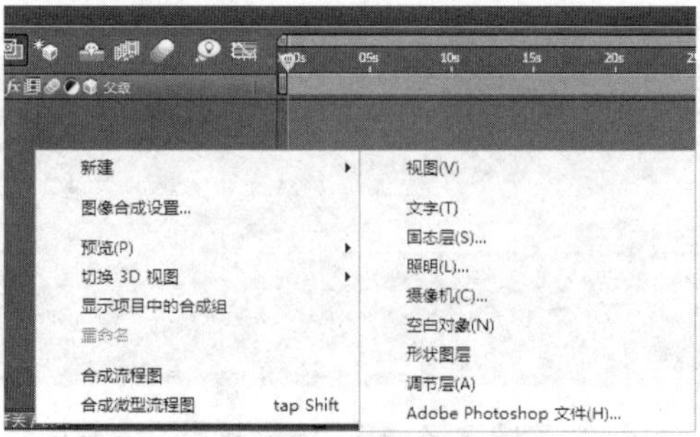

图 3-5-2　建立固态层选项

（3）接着修改固态层的某点，我们将固态层的中心点调整在它的左下角。修改固态层中心点的方法如下：选中工具栏中的修改锚点的工具，找到矩形的中心点，将中心点拖到矩形的左下角，如图 3–5–3 所示。

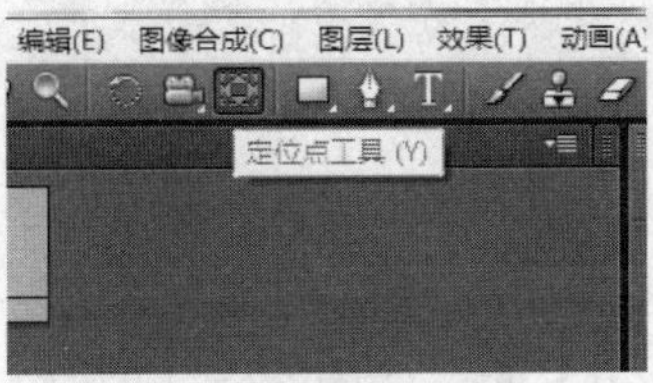

（a）选取修改锚点工具

（b）用锚点工具移动矩形中心点至其左下角

图 3–5–3

（4）打开固态层的属性，选中锚点选项，将锚点的属性数值修改为 0 和 500，如图 3–5–4 所示。

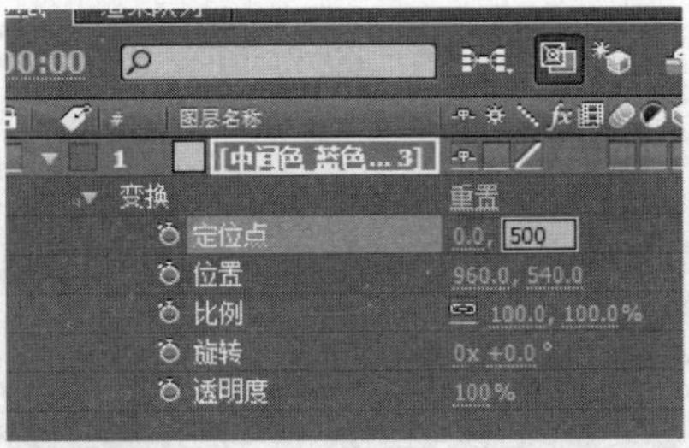

图 3–5–4　修改锚点属性

（5）接下来开始给这个固态层输入相应的表达式，按住键盘的 Alt 键 + 固态层的旋转属性前面的按钮，在表达式中输入 index，如图 3–5–5 所示。同时将旋转的数值改为 0.1 度。

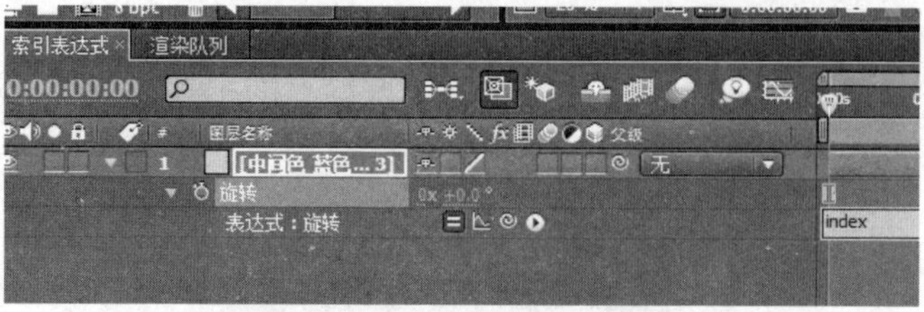

图 3-5-5　为固态层输入表达式

（6）复制出 5 个同样的固态层，每复制一个固态层，它会自动往右边旋转移动，第 5 个的旋转度数已经默认为 0.5 度，如图 3-5-6 所示。

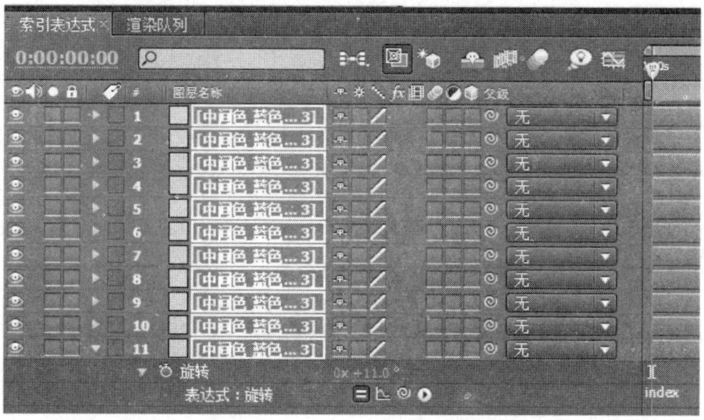

图 3-5-6　复制出更多的图层

（7）选中所有复制出来的固态层，打开透明属性，修改透明属性为 20，可以看到所有的固态层都重叠在一起，形成了一个重影，如图 3-5-7 所示。

图 3-5-7　修改所复制图层的透明度

（8）以上的效果为我们充分展现了表达式 index 的用法，通过以上案例，我们了解到索引表达式的基本用法，我们将延续这种用法来制作出更好的效果。

（9）同样新建合成，如图 3-5-8 所示。合成的大小为 1920×1080，合成的时间为 20 秒。

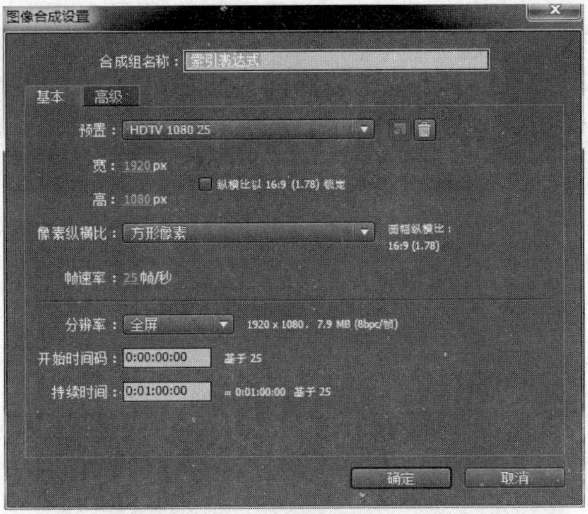

图 3-5-8　新建项目文件

（10）在合成区域单击鼠标右键，选择新建文字层，输入文字 after effects，如图 3-5-9 所示。

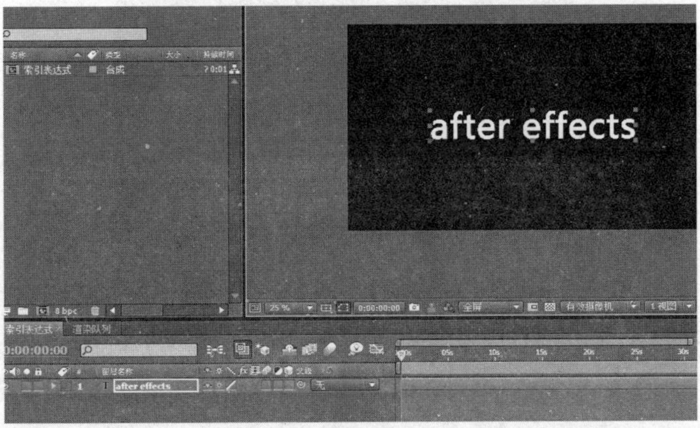

图 3-5-9　输入文字

（11）将文字层改为 3D 图层，在文字层上面的选项当中，单击鼠标右键选择开关选项，在开关选项的最右边点击三维图层选项，如图 3-5-10 所示。

图 3-5-10　修改图层为 3D 图层

（12）在合成窗口中可以看到合成视图的控制视图区域选项，将控制视图改为两个视图相机，同时将左边的视图修改为自定义视图。在自定义视图当中可以随意移动鼠标，鼠标这个时候会变成相机，我们移动鼠标的时候，可以观察新建文字层的三维效果，如图 3-5-11 所示。

（a）

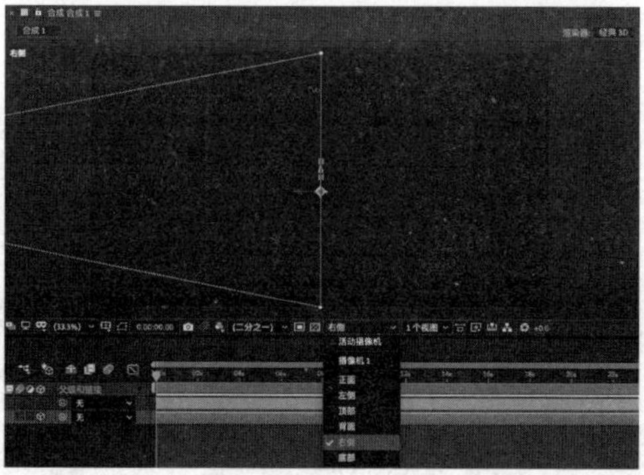

（b）

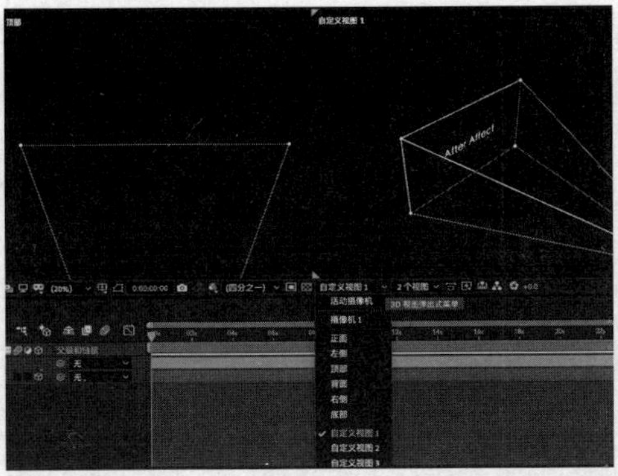

（c）

图 3-5-11　测试 3D 文字效果

（13）打开文字图层的移动选项，按快捷键 P 键，输入和文字图层当前位置相同的数值，如 [960,540,index]，其中 960 代表 x，540 代表 y，index 代表 z，如图 3-5-12 所示。

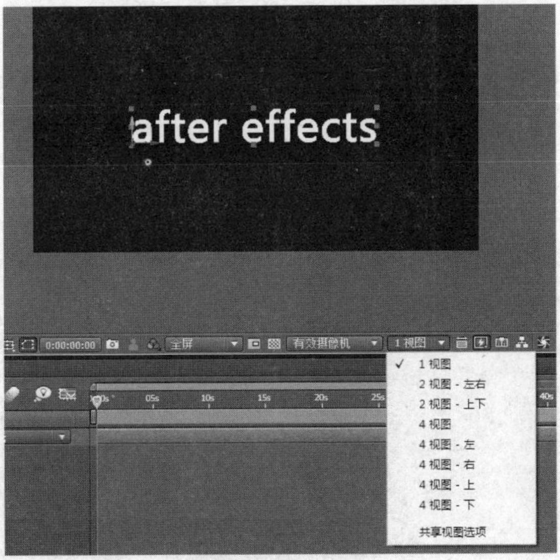

（a）

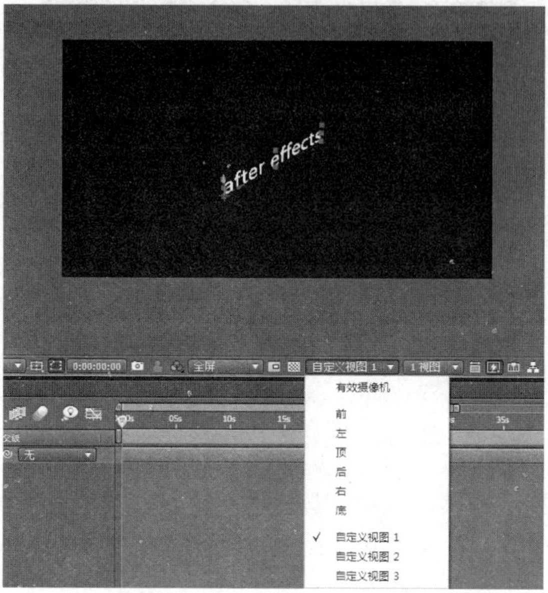

（b）

图 3-5-12　修改文字空间位置

（14）选中文字图层，按 Ctrl+D 键复制出 10 个，可以看到复制出来的文字层依次沿着 z 轴向出现了位移重影，如图 3-5-13 所示。

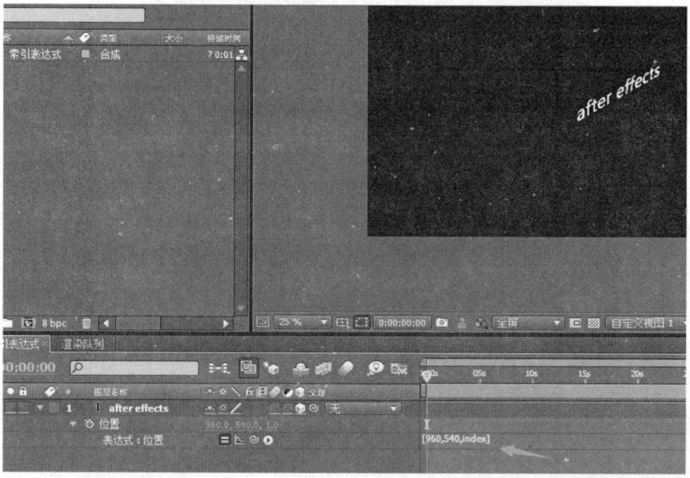

图 3-5-13　为文字增加表达式

（15）基于以上的效果，我们可以在视图中通过旋转摄像机来观看所做出来的文字重影效果，如图 3-5-14 所示。

图 3-5-14　利用默认摄像机观察效果

（16）在合成窗口点击右键，新建摄像机，摄像机的选项使用默认的数值，通过新建的摄像机观看三维数字重影的效果，如图 3-5-15 所示。

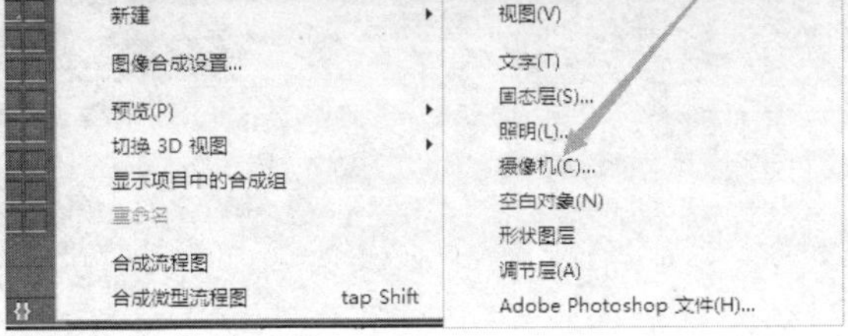

（a）

（b）

图 3-5-15　新建摄像机观察效果

（17）删除以上所有的文字，保留其中一个。

（18）选中文字层，复制出一个新的文字层，在其位置属性中打开表达式，如图 3-5-16 所示。

图 3-5-16　打开文字表达式

（19）在表达式框中输入中括号，然后选中新的复制图层中的一个父子链接按钮，选中父子链接按钮，链接至该图层上个图层位置属性的 x 值和 y 值。接着在 index 后面乘以数值以增加所设置的重影的位置距离，如图 3-5-17 所示。

（a）

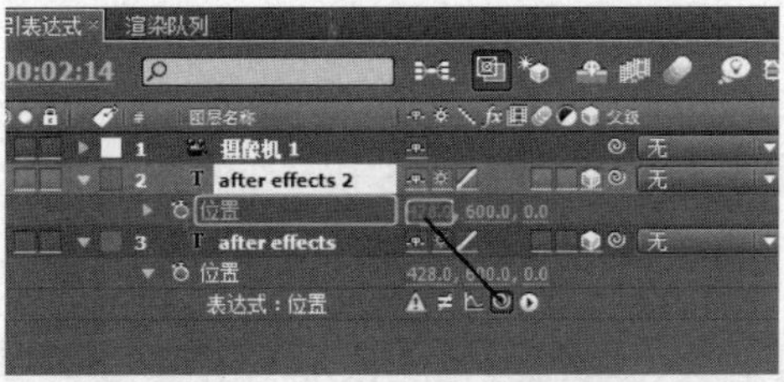

（b）

（c）

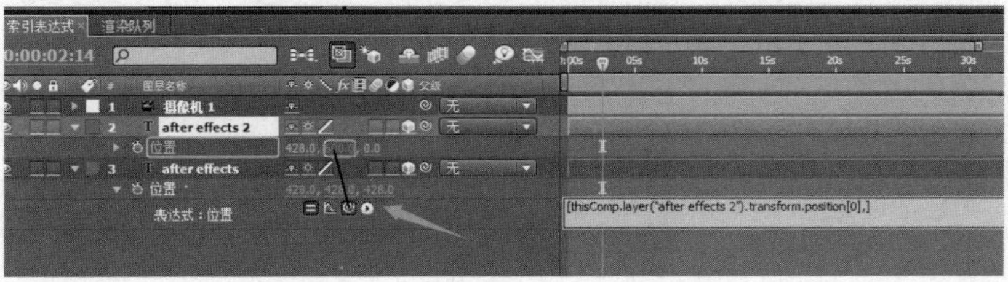

（d）

（e）

图 3-5-17　调整表达式

（20）选中复制出来的新图层，按着 Ctrl+D 键，一直复制十层，如图 3-5-18 所示。

（21）初步的效果就出来了，接下来我们为这种效果增加一个渐变色，增加渐变色之前先修改文字的颜色，将文字颜色修改为黄色，如图 3-5-19 所示。

（22）修改文字颜色以后，为文字增加亮度和对比度。先找到效果菜单，然后找到效果菜单中的颜色调整，再找到颜色调整中的亮度和对比，如图 3-5-20 所示。

图 3-5-18　复制 3D 文字图层

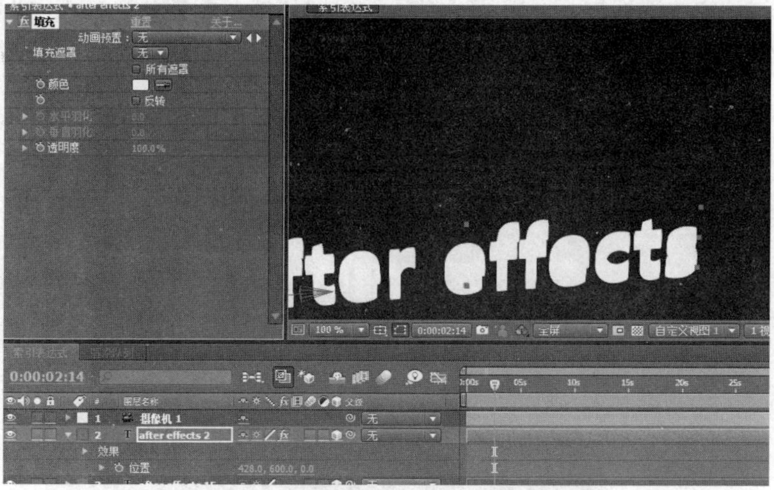

图 3-5-19 调整复制出的文字图层颜色

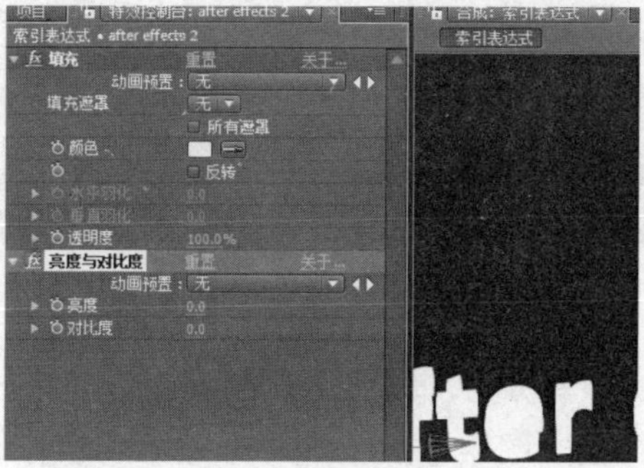

图 3-5-20 调整文字层的对比度

（23）选中文字图层，打开文字图层的效果菜单，在效果里面找到刚才所增加的亮度和对比度，或者直接选中文字图层后按 E 键，打开亮度和对比度的亮度值，按 Alt 键点击亮度前面的小闹钟，打开其表达式，在表达式里面输入 -index*4，如图 3-5-21 所示。

图 3-5-21 设置亮度的表达式

（24）完成以上操作后，选中文字图层按 Ctrl+D 键，重复十个图层，可以看到在新的显示里边，文字已经出现了重影和渐变效果，如图 3-5-22 所示。

图 3-5-22　再次复制出文字图层

（25）我们可以增加一些功能，用表达式的控制滑块来控制渐变效果。在合成图层里边新建一个空图层，在空图层上面增加一个效果滑块控制，滑块控制的位置可以从效果当中的表达式控制里边找到，如图 3-5-23 所示。

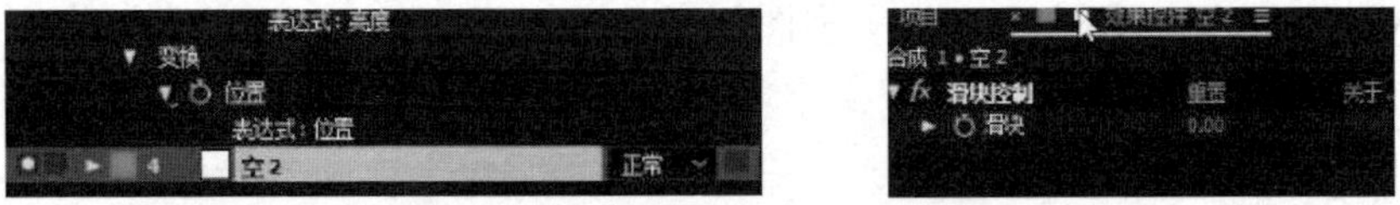

（a）　　　　　　　　　　　　（b）

图 3-5-23　增加滑块控制器

（26）删除刚才复制的所有图层，只保留我们输入表达式的原始文字层，找到文字层当中的效果菜单，找到亮度和对比度，将其表达式当中的数值设置为 3，然后拖动滑块控制中的滑块，如图 3-5-24 所示。

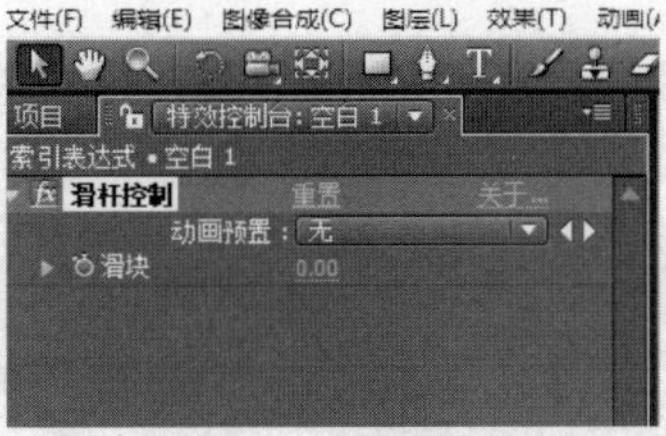

图 3-5-24　将文字属性拖入控制器

（27）操作完以后，同样选中文字，对其进行复制操作，可以看到新的渐变效果又出现了，如图 3-5-25 所示。

图 3-5-25　预览表达式控制器效果

（28）选中图层当中的滑块控制，在效果控件里边可以看到合成窗口当中文字的颜色和效果随着滑块控制的数值变化产生了不同的变化，如图 3-5-26 所示。

图 3-5-26　通过滑块控制调节文字颜色效果

（29）新建摄像机，通过调整摄像机可以看到合成窗口中文字的三维图层随着摄像机的变化而产生了不同的效果，如图 3-5-27 所示。

图 3-5-27　通过调整摄像机观察三维图层效果

（30）选中所有图层，在图层菜单当中选择预合成，将所有图层转变为预合成层，如图 3-5-28 所示。

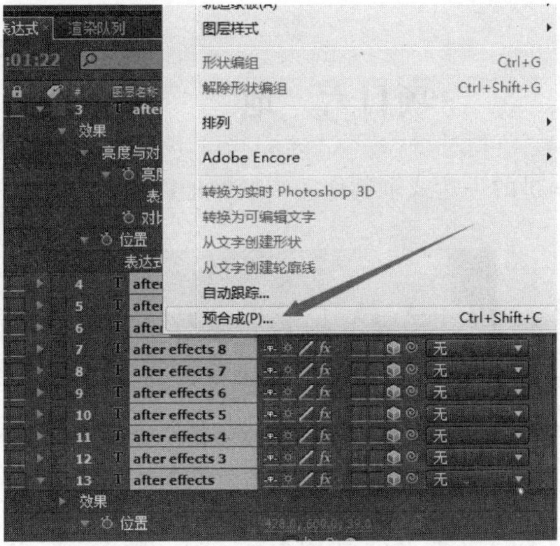

图 3-5-28　将所有图层转化为预合成

（31）在新的合成中新建摄像机，将刚才新建的预合成变为 3D 图层，这样就可以在新的合成中创建更多的类似这样的效果，如图 3-5-29 所示。

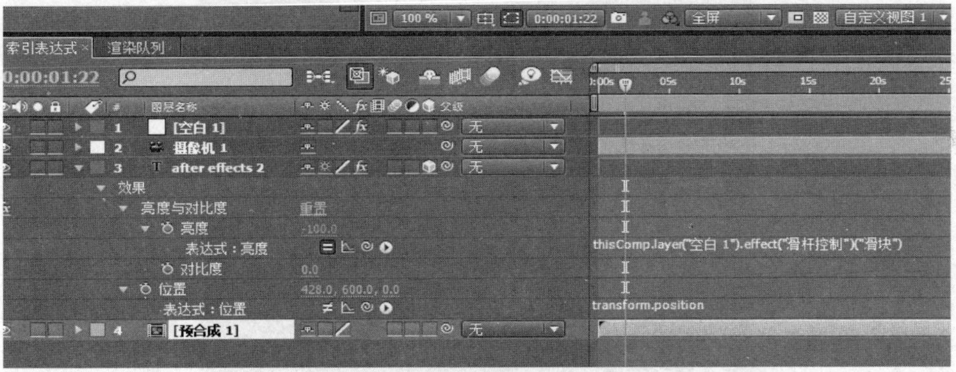

图 3-5-29　调整新建预合成为 3D 图层

项目六　地　　震

我们利用之前学过的表达式来制作一个模拟地震的效果，如图 3-6-1 所示。

图 3-6-1　地震效果图示

（1）新建合成文件，文件大小为 1920×1080，帧速率为 25 帧每秒，时间为 30 秒，如图 3-6-2 所示。

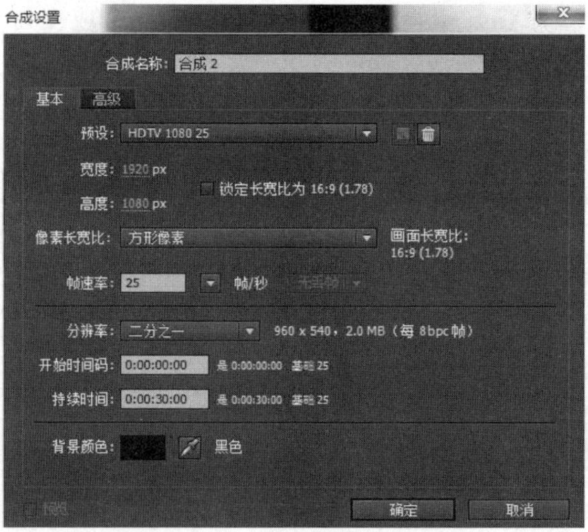

图 3-6-2　新建项目合成文件

（2）导入街景视频素材，如图 3-6-3 所示。

图 3-6-3　导入街景素材

（3）将导入后的素材重新复制一层，如图 3–6–4 所示。

图 3–6–4　复制素材图层

（4）为复制出来的图层增加颜色调整当中的色阶效果，调整色阶的颜色数值，如图 3–6–5 所示。

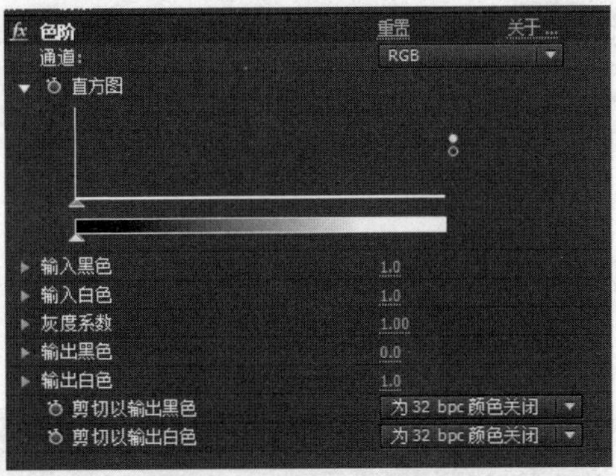

图 3–6–5　色阶调整

（5）将视频素材的模式改为叠加模式，如图 3–6–6 所示。

图 3–6–6　修改图层的叠加模式

（6）新建调整层，如图 3–6–7 所示。

图 3–6–7　新建调整层

（7）为调整层增加快速模糊插件，调整快速模糊插件的数值，如图 3-6-8 所示。

图 3-6-8　增加快速模糊插件

（8）将两个素材合成层进行预合成，如图 3-6-9 所示。

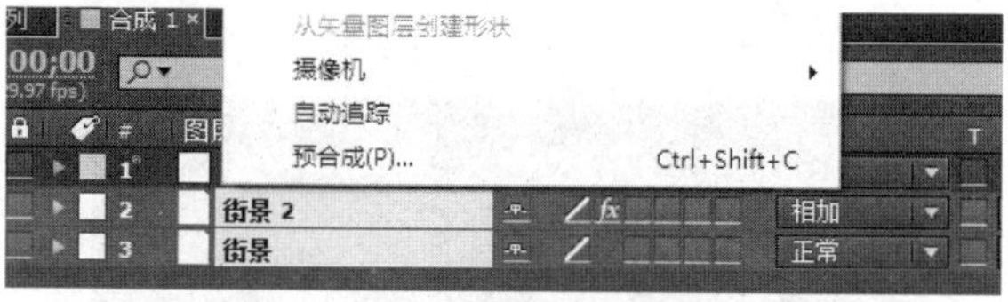

图 3-6-9　将两个图层变为预合成层

（9）打开预合成层当中的位置属性，按快捷键 P 为其增加表达式，在表达式当中输入 wiggle（6,75），如图 3-6-10 所示。

图 3-6-10　为预合成层增加表达式

（10）回到预合成之前的素材图层，为底部的素材图层增加特效插件，风格化当中的动态拼贴，调整相关的数值，在合成视图当中查看效果，如图 3-6-11 所示。

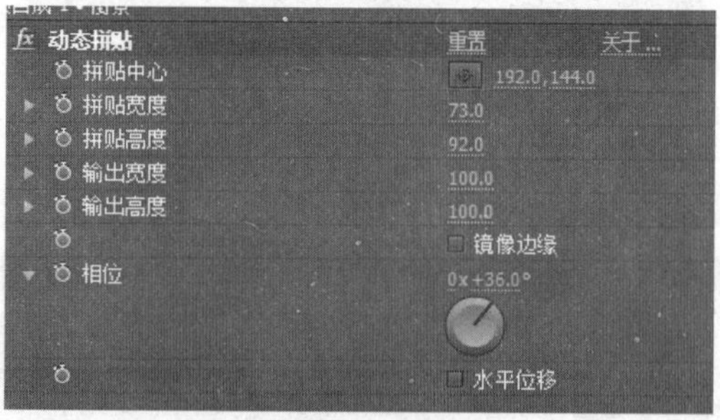

图 3-6-11　增加动态拼贴插件

（11）新建合成，合成大小比 1980 × 1280 小一点，如图 3-6-12 所示。

图 3-6-12　新建合成

（12）将预合成放入新的合成文件当中，打开合成图层当中的动态模糊开关，如图 3-6-13 所示。

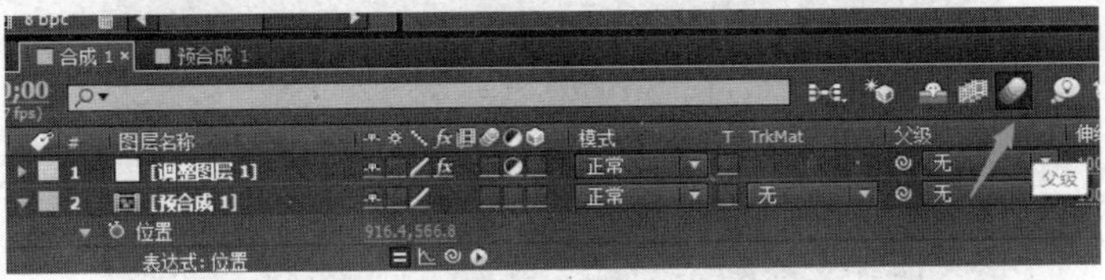

图 3-6-13　打开动态模糊开关

（13）将合成图层当中的旋转属性打开，或者按 R 键打开，为其输入表达式 wiggle（60,40）/25，如图 3-6-14 所示。

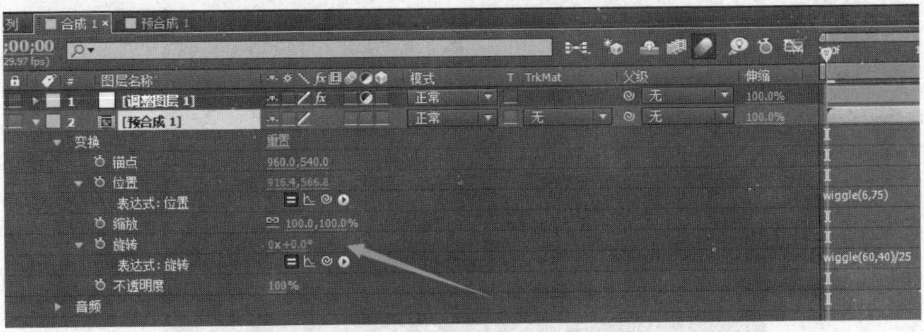

图 3-6-14　为旋转属性增加表达式

（14）新建表达式插件，如图 3-6-15 所示。

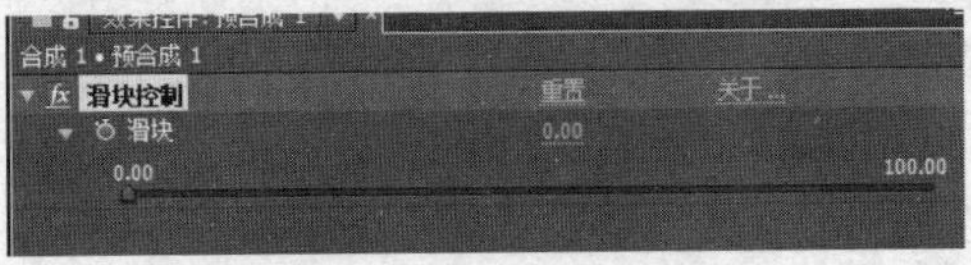

图 3-6-15　新建表达式插件

（15）打开表达式控制当中的滑块控制，将合成图层旋转属性中的数值选中，链接到新建表达式的控制器中，如图 3-6-16 所示。

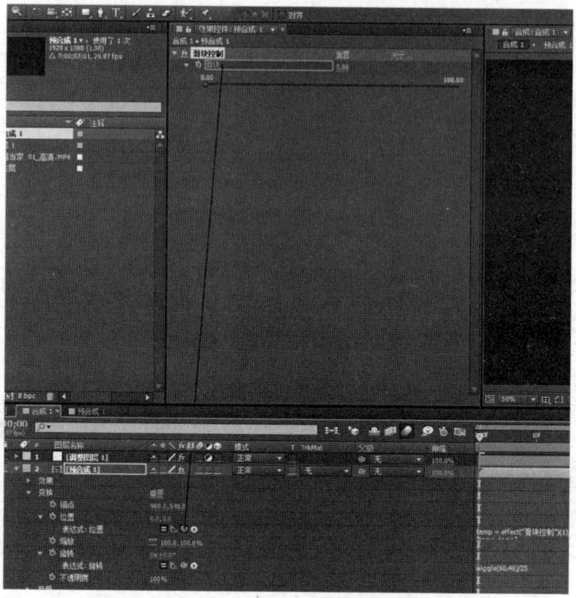

图 3–6–16　为表达式增加控制滑块

（16）将旋转表达式当中的 50 选中，通过复制链接连接到表达式控制器当中，如图 3–6–17 所示。

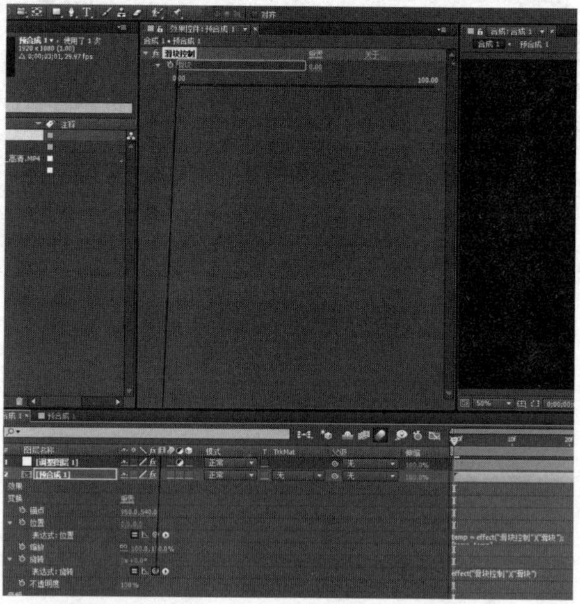

图 3–6–17　为表达式增加控制滑块

（17）通过控制表达式的数值，为这部影片增加地震感的关键帧动画。

项目七　老电影胶片画面效果

今天要做的特效案例是老电影胶片效果，在做这个案例之前先准备相应的素材，其中一个是老电影胶片的影像，另外就是一段影像，要把这个影像做成老电影胶片的感觉，如图 3–7–1 所示。

（a）

（b）

图 3–7–1　老胶片效果

（1）先新建合成，合成的大小为 1920 × 1080 像素，帧速率为每秒 25 帧，时间为 30 秒。

（2）在合成编辑层上，将胶片效果影像放在上面，将要编辑的影片放在下边，层的合成模式为相乘，如图 3–7–2 所示。

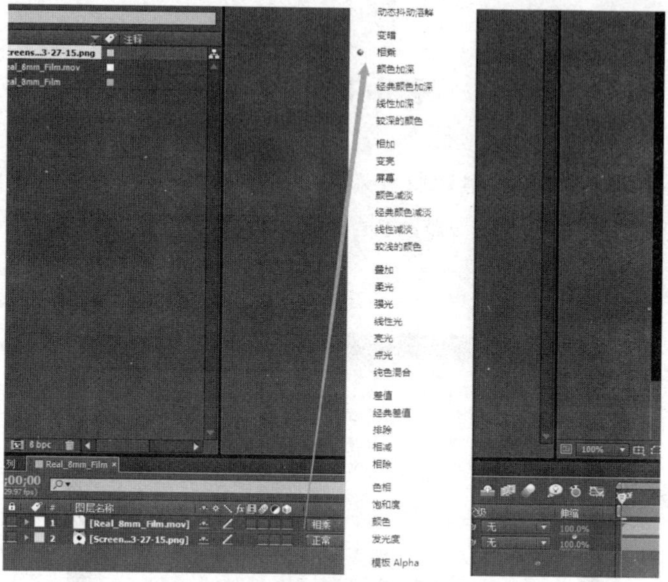

图 3-7-2 修改图层叠加模式

（3）在合成层区域点击右键建立调整层，如图 3-7-3 所示。

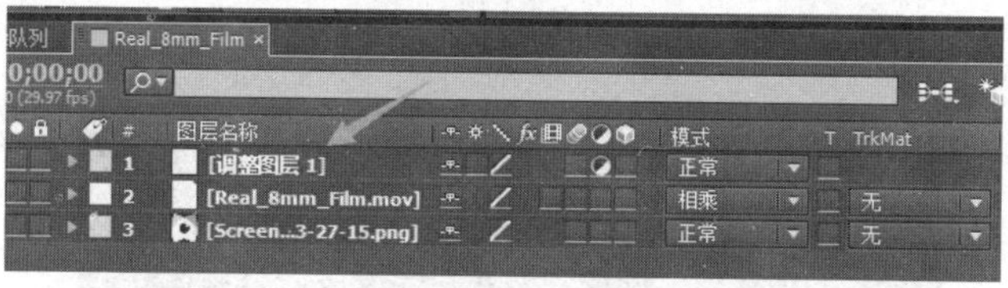

图 3-7-3 建立调整层

（4）给核心层增加色相和饱和度的特效插件，在效果里面进行颜色色彩调整，如图 3-7-4 所示。

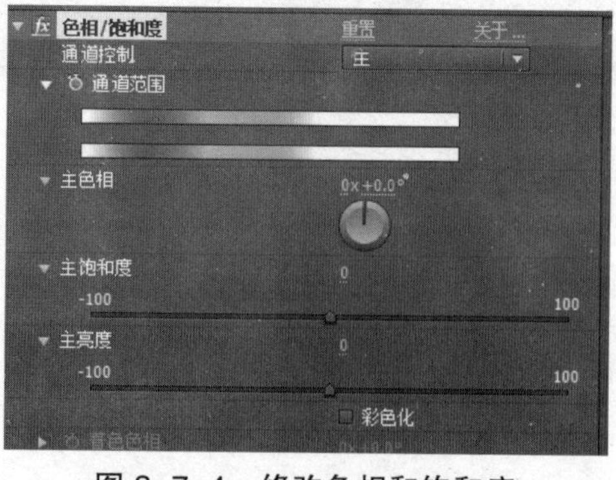

图 3-7-4 修改色相和饱和度

（5）在色相和饱和度的插件当中打开色彩开关，同时将色相值调整为 25，如图 3–7–5 所示。

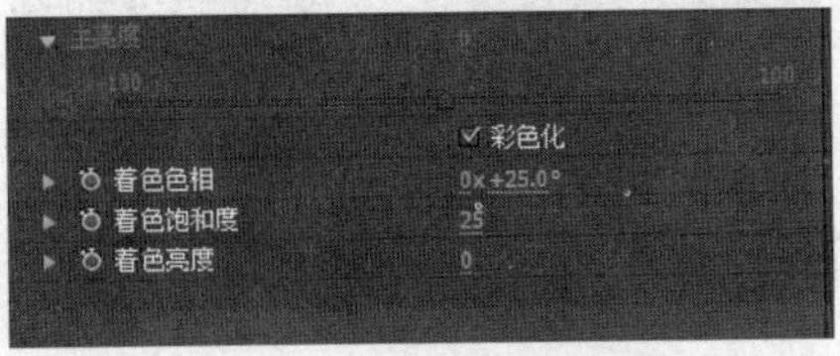

图 3–7–5　调整色相值

（6）将要编辑的影像复制出一层，如图 3–7–6 所示。

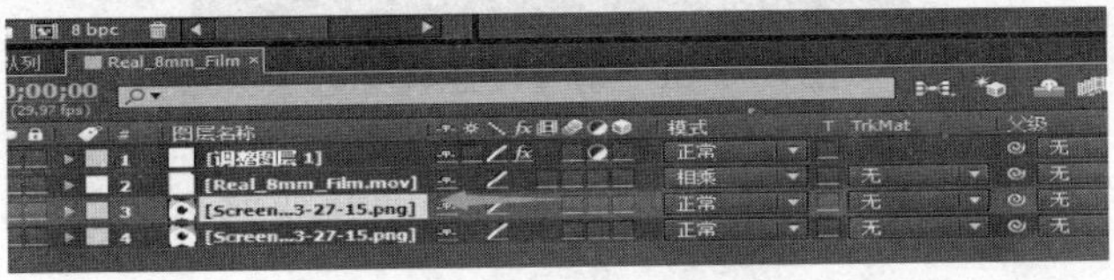

图 3–7–6　复制图层

（7）在影像中加入一个圆形遮罩，然后为圆形遮罩修改它的模糊度，如图 3–7–7 所示。

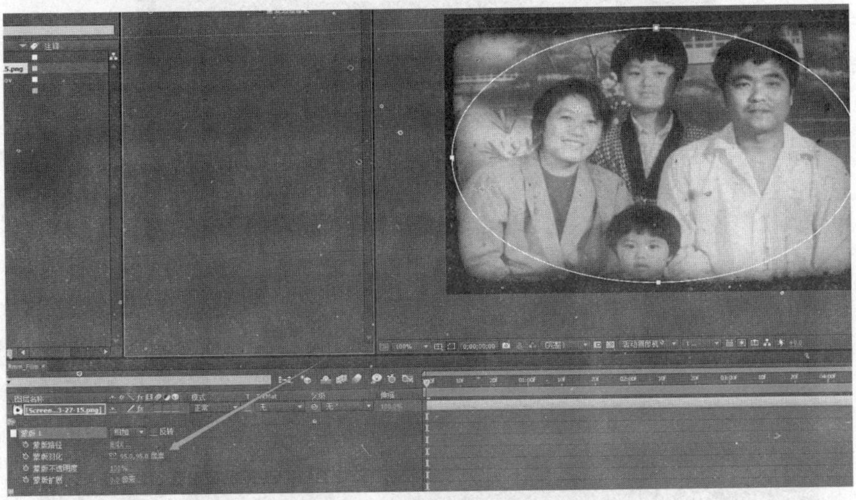

图 3–7–7　修改复制层的模糊度

（8）从特效插件的模糊中找到快速模糊，将该图层影像加入快速模糊，将快速模糊值调整为 25，如图 3–7–8 所示。

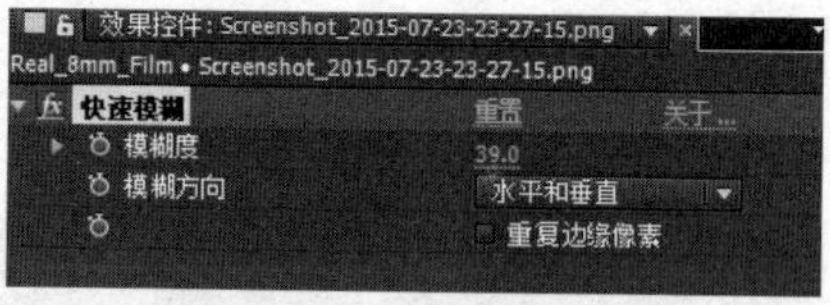

图 3–7–8　加入快速模糊

（9）打开快速模糊插件当中的重复边缘像素选项，如图 3–7–9 所示。

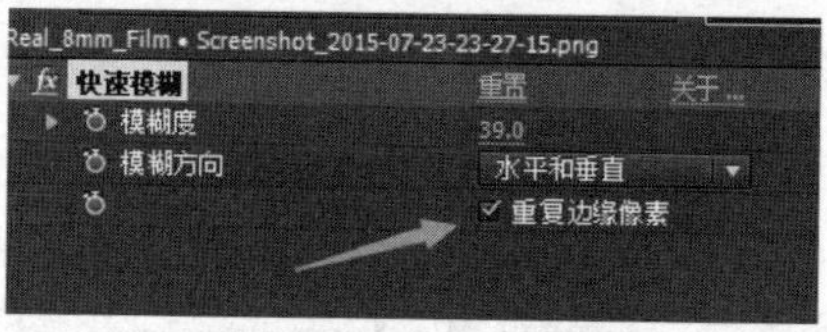

图 3–7–9　调整快速模糊选项

（10）选中该影像所划定的遮罩，把遮罩中的叠加模式设为相减，如图 3–7–10 所示。

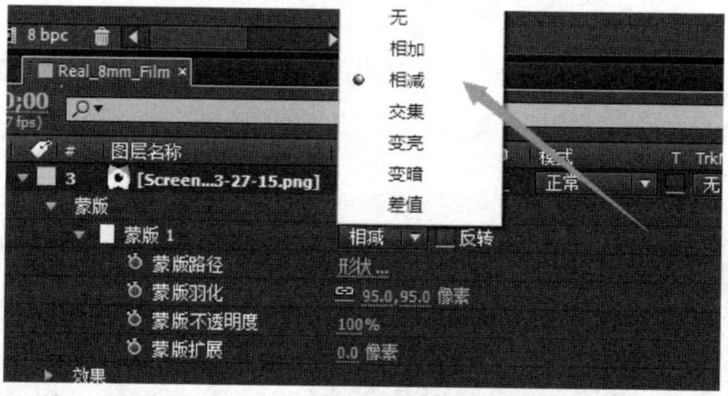

图 3–7–10　修改遮罩中的叠加模式

（11）修改快速模糊值为 31，查看效果，如图 3–7–11 所示。

图 3–7–11　修改快速模糊值

（12）找到影像的遮罩层，快速打开其边缘扩展，将边缘扩展的值修改为 34，如图 3-7-12 所示。

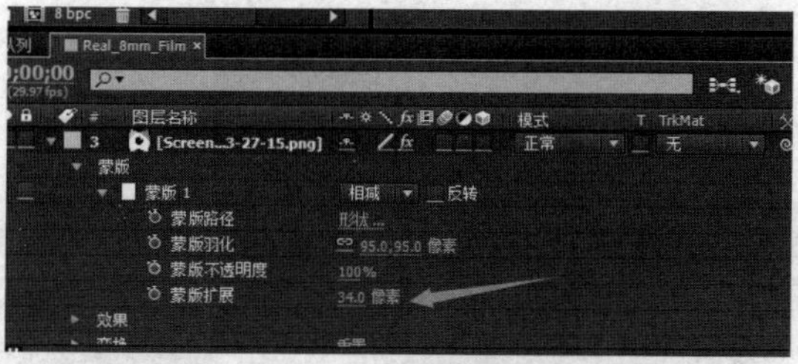

图 3-7-12　修改遮罩扩展边缘

（13）修改快速模糊值为 50，查看效果，如图 3-7-13 所示。

图 3-7-13　修改快速模糊值

项目八　白天变黑夜

接下来制作白天变黑夜的效果，如图 3–8–1 所示。

图 3–8–1　效果实例图

（1）新建合成文件，合成文件大小 1920×1080，合成文件的帧速率为 25 帧每秒，文件的总时间长为 60 秒。

（2）导入我们要做的原始素材，如图 3–8–2 所示。

图 3–8–2　导入视频素材

（3）为这段影像增加色相和饱和度效果插件，增加插件调整曲线，如图 3–8–3 所示。

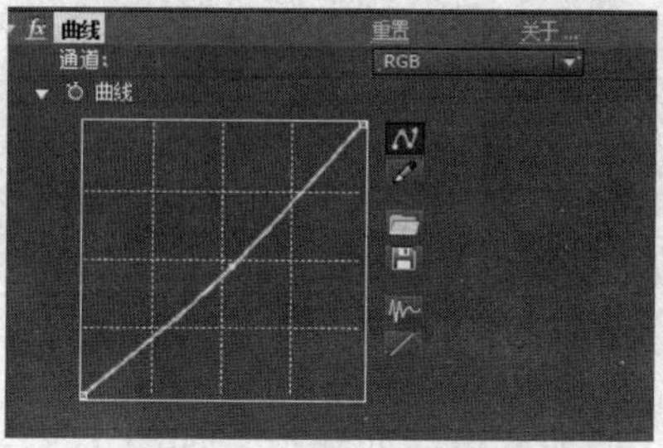

图 3–8–3　增加饱和度

（4）修改饱和度值为 –29，如图 3–8–4 所示。

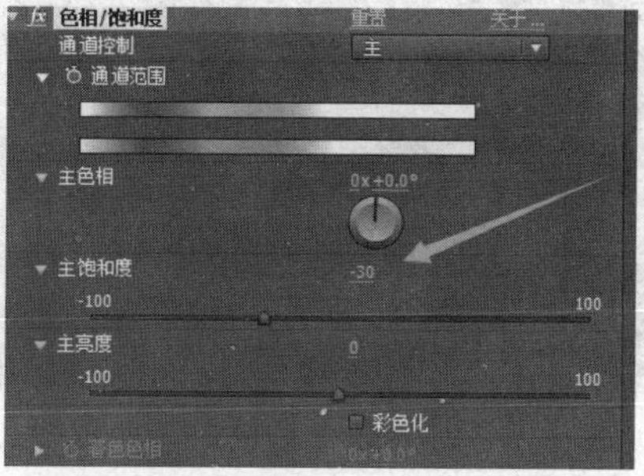

图 3–8–4　修改饱和度的数值

（5）调整曲线的 RGB 数值，使整个影片色调变暗，如图 3–8–5 所示。

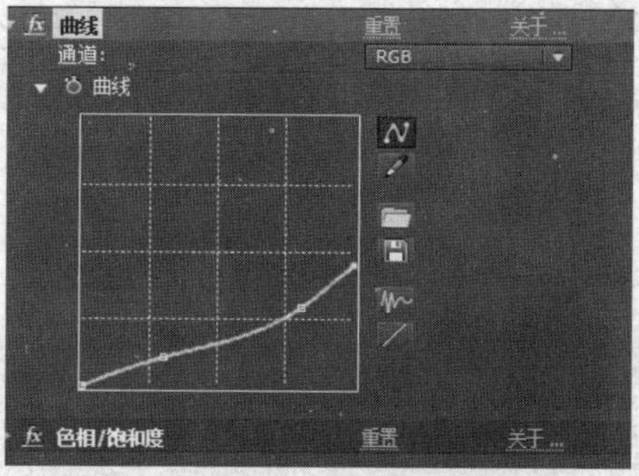

图 3–8–5　增加曲线调整

（6）将通道改为红色，降低红色的曲线值，如图 3–8–6 所示。

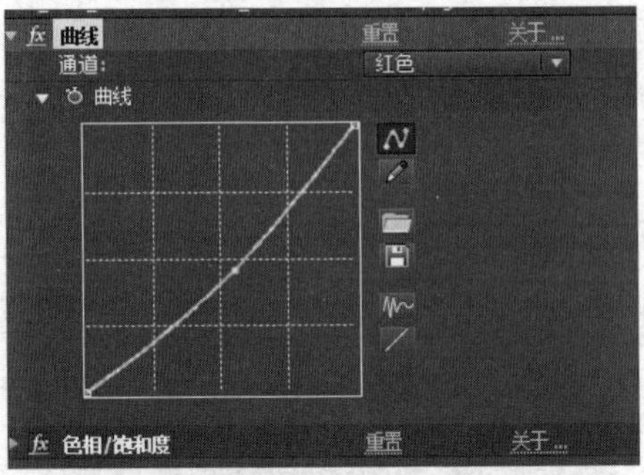

图 3-8-6　修改曲线中的红色通道

（7）将通道改为蓝色，增加蓝色的曲线值，如图 3-8-7 所示。

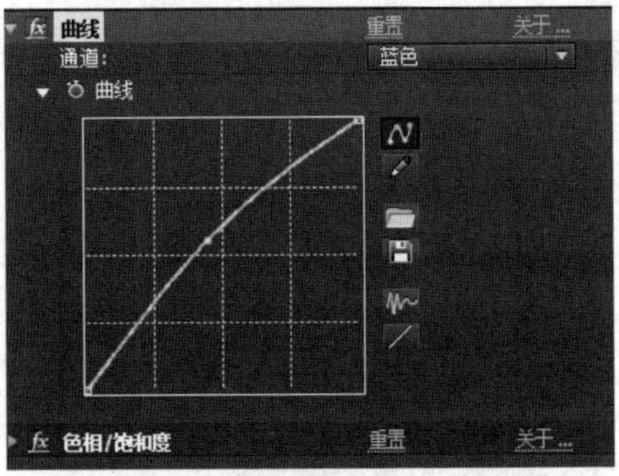

图 3-8-7　修改曲线中的蓝色通道

（8）复制该影片片段，如图 3-8-8 所示。

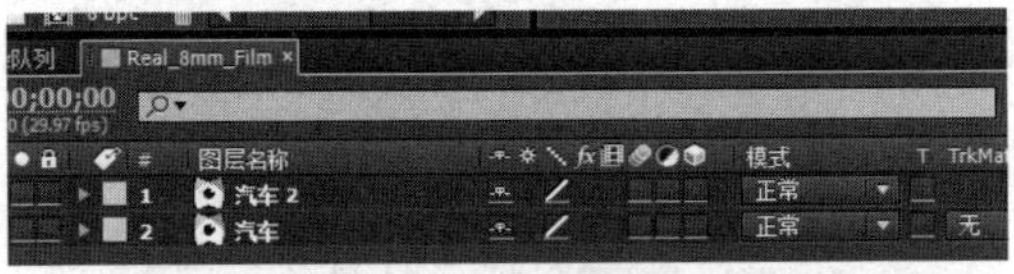

图 3-8-8　复制素材片段

（9）将该影片片段的色相、饱和度及曲线值调整到初始状态，如图 3-8-9 所示。

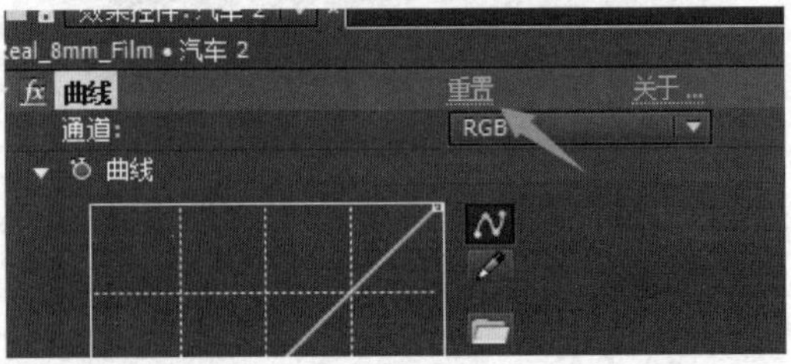

图 3-8-9　重置所复制片段的色相值

（10）降低曲线的 RGB 数值，如图 3-8-10 所示。

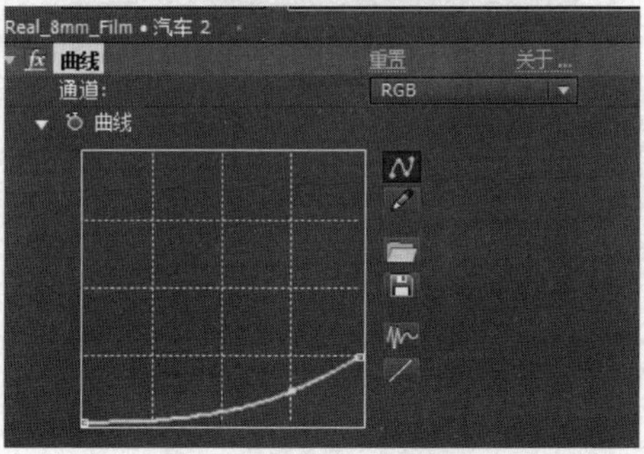

图 3-8-10　降低曲线的 RGB 值

（11）将曲线调整到色相和饱和度效果上面，如图 3-8-11 所示。

图 3-8-11　调整曲线和饱和度的顺序

（12）打开色相和饱和度的色彩开关，如图 3-8-12 所示。

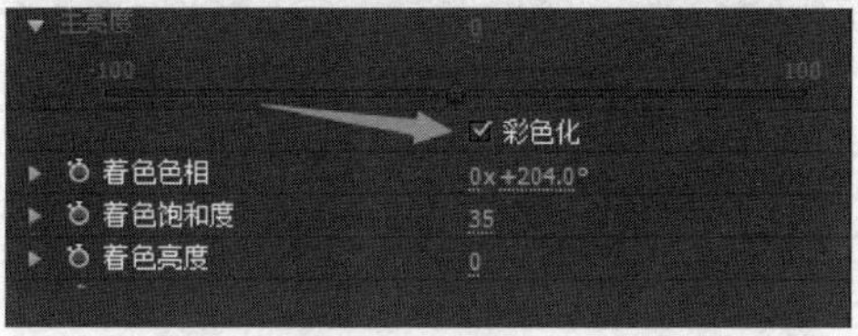

图 3-8-12　打开彩色化开关

（13）调整色相为 200，调整饱和度为 40，如图 3-8-13 所示。

图 3-8-13　调整色相和饱和度数值

（14）再次调整曲线的 RGB 数值，使整个影片色调变暗，比第 1 层影片再暗一个级别，如图 3-8-14 所示。

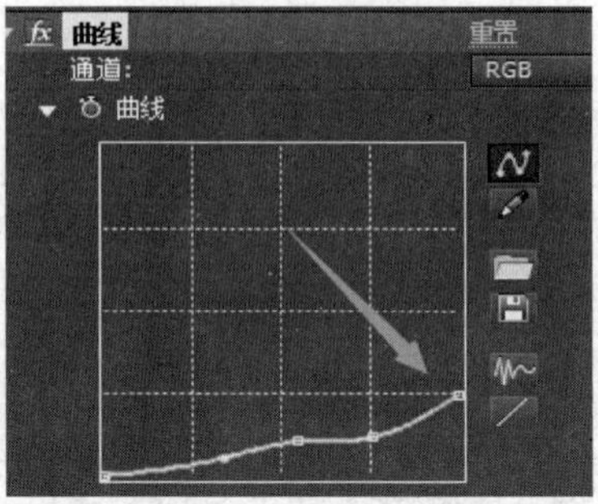

图 3-8-14　调整曲线值

（15）选择矩形蒙版工具，在相对较暗的影片上面画一个遮罩，上面为暗，下面为稍暗的影片，如图 3-8-15 所示。

图 3-8-15　对影片画出遮罩

（16）再次调整背景影片，将其曲线中的蓝色增加，红色降低，如图 3-8-16 所示。

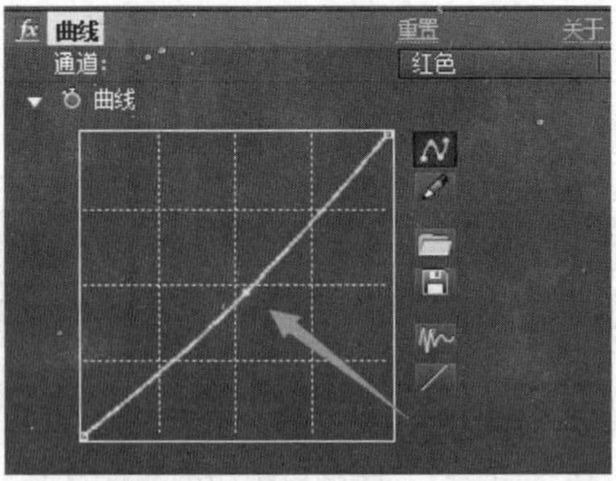

图 3-8-16　调整曲线数值

（17）在插件中找到 CC 聚光灯，如图 3-8-17 所示。

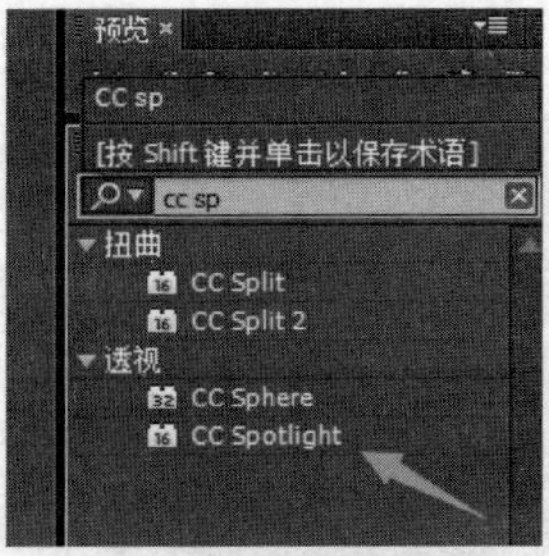

图 3-8-17 增加 CC 聚光灯插件

（18）新建一个固态层，固态层的大小和合成大小相同，颜色为灰色，如图 3-8-18 所示。

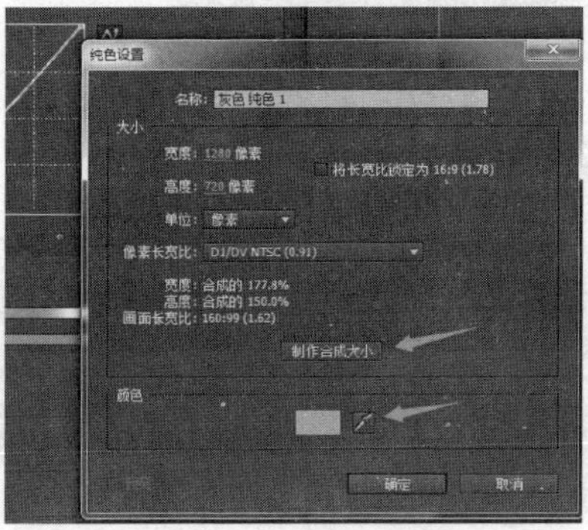

图 3-8-18 新建固态层

（19）为该固态层增加 CC 聚光灯插件效果。

（20）调整插件中灯光的各种属性，达到模拟汽车灯光照出来的效果，如图 3-8-19 所示。

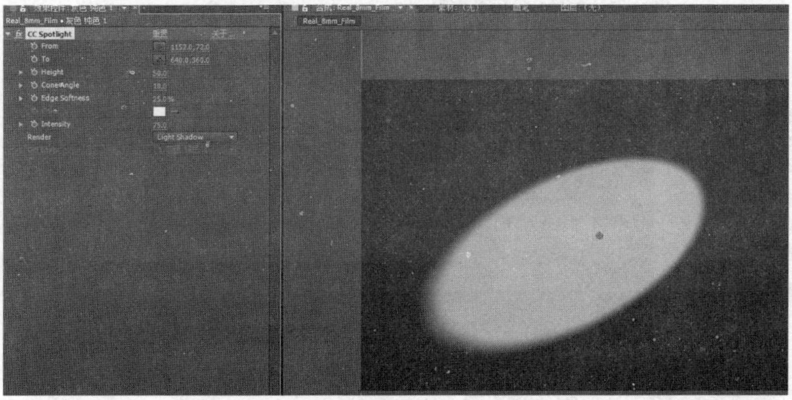

图 3-8-19 调整聚光灯插件属性

（21）调整固态层合成模块当中的颜色，正常改为颜色减淡，如图 3-8-20 所示。

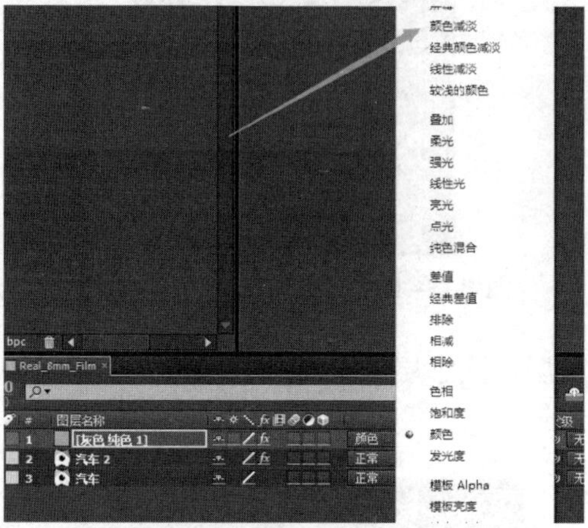

图 3-8-20　修改固态层合成属性

（22）将固态层修改为三维图层，如图 3-8-21 所示。

图 3-8-21　将固态层改为三维图层

（23）复制固态层，同时将固态层移动到影片当中汽车前灯所照射的区域，如图 3-8-22 所示。

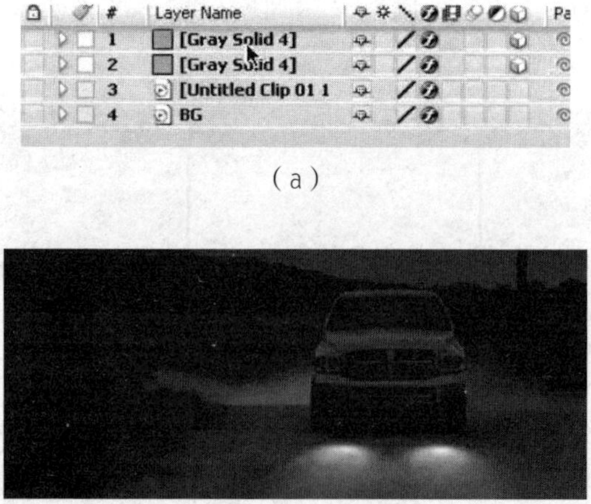

（a）

（b）

图 3-8-22　复制固态层

（24）新建控制图层，将控制图层也调整为三维图层，如图 3-8-23 所示。

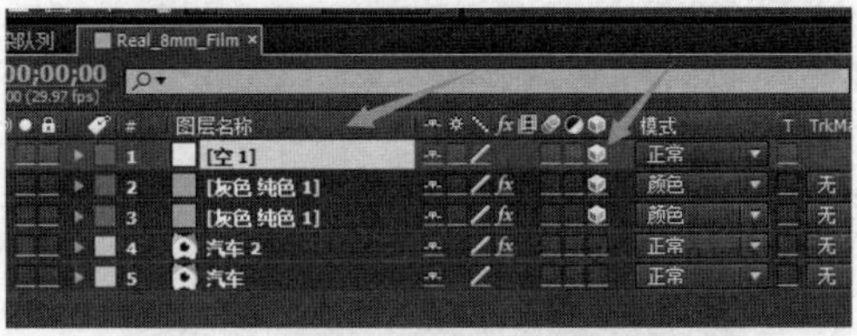

图 3-8-23　新建控制图层

（25）将灯光的固态层通过父子关系链接到控制层上面，如图 3-8-24 所示。

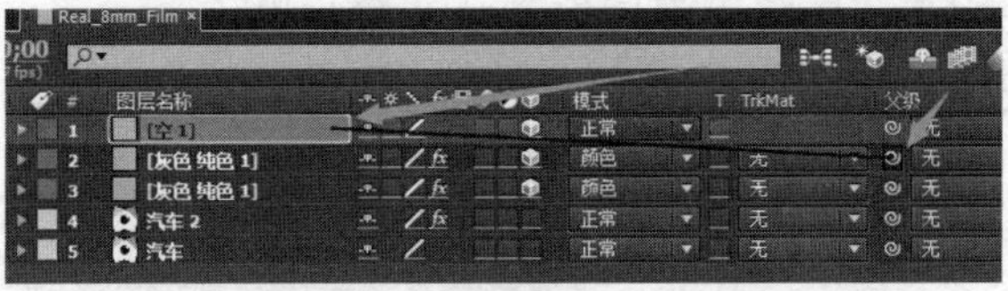

图 3-8-24　将两个固态层链接到控制图层

（26）调整控制图层，重新修改灯光所照射的区域位置，如图 3-8-25 所示。

图 3-8-25　调整灯光照射位置

（27）随着影片的播放，我们发现汽车从暗的地方开到了亮的地方，这个时候，控制层所控制的固态层的灯光应该随着汽车位置的变化越来越亮，如图 3-8-26 所示。

图 3-8-26　预览效果

（28）修改控制层所控制的固态层，为其设置关键帧动画，如图 3–8–27 所示。

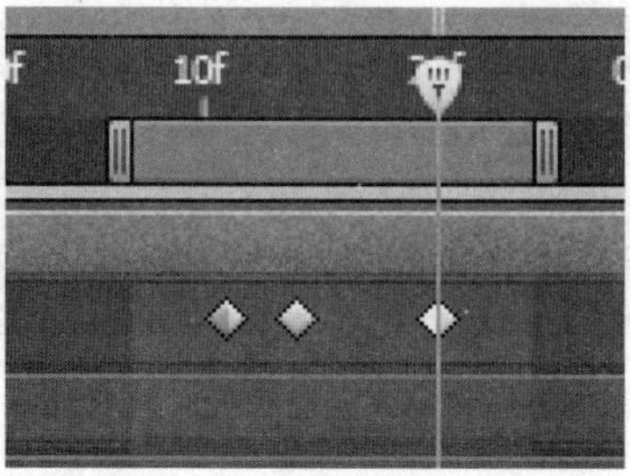

图 3–8–27　设置动画关键帧

（29）再次新建固态层，将固态层的颜色调整为黑色。

（30）为固态层增加镜头光晕插件效果，如图 3–8–28 所示。

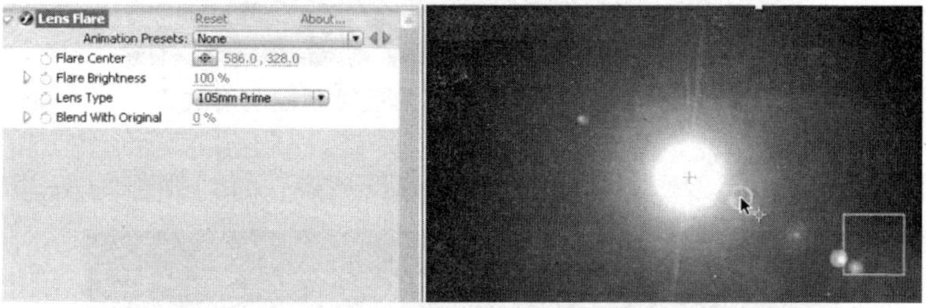

图 3–8–28　增加镜头光晕效果插件

（31）同时增加曲线和色相以及饱和度插件，如图 3–8–29 所示。

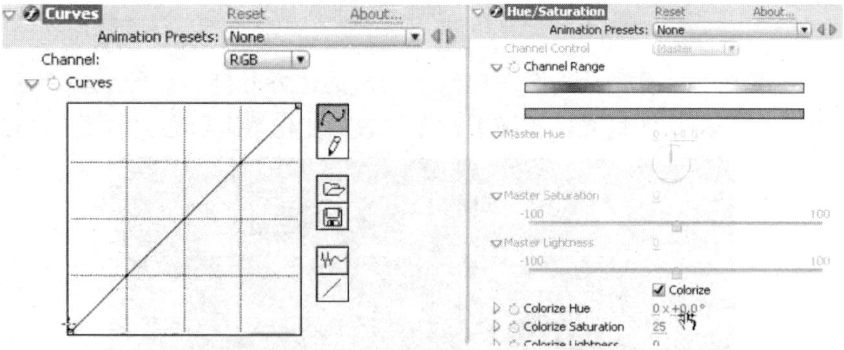

图 3–8–29　增加曲线、饱和度等插件

（32）打开色相及饱和度的色彩开关，色相调整为 34，饱和度调整为 15，如图 3–8–30 所示。

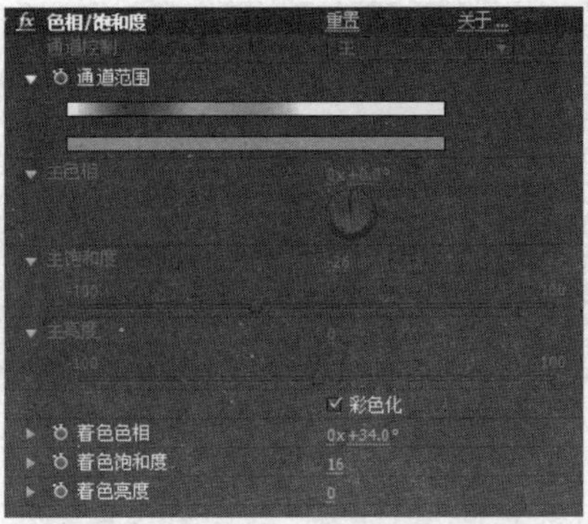

图 3-8-30 调整曲线饱和度数值

（33）我们将该插件制作出来的灯光效果放置在汽车的灯光上面，模拟汽车的灯光，如图 3-8-31 所示。

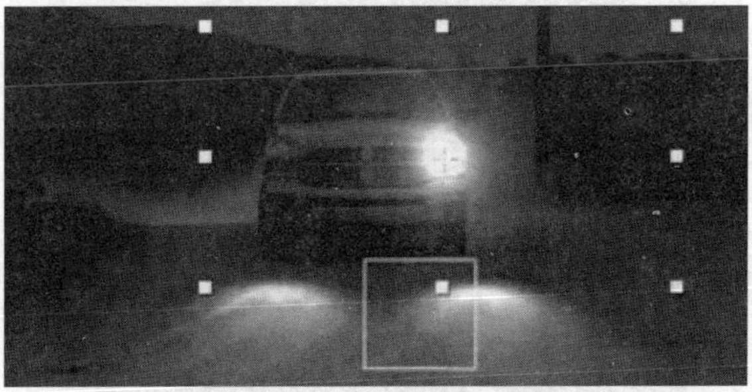

图 3-8-31 调整灯光位置

（34）将调整好的固态层重新复制，放置在汽车的另外一个灯光上面，如图 3-8-32 所示。

图 3-8-32 调整另外一个灯光位置

（35）随着影片的播放，我们将两个固态层设置关键帧，随着汽车灯光的位置移动而变化，如图 3-8-33 所示。

图 3-8-33　调整灯光关键帧

（36）新建固态层的大小与合成一致，颜色调整为黄色，如图 3-8-34 所示。

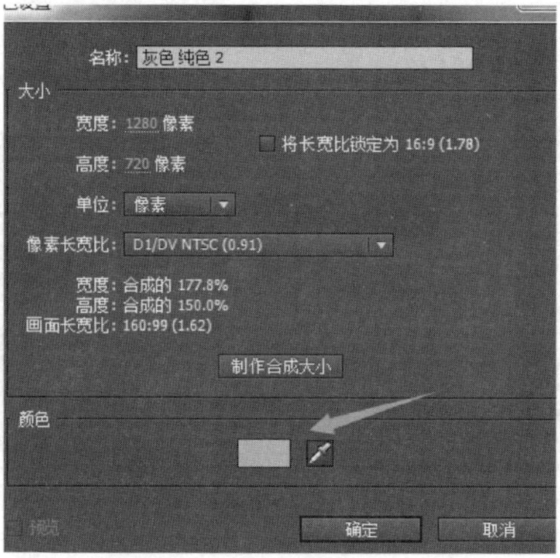

图 3-8-34　新建固态层

（37）选用钢笔套索工具，在固态层中画出一个平行四边形的区域，然后将区域缩小到路边的灯杆位置，如图 3-8-35 所示。

图 3-8-35　绘制路灯图形

（38）选中灯光的固态层，增加发光效果，调整发光的属性值，如图 3–8–36 所示。

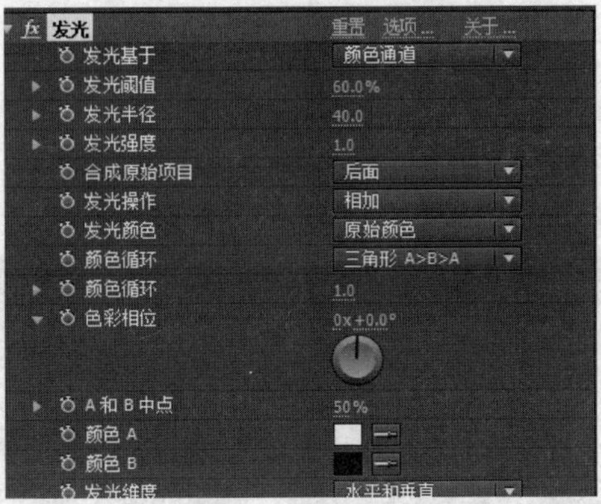

图 3–8–36　增加发光插件

（39）调整各项数值参数，影片最终效果如图 3–8–37 所示。

图 3–8–37　预览汽车灯光效果

项目九　高倍望远镜

接下来要制作的是望远镜的效果，如图 3-9-1 所示。

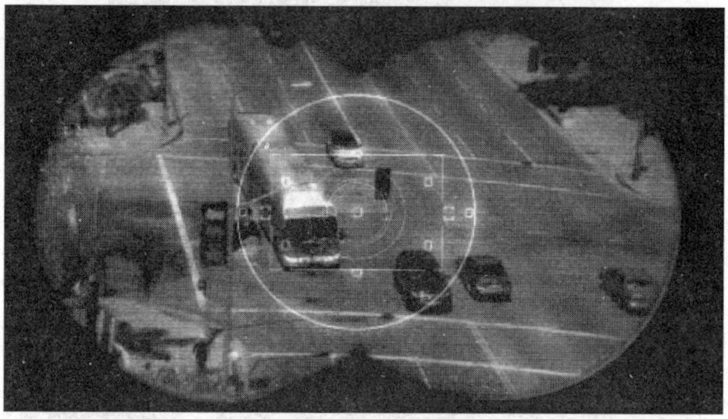

图 3-9-1　项目效果

（1）新建合成，合成大小为 1920 × 1080，总时间为 60 秒。

（2）导入街上的一辆公交车在疾驰的影像，通过望远镜看到的就是这个公交车，如图 3-9-2 所示。

图 3-9-2　导入影像素材

（3）找到一张镜头的效果图片，如图 3-9-3 所示。

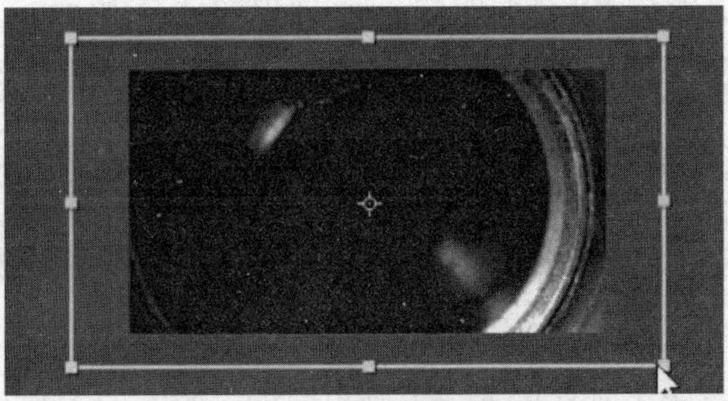

图 3–9–3　导入镜头素材

（4）将镜头的照片调整合适，将镜头的大小移动到合适的位置，将镜头的图片在合成的模式当中选择为屏幕合成模式，如图 3–9–4 所示。

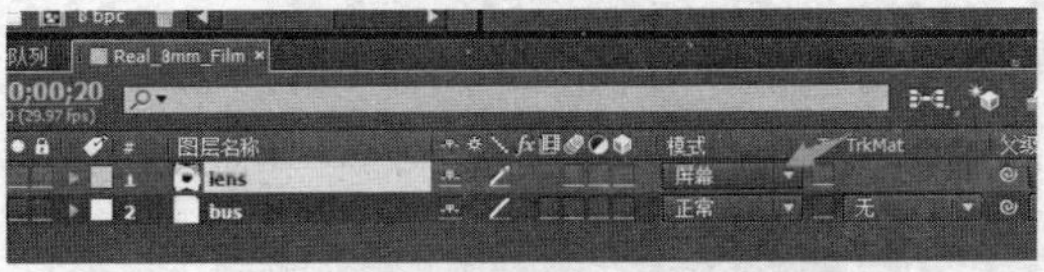

图 3–9–4　调整镜头素材位置

（5）新建一个固态层，将固态层调整为黑色，大小和合成大小一样，如图 3–9–5 所示。

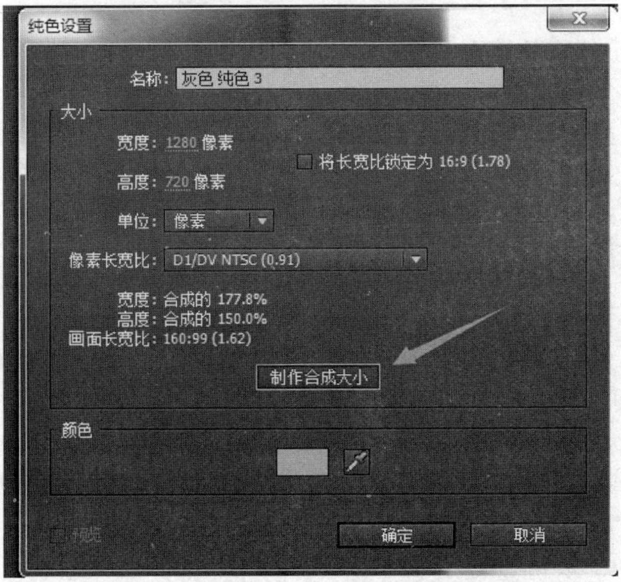

图 3–9–5　新建固态层

（6）将固态层放置在镜头下面的这一层，如图 3–9–6 所示。

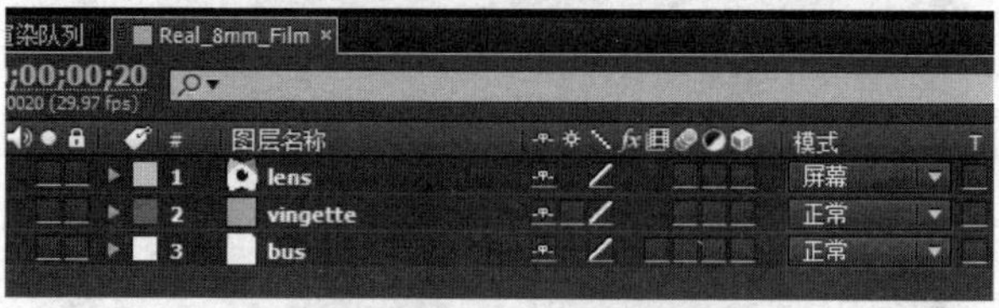

图 3–9–6　调整固态层位置

（7）选用圆形遮罩工具在固态层上画出圆圈，圆圈的大小和镜头的内径一样，如图 3–9–7 所示。

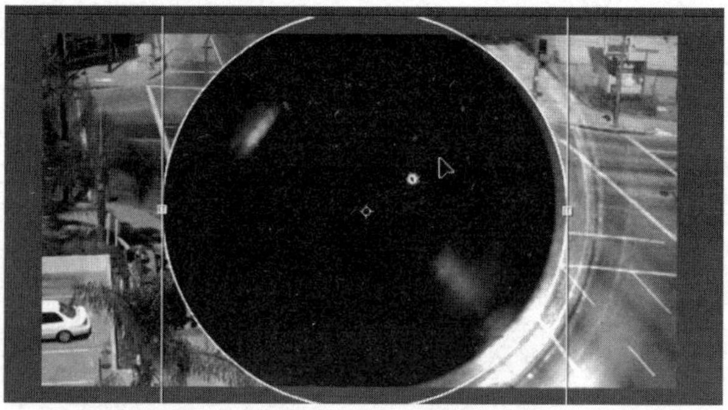

图 3–9–7　画出圆形遮罩

（8）固态层上遮罩的模式为相减模式，如图 3–9–8 所示。

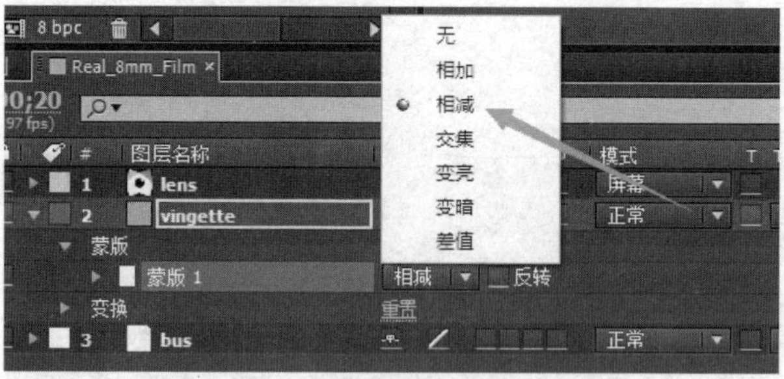

图 3–9–8　调整图层叠加模式

（9）将固态层上的羽化值调整为 37，如图 3–9–9 所示。

图 3–9–9　调整遮罩羽化值

（10）导入另外一张镜头图片，将这张镜头图片的模式修改为屏幕叠加模式，如图 3–9–10 所示。

图 3–9–10　导入镜头图片

（11）在镜头的制作上，选用矩形工具画出圆形框，如图 3–9–11 所示。

图 3–9–11　画出圆形遮罩

（12）模式选择为相减，调整其羽化值，如图 3–9–12 所示。

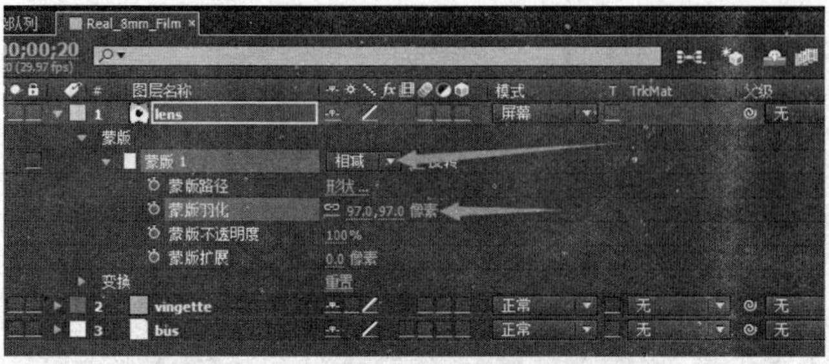

图 3-9-12　调整遮罩模式和羽化值

（13）新建调整层，在调整层上面画出圆形遮罩，遮罩的模式为相减，调整其羽化值，如图 3-9-13 所示。

图 3-9-13　新建调整层

（14）给调整层增加曲线效果，调整 RGB 数值，如图 3-9-14 所示。

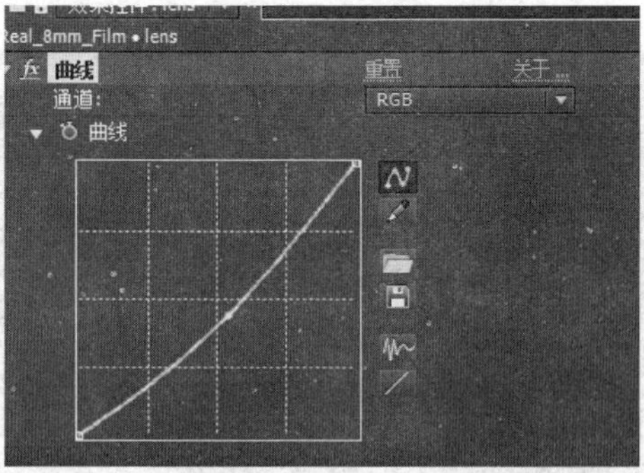

图 3-9-14　增加曲线

（15）将调整层的位置移动到影片的上面这一层，如图 3-9-15 所示。

图 3-9-15　调整图层顺序

（16）降低曲线的 RGB 值，如图 3-9-16 所示。

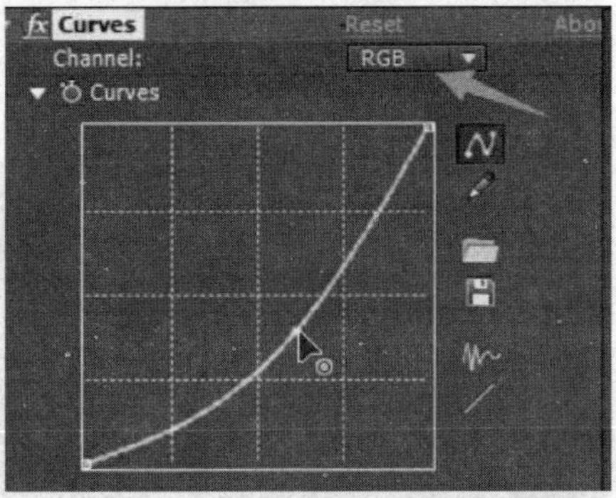

图 3-9-16　修改曲线 RGB 值

（17）降低曲线的红色通道值，如图 3-9-17 所示。

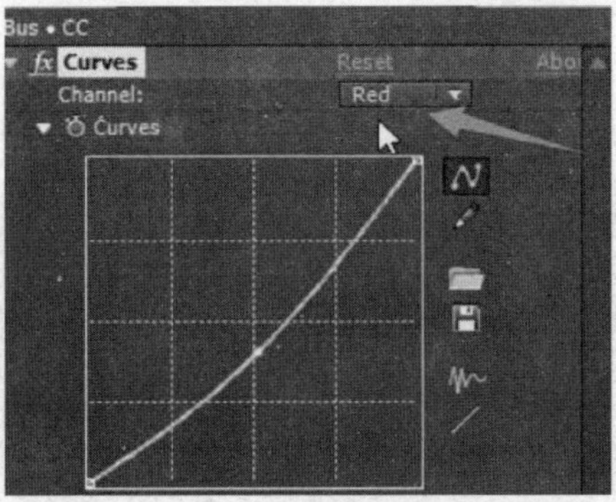

图 3-9-17　降低曲线红色通道值

（18）增加曲线的蓝色通道值，如图 3-9-18 所示。

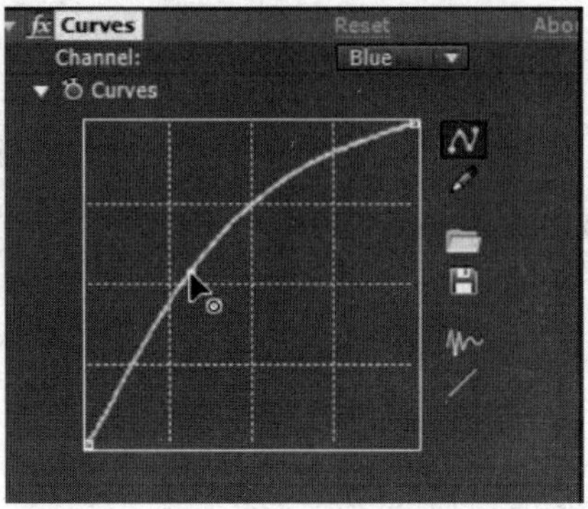

图 3-9-18　调整曲线蓝色通道值

（19）增加曲线的绿色通道值，如图 3-9-19 所示。

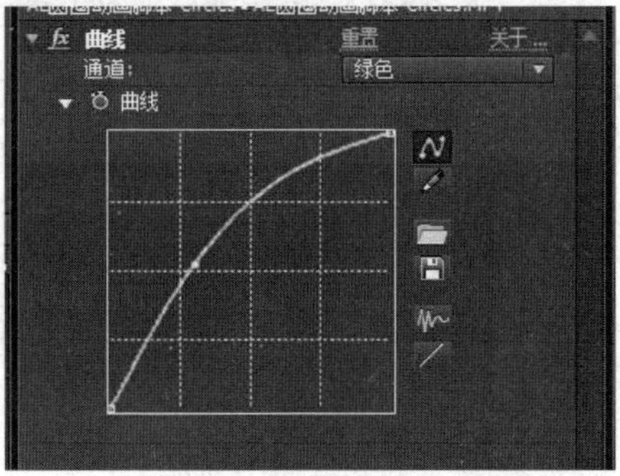

图 3-9-19　调整曲线绿色通道值

（20）修改调整层的羽化值，如图 3-9-20 所示。

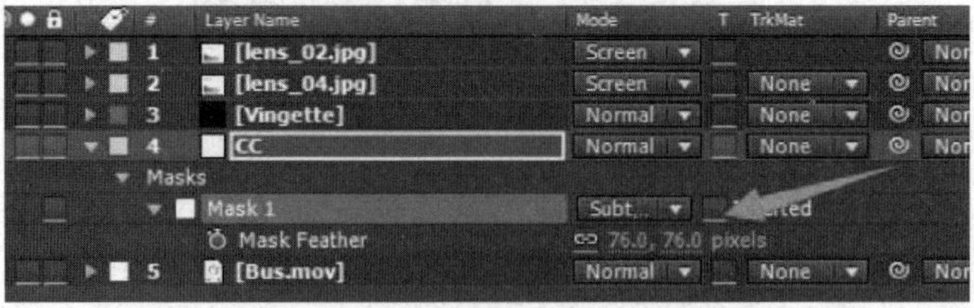

图 3-9-20　修改调整层的羽化值

（21）复制调整层，如图 3-9-21 所示。

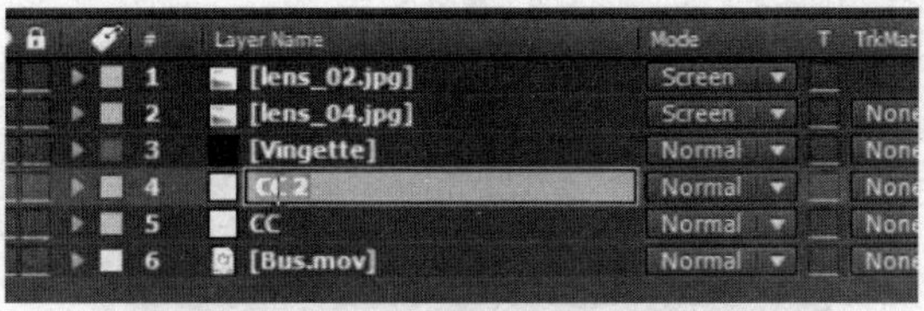

图 3-9-21　复制调整层

（22）增加快速模糊，如图 3-9-22 所示。

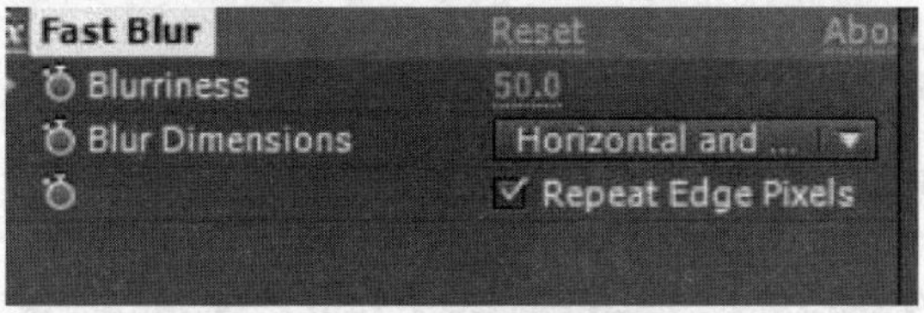

图 3-9-22　增加快速模糊插件

（23）新建调整层，将调整层的位置移动到影片上层，如图 3-9-23 所示。

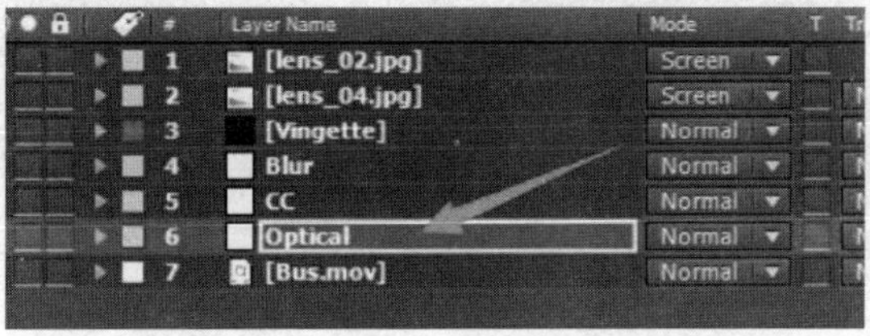

图 3-9-23　新建调整层

（24）为新建的调整层增加特效光学补偿，将光学补偿的值调整为 31.7，整个影片会出现一个鱼眼镜的效果，如图 3-9-24 所示。

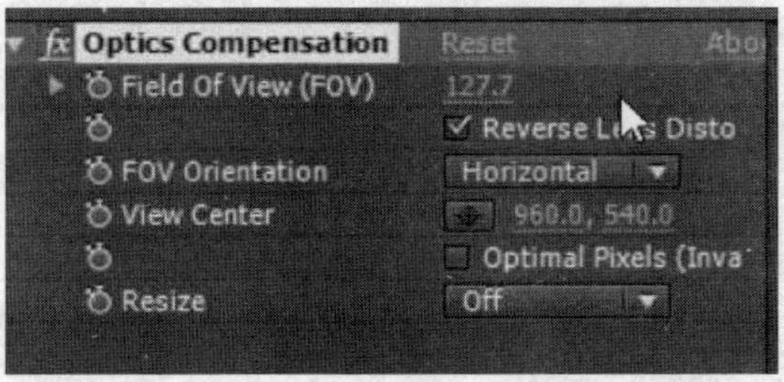

图 3-9-24　增加光学补偿插件

（25）增加插件变形效果，将缩放值修改为 188，如图 3-9-25 所示。

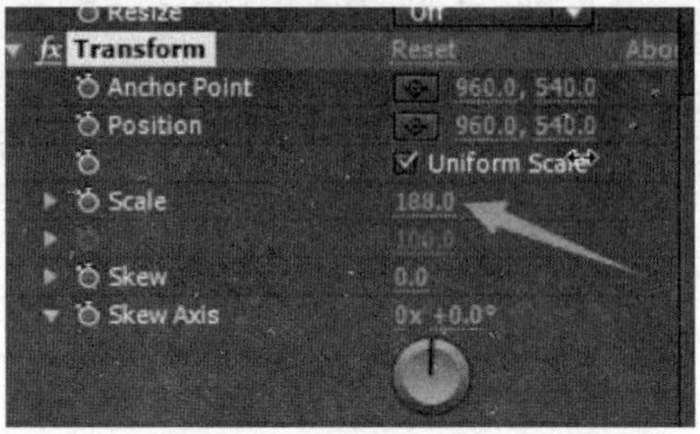

图 3-9-25　增加变形插件

（26）新建固态层为黑色，在固态层上面画一个矩形的遮罩和圆形的遮罩，模拟十字准星的效果，如图 3-9-26 所示。

图 3-9-26　新建固态层

（27）新建调整层，增加着色插件，将颜色改为从黑色到绿色，如图 3-9-27 所示。

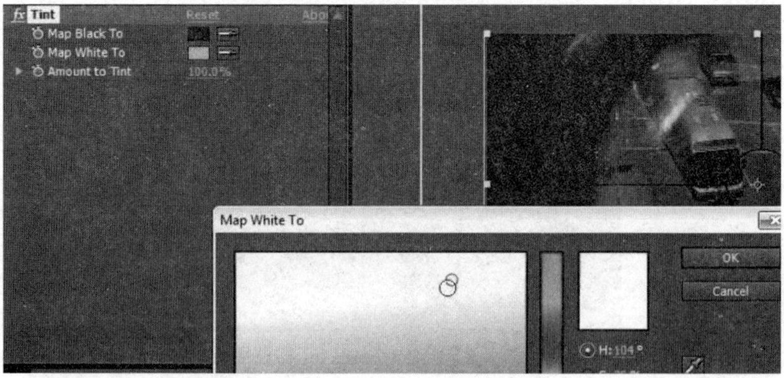

图 3-9-27　增加着色插件

（28）增加杂色插件，调整插件设置，如图 3-9-28 所示。

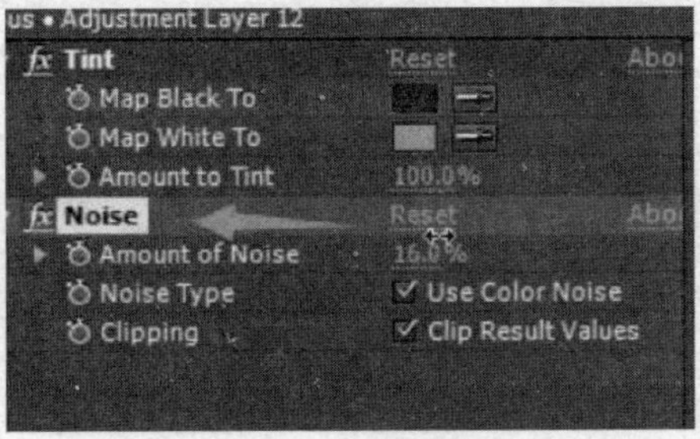

图 3–9–28　增加杂色插件

（29）新建固态层为白色，增加插件百叶窗效果，设置插件的数值，如图 3–9–29 所示。

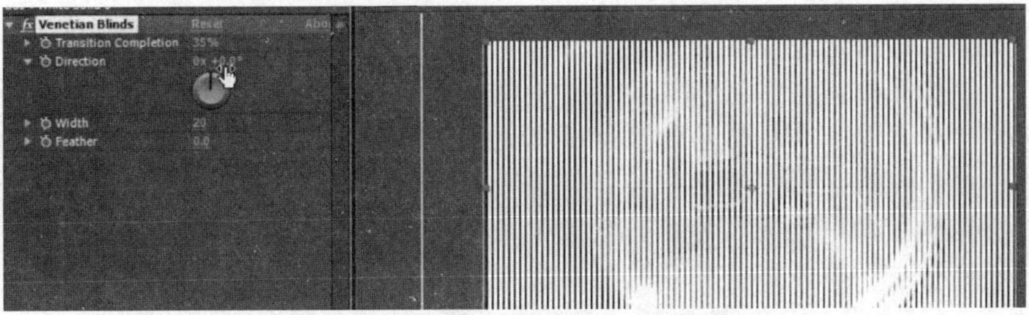

图 3–9–29　新建固态层，增加百叶窗插件

（30）将该层的位置移动到镜头下面，如图 3–9–30 所示。

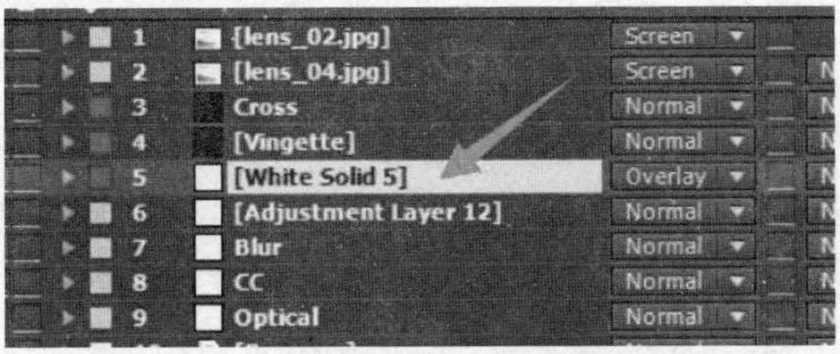

图 3–9–30　修改图层位置

（31）导入瞄准区域的矢量图，调整数值，如图 3–9–31 所示。

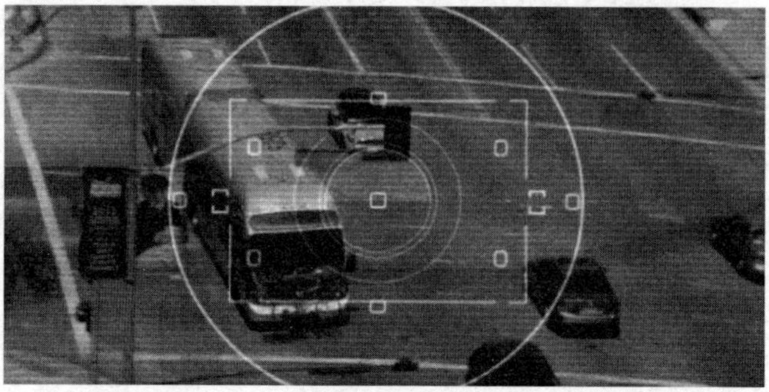

图 3-9-31　导入矢量图素材，预览效果

项目十　抠　　像

下面要制作的是简单的抠像效果，这里的抠像使用的是绿幕抠像。

（1）首先打开素材，找到一个在绿幕前开枪的影像素材，如图 3-10-1 所示。

图 3-10-1　准备视频素材

（2）新建合成文件，大小为 1920 × 1080，帧速率为 25 帧每秒，时间为 30 秒，如图 3-10-2 所示。

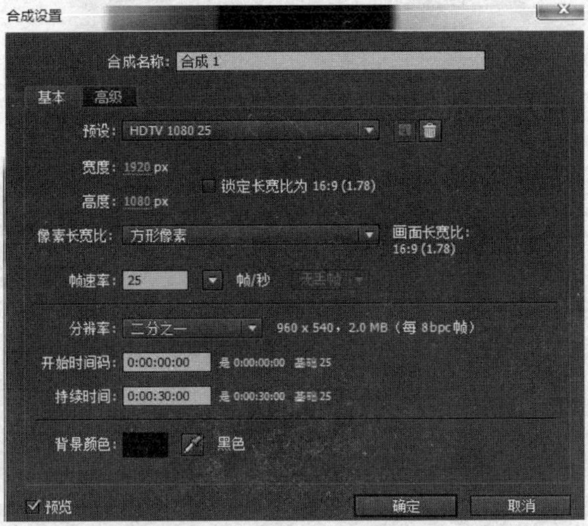

图 3-10-2　新建项目合成文件

（3）将绿幕素材拖到新建合成中，如图 3-10-3 所示。

图 3-10-3　导入合成

（4）在绿幕素材上面输入特效插件，颜色抠像，如图 3-10-4 所示。

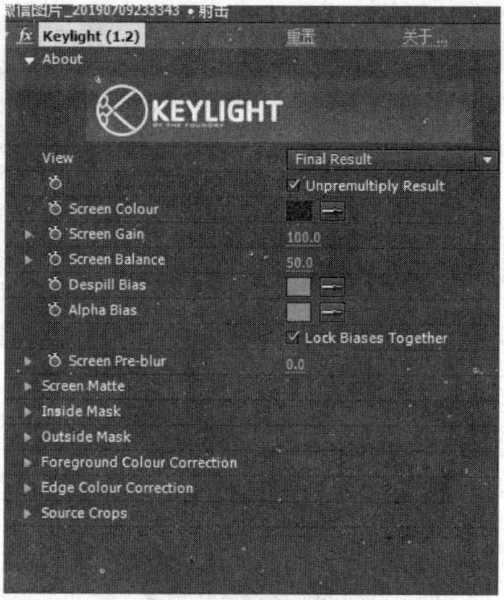

图 3-10-4　应用抠像插件

（5）使用吸管在素材上面的颜色绿幕区域吸取颜色，如图 3-10-5 所示。

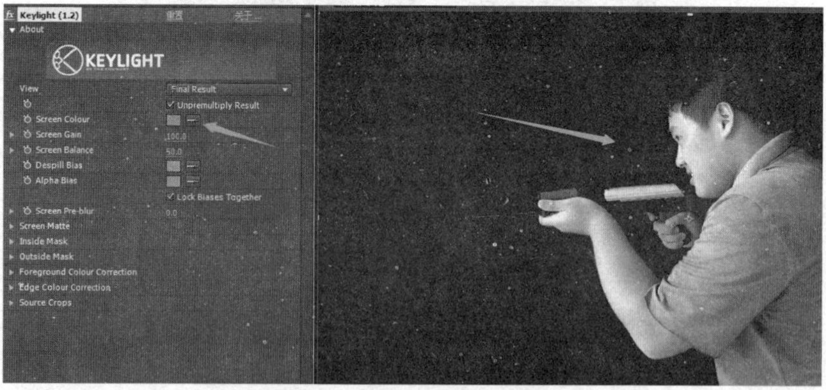

图 3-10-5　操作抠像插件

（6）可以看到绿颜色已经被去除掉了，如图 3–10–6 所示。

图 3–10–6 预览抠像效果

（7）选中视图窗口当中的显示与关闭背景，查看效果，如图 3–10–7 所示。

图 3–10–7 关闭背景查看效果

（8）将屏幕抠像的模糊值修改为 3，如图 3–10–8 所示。

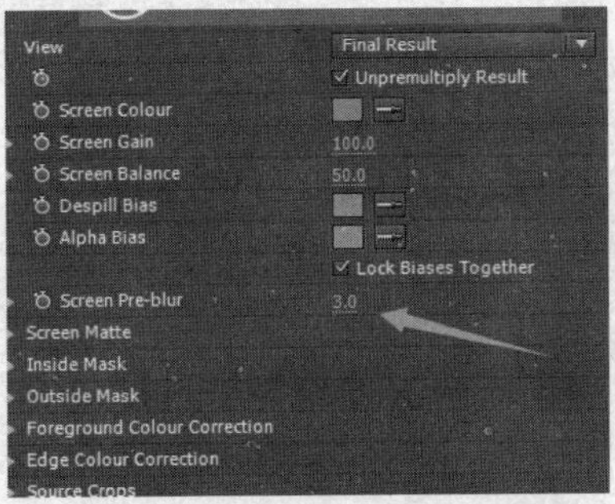

图 3–10–8 调整抠像模糊值

（9）将抠像视图模式改为屏幕融合模式，如图 3–10–9 所示。

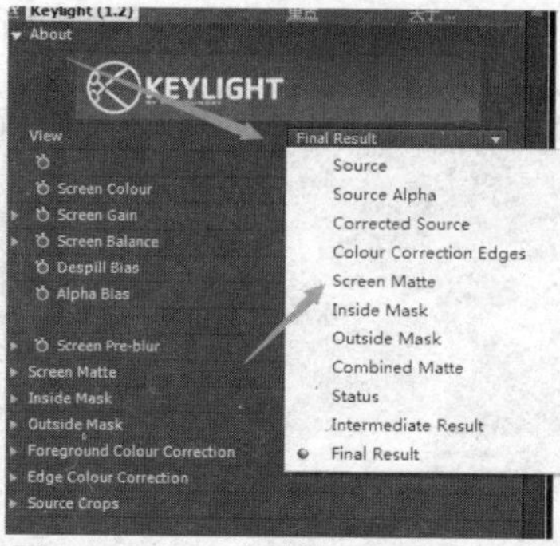

图 3-10-9　调整抠像屏幕融合值

（10）打开插件中的取消倍增效果开关，在窗口式的视图当中查看效果，如图3-10-10 所示。

图 3-10-10　调整插件倍增效果开关

（11）调整模糊值，将模糊值调整为 2.5，如图 3-10-11 所示。

图 3-10-11　调整插件模糊值

（12）将视图的预览调整为最终计算效果，如图 3–10–12 所示。

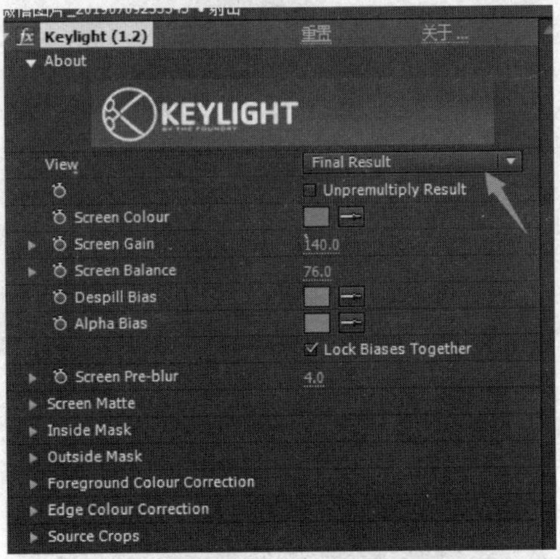

图 3–10–12　预览抠像效果

（13）打开屏幕不光滑选项，在下拉菜单中调整一些数值，如图 3–10–13 所示。

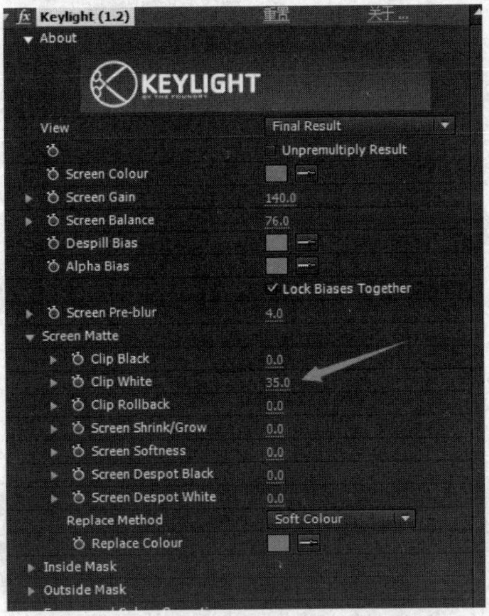

图 3–10–13　调整插件不光滑效果

（14）通过不断调整，使数据达到图 3–10–14 所示的效果。

图 3–10–14　预览效果

（15）导入背景图片，将背景图片拖到合成图层当中的抠像图下边，如图 3–10–15 所示。

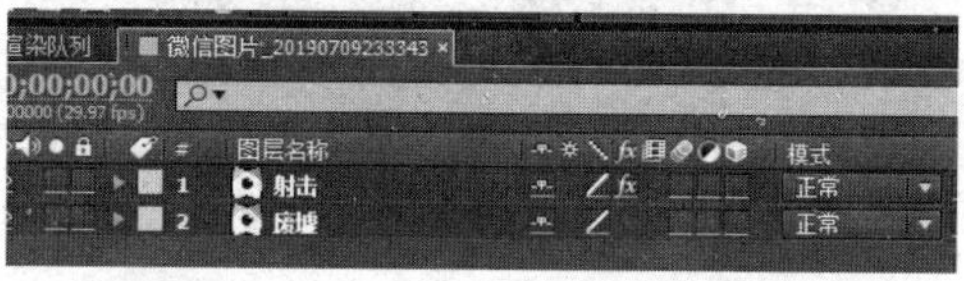

图 3–10–15　导入背景素材

（16）给刚才抠出的图层增加一个效果插件，这个效果插件为遮罩插件当中的简单阻塞工具，如图 3–10–16 所示。

图 3–10–16　应用简单阻塞效果

（17）将该插件当中的角色调整为 1.5，查看效果，如图 3–10–17 所示。

图 3–10–17　调整插件效果数值

（18）输入插件，调整颜色当中的色阶和设计里面的数值，达到如图 3–10–18 所示的效果。

图 3-10-18　预览效果

项目十一　超柔和抠像

此项目要制作的效果是在汽车里面的抠图效果，模拟汽车玻璃外的视觉效果。

（1）新建合成，将合成的大小调整为 1920×1080，帧速率为 25 帧每秒，时间为 30 秒，如图 3-11-1 所示。

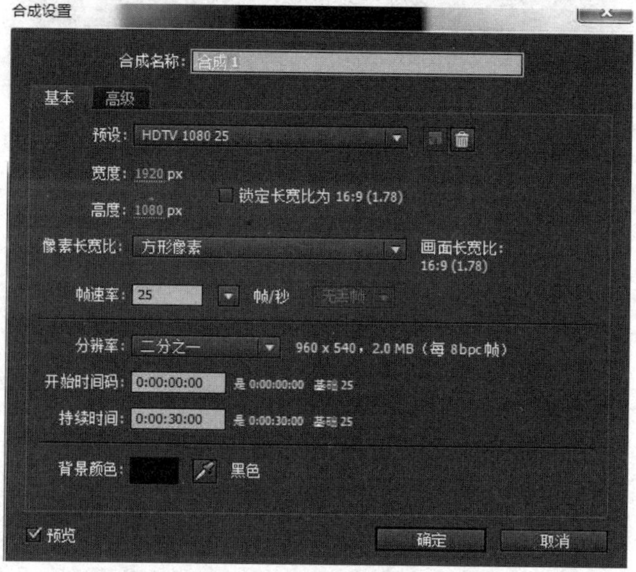

图 3-11-1　新建项目合成文件

（2）将素材导入到合成层，增加插件，颜色键抠图，如图 3-11-2 所示。

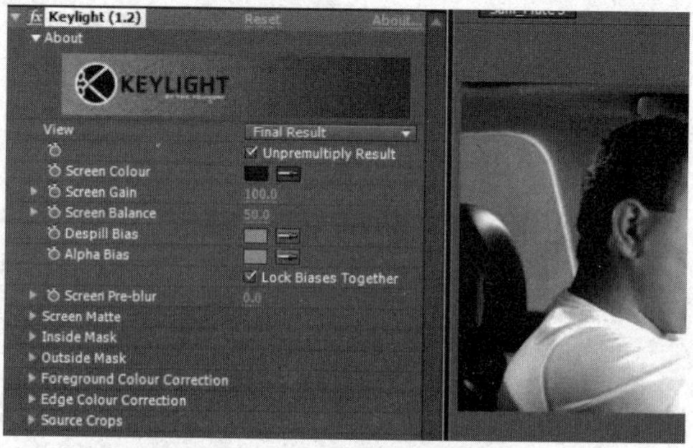

图 3-11-2　导入素材，应用抠像插件

（3）同上一个案例一样，用颜色吸管吸取图片当中的绿幕色，将绿色抠除掉，同时通过视图当中的背景开关查看效果，如图 3-11-3 所示。

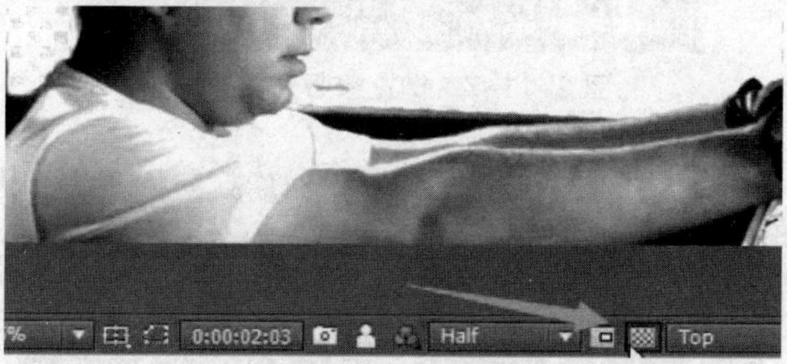

图 3-11-3 打开查看背景开关

（4）选中素材图层，复制出新的一层，如图 3-11-4 所示。

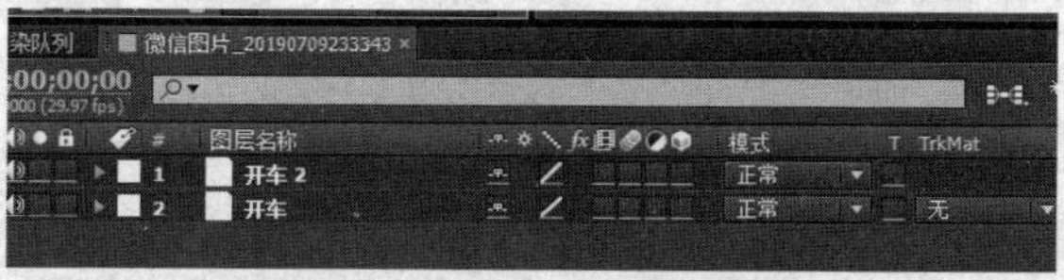

图 3-11-4 复制出新图层

（5）选择最下面的那一层，将刚才抠图插件去除掉。

（6）既可以按 F4 键打开轨迹控制器，也可以打开 Alpha 模板开关，如图 3-11-5 所示。

图 3-11-5 打开轨迹控制器

（7）打开 Alpha 模板开关，选择图一层，如图 3-11-6 所示。

图 3-11-6 打开蒙版开关

（8）这样做的目的是使用上面的图层作为透明通道，就是透明贴图，如图 3-11-7 所示。

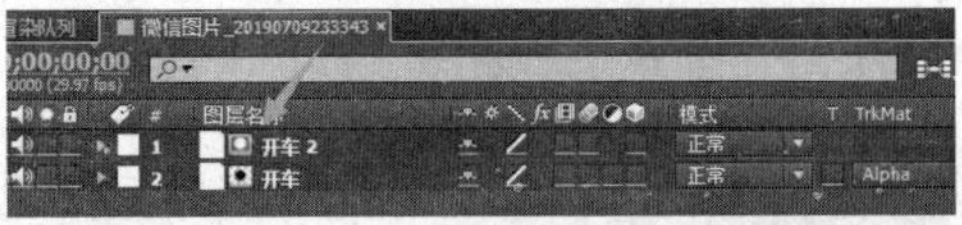

图 3–11–7　御览蒙版开关效果

（9）我们的目标是将图片当中的绿色去掉，选择图层菜单当中的预设，找到当中的保留属性，如图 3–11–8 所示。

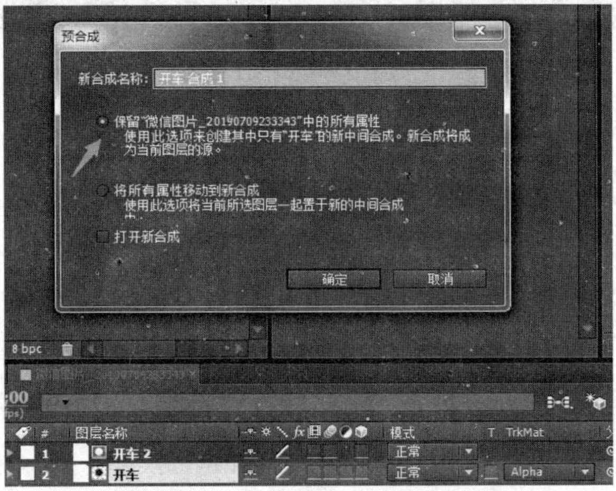

图 3–11–8　建立预合成

（10）接下来将素材当中的绿色去掉，一种方法是可以通过颜色校正当中的色调和饱和度去除，如图 3–11–9 所示。

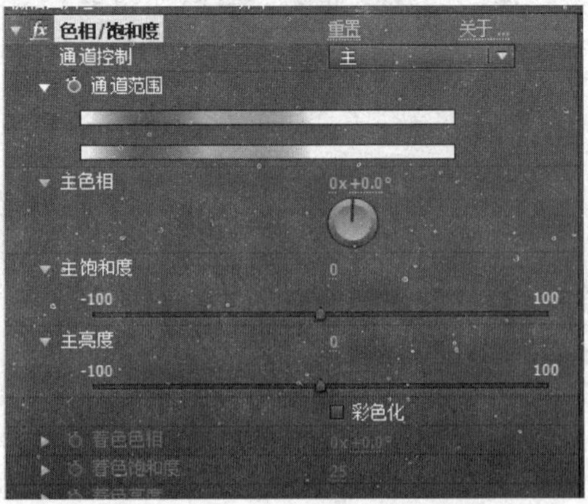

图 3–11–9　校正色调饱和度

（11）在色调和饱和度插件当中选择控制通道为绿色，将绿色去除，如图 3–11–10 所示。

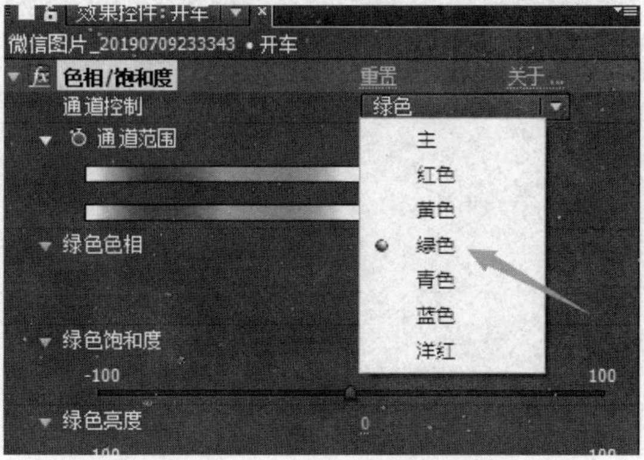

图 3–11–10　调整绿色通道色值

（12）另一个方法可以将该素材复制出新的一层，如图 3–11–11 所示。

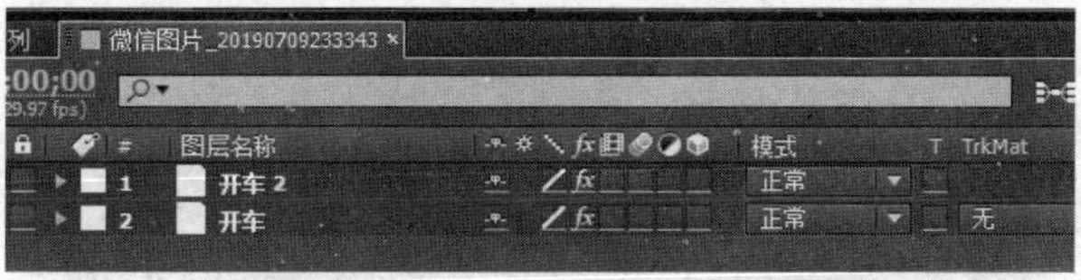

图 3–11–11　复制调整过的图层

（13）为其加入新的特效插件，选择通道当中的通道组合，如图 3–11–12 所示。

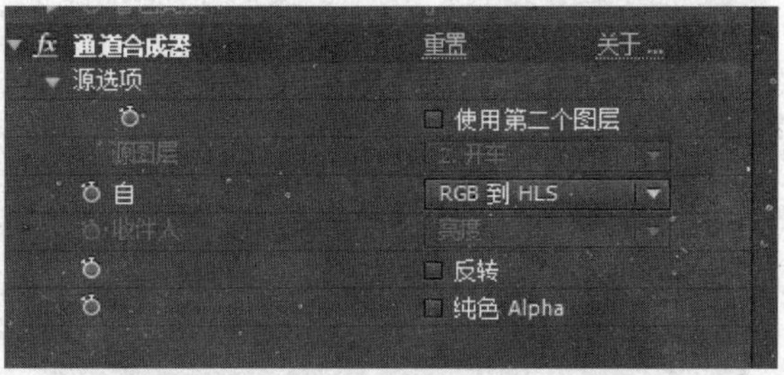

图 3–11–12　建立通道组合插件

（14）效果如图 3–11–13 所示。

图 3-11-13　预览效果

（15）把该插件当中的来源改为直接前置，打开选中的开关，查看效果，如图 3-11-14 所示。

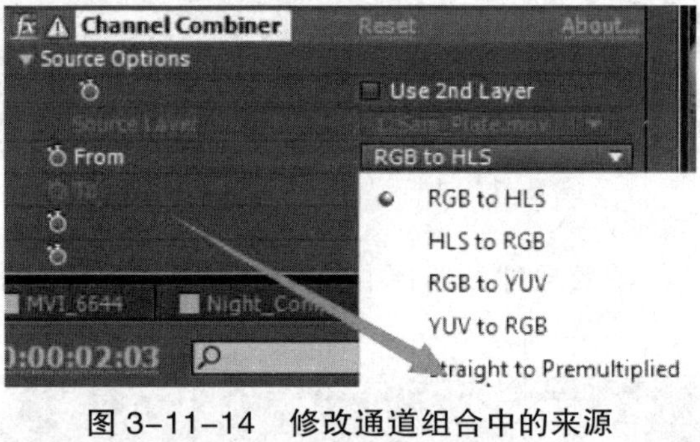

图 3-11-14　修改通道组合中的来源

（16）将合成图层当中两个图层设为叠加的模式，上面的图层模式改为颜色叠加，如图 3-11-15 所示。

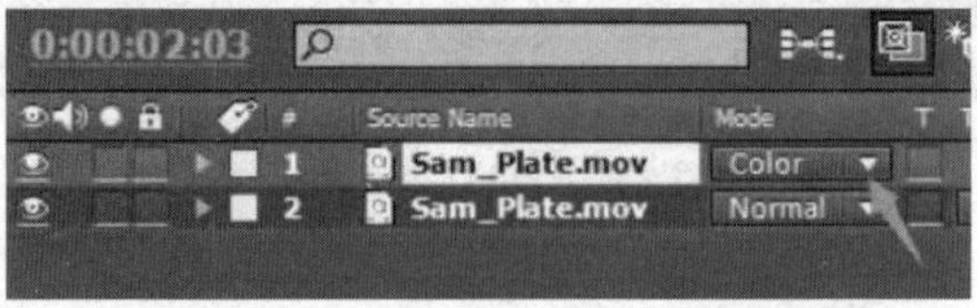

图 3-11-15　修改图层叠加模式

（17）再次调整抠像插件当中的颜色平衡值，如图 3-11-16 所示。

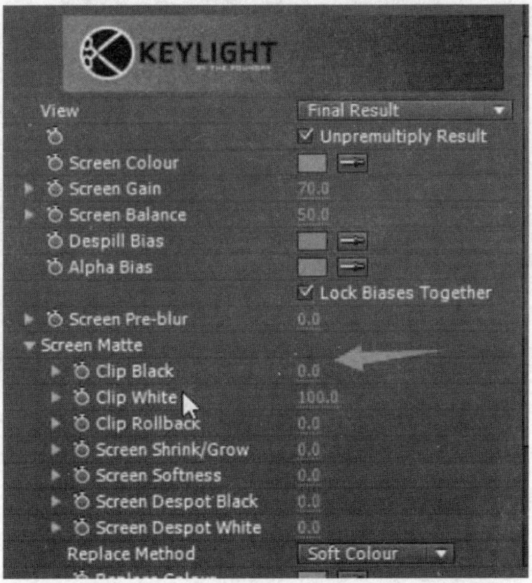

图 3–11–16　调整抠像插件颜色平衡值

（18）找到一段街景的素材背景影像，将影像加到整个合层的最下边，如图 3–11–17 所示。

图 3–11–17　倒入街景素材

（19）为背景影片再增加一个曝光插件，如图 3–11–18 所示。

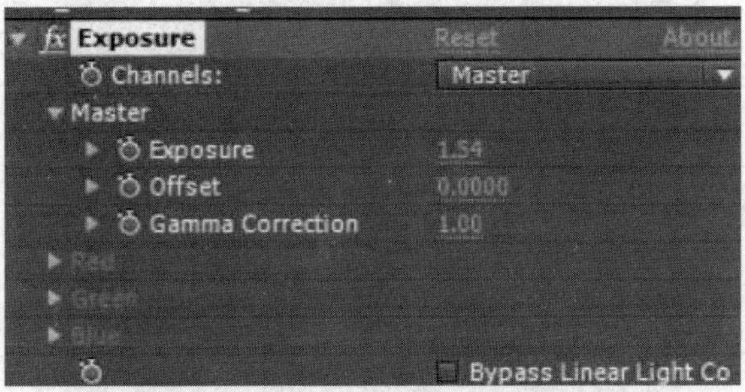

图 3–11–18　为素材增加曝光插件

（20）调整曝光的数值，在影片中查看效果，如图 3–11–19 所示。

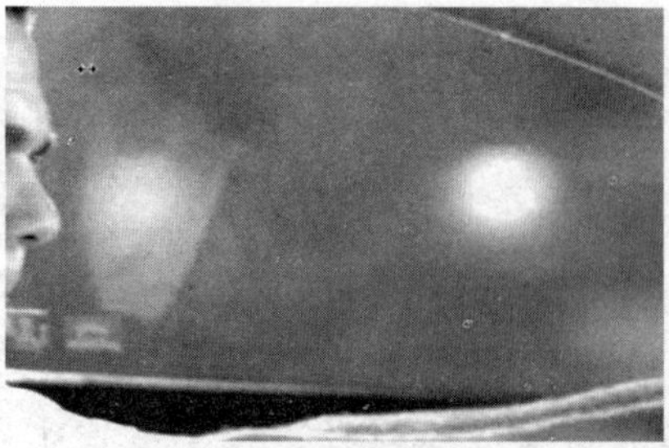

图 3-11-19　调整曝光数值

（21）同时可以增加高光压缩插件来调整效果，如图 3-11-20 所示。

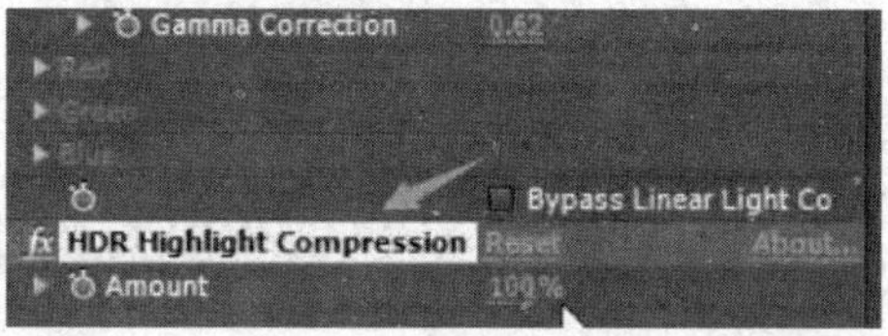

图 3-11-20　增加 HDR 高光压缩插件

（22）调整颜色，增加特效插件当中的颜色，校正当中的浅色调，为其改变颜色，如图 3-11-21 所示。

图 3-11-21　增加颜色插件

（23）将浅色调这个插件放在整个插件的最上层，如图 3-11-22 所示。

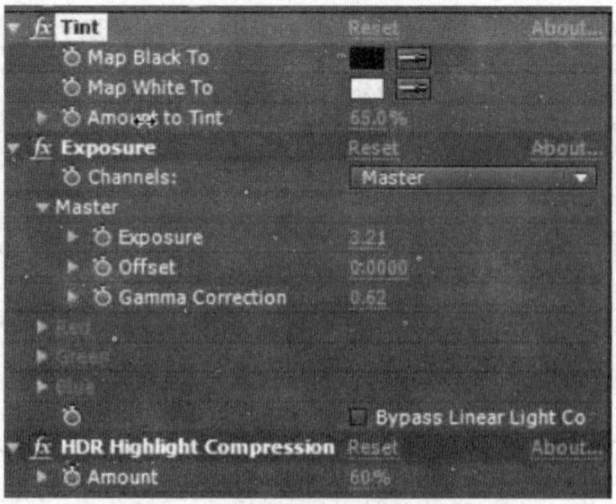

图 3-11-22　调整插件的层位置

（24）为了让影片出现真实感，需要增加晃动感。

（25）进入抠像插件，为其增加移除颗粒插件，如图 3-11-23 所示。

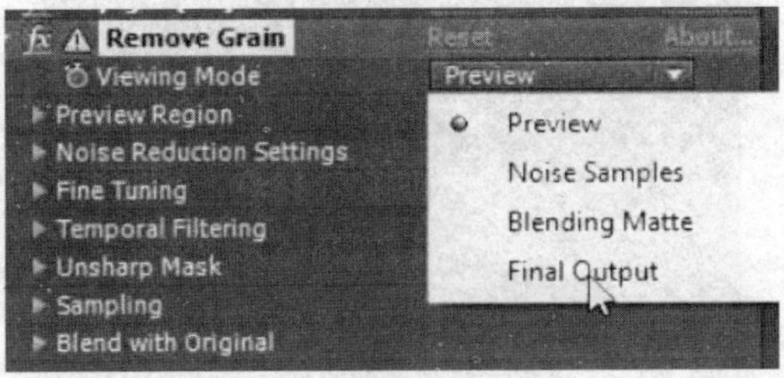

图 3-11-23　为拍摄素材增加移出颗粒插件

（26）在合成图层当中新建一个调整层，如图 3-11-24 所示。

图 3-11-24　新建调整层

（27）为调整层增加一个曲线调整插件，再增加一个增色插件，如图 3-11-25 所示。

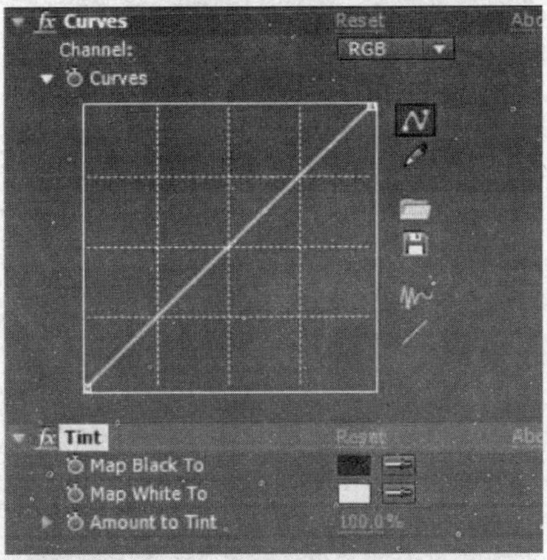

图 3-11-25　为调整层增加曲线功能

（28）调整曲线当中的 RGB 值，如图 3-11-26 所示。

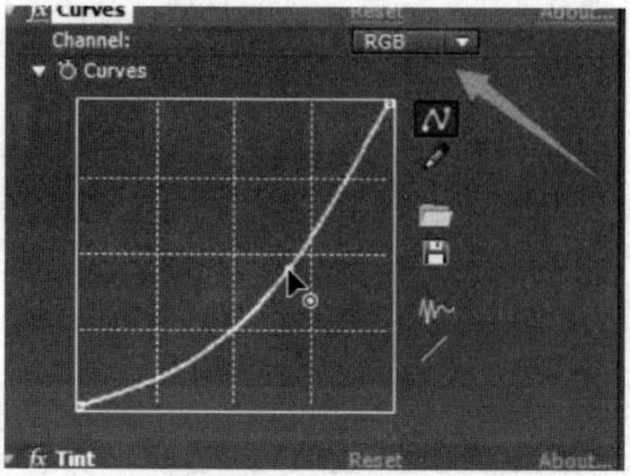

图 3-11-26　调整曲线 RGB 值

（29）调整曲线蓝色通道值，如图 3-11-27 所示。

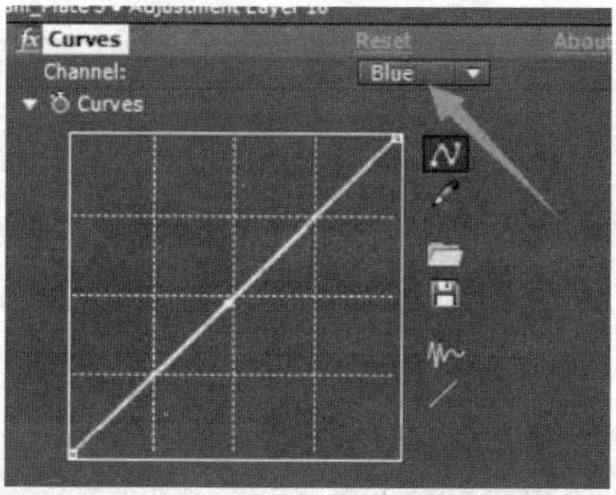

图 3-11-27　调整曲线蓝色通道值

（30）调整红色通道值，如图 3-11-28 所示。

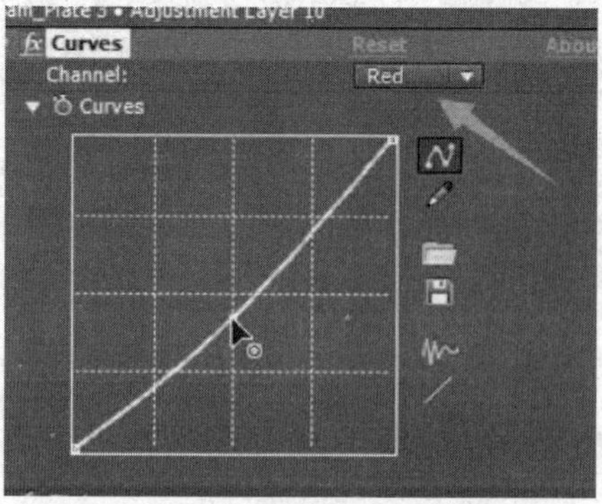

图 3-11-28　调整曲线红色通道值

（31）再次增加曲线插件，调整曲线的红色通道值，如图 3–11–29 所示。

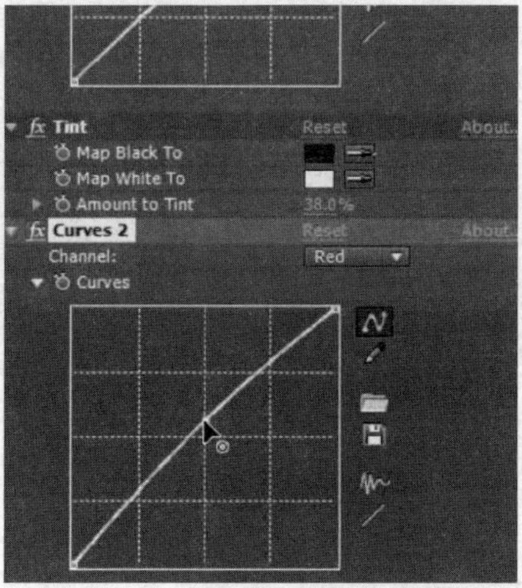

图 3–11–29　再次增加曲线调整值

（32）调整数值，预览效果，如图 3–11–30 所示。

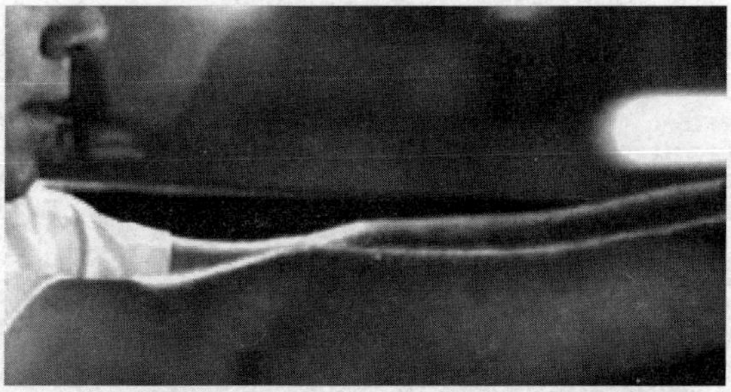

图 3–11–30　预览最终效果

项目十二　飞溅的鲜血

此项目制作的案例是飞溅的鲜血效果，如图 3–12–1 所示。

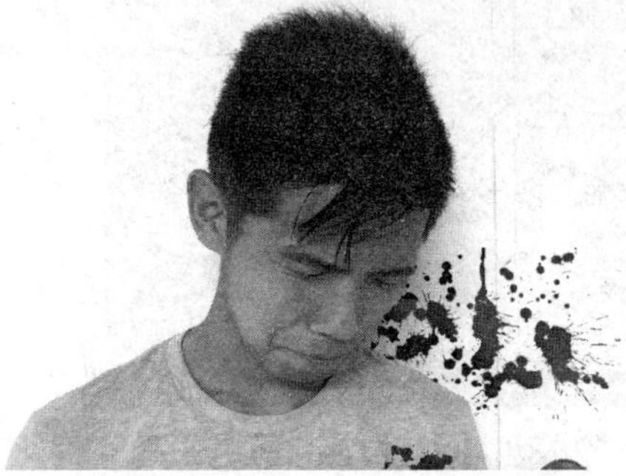

图 3–12–1　案例效果预览

（1）新建合成，大小为 1920×1080，帧速率为 25 帧每秒，时间为 30 秒，如图 3–12–2 所示。

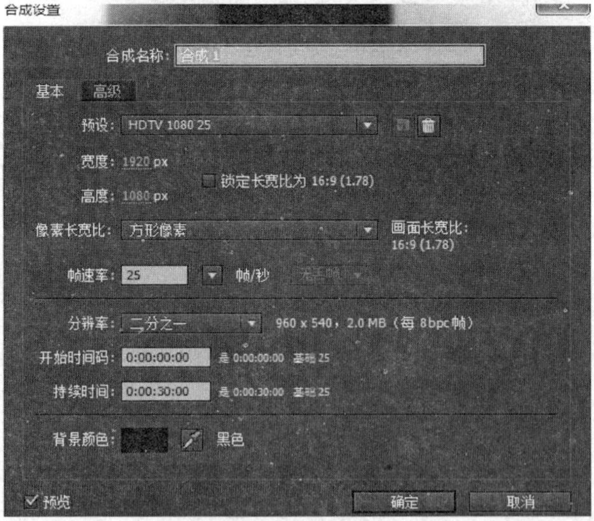

图 3–12–2　新建项目文件

（2）导入已经找好的一个开枪的影视视频素材，如图 3–12–3 所示。

图 3-12-3　导入射击素材

（3）同时导入鲜血飞溅的图片，素材有两个：一个是大片的，一个是小片的，如图 3-12-4 所示。

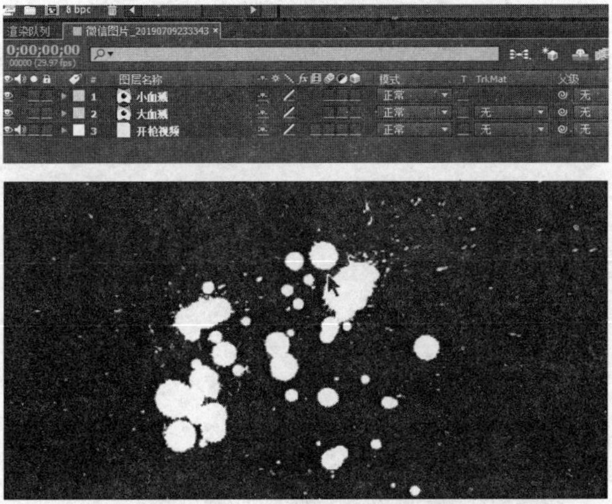

图 3-12-4　导入血溅素材

（4）接着为导入到的素材增加一个特效，在通道当中设置遮罩，如图 3-12-5 所示。

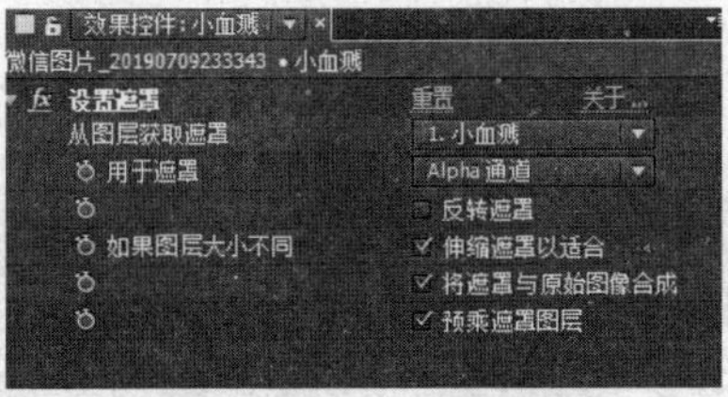

图 3-12-5　增加遮罩

（5）将两个素材的层模式改为经典差值，如图 3-12-6 所示。

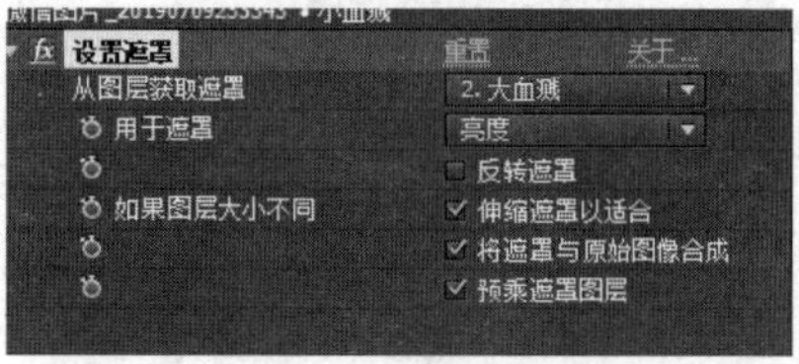

图 3-12-6　修改图层叠加模式

（6）修改插件当中的遮罩通道，我们为血滴的图层加特效填充，将填充修改为红色，将血迹的颜色修改为红色，如图 3-12-7 所示。

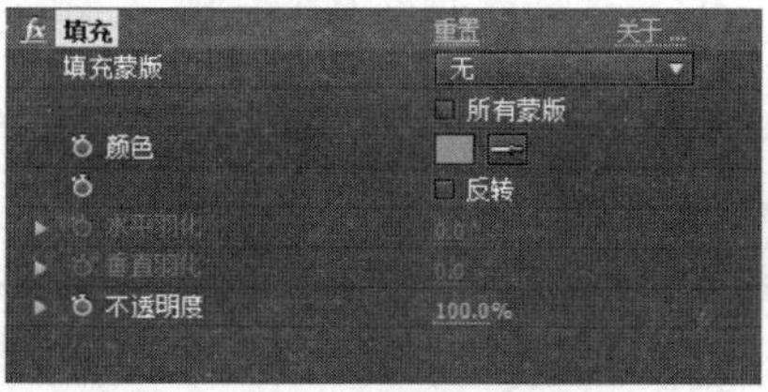

图 3-12-7　增加填充插件

（7）将上面的一层血滴的颜色修改得更深一点，如图 3-12-8 所示。

图 3-12-8　调整血滴的颜色深度

（8）增加一个空图层，如图 3-12-9 所示。

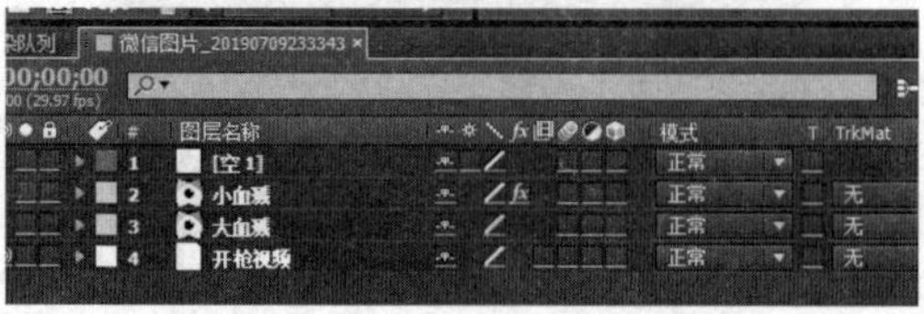

图 3-12-9　增加空图层

（9）选择视频的原始影像素材为其增加两个跟踪点，通过调节跟踪点设置跟踪效果，如图 3-12-10 所示。

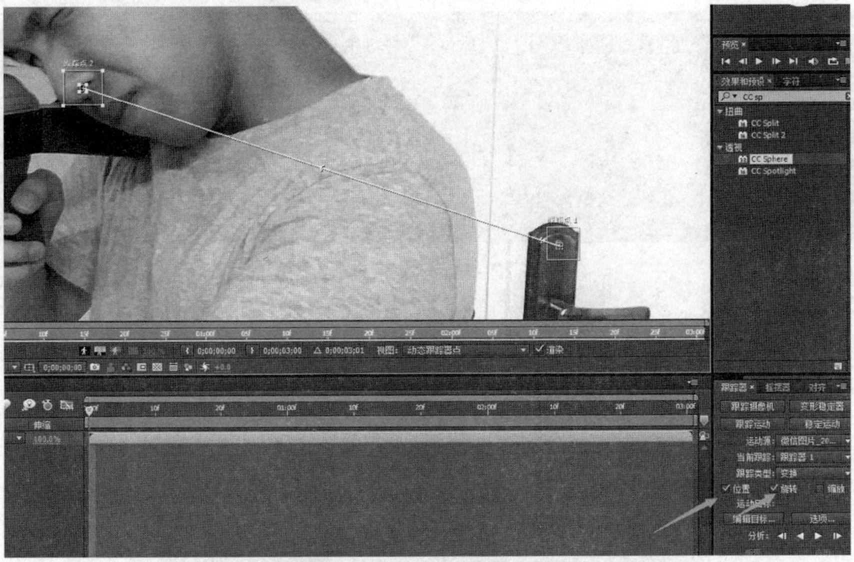

图 3-12-10　建立跟踪点

（10）将跟踪目标设置为空图层，如图 3-12-11 所示。

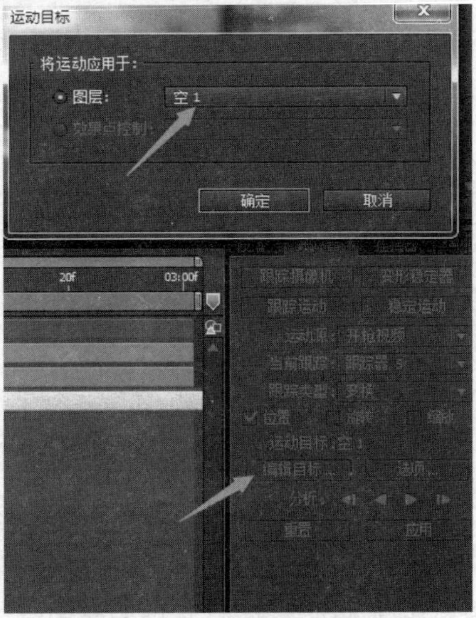

图 3-12-11　设置跟踪目标

（11）跟踪完成以后，可以看到空图层上有很多跟踪的关键帧，如图 3–12–12 所示。

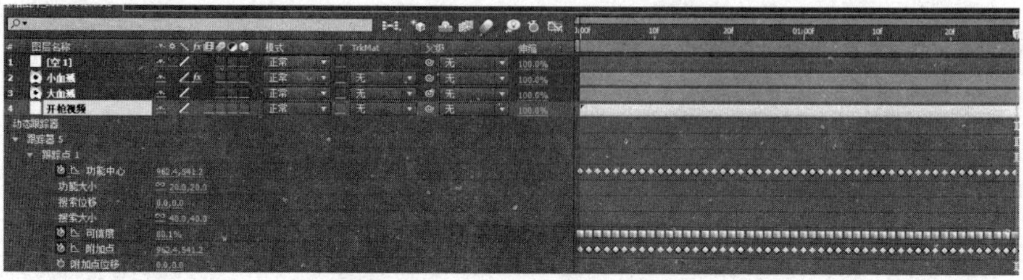

图 3–12–12　跟踪效果预览

（12）设置好跟踪以后，选择两个血溅层，之后通过父子关系链接，将其调整到控制层的移动属性当中，如图 3–12–13 所示。

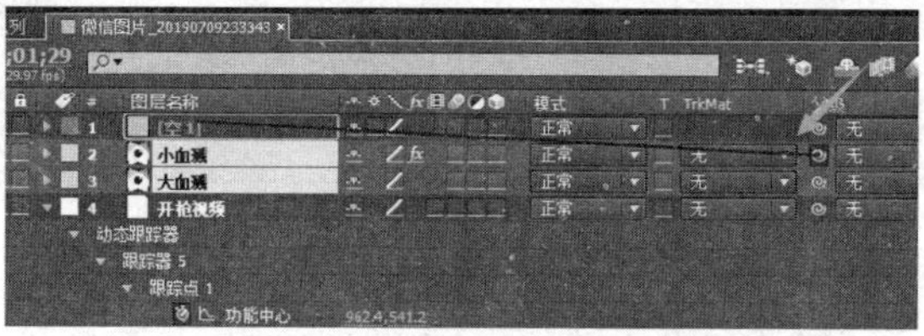

图 3–12–13　设置血溅图层父子关系

（13）复制原始影像素材到首层最上面，然后使用钢笔套索工具画出遮罩区域，因为身体被血滴挡住了，沿着身体的周围画出遮罩，把血滴隐藏起来，如图 3–12–14 所示。

图 3–12–14　利用钢笔画出遮罩范围

（14）随着播放人物产生了移动，我们通过调整 mask 来调整遮罩位置，如图 3–12–15 所示。

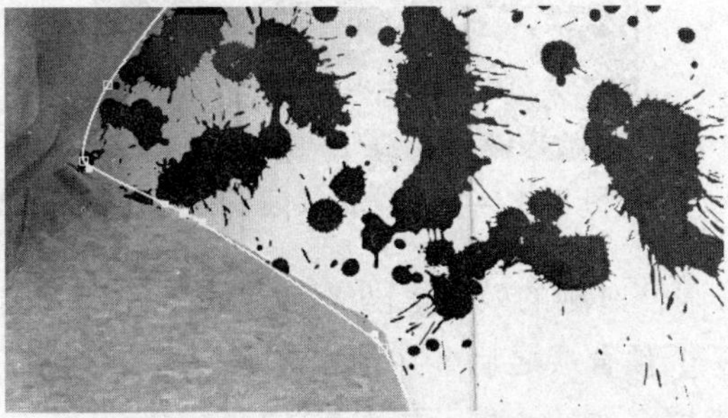

图 3-12-15　调整遮罩位置

（15）寻找素材，子弹打到身体上产生的血喷的效果图，然后将这个血喷图导入图形当中，如图 3-12-16 所示。

图 3-12-16　导入新的血喷素材

（16）选择血喷，为其增加特效，调整其色相和饱和度，将其饱和度调整为 -40，如图 3-12-17 所示。

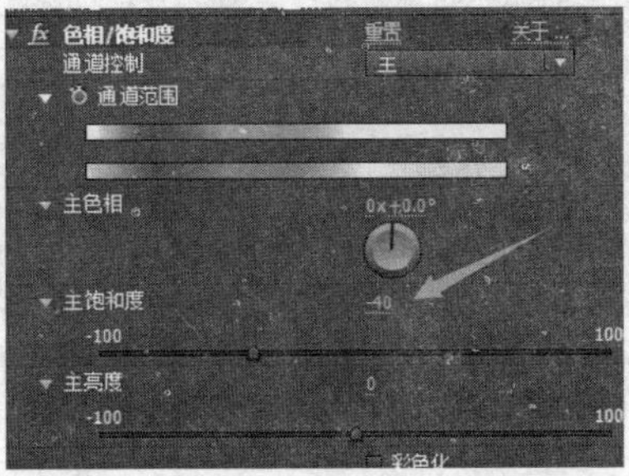

图 3-12-17　调整饱和度数值

（17）为血喷图增加快速模糊插件，如图 3-12-18 所示。

图 3-12-18　增加快速模糊插件

（18）最后我们来调整血溅的效果。随着影片的播放，血溅区域会逐渐增大，所以我们将血溅合成为一个预合成之后，在预合成为其画出遮罩，随着影片的播放遮罩区域越来越大，从而模拟真实的效果，如图 3-12-19 所示。

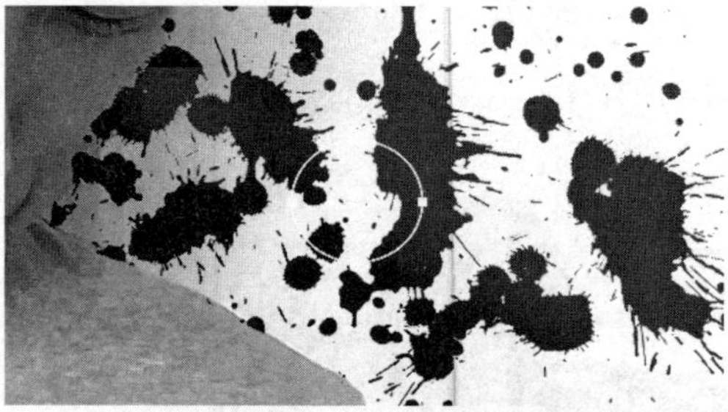

图 3-12-19　画出血溅遮罩范围

（19）设置遮罩的扩展数值，通过影片播放看出血溅不断扩大，遮罩的扩展数值随着关键帧的设置也逐渐增大，如图 3-12-20 所示。

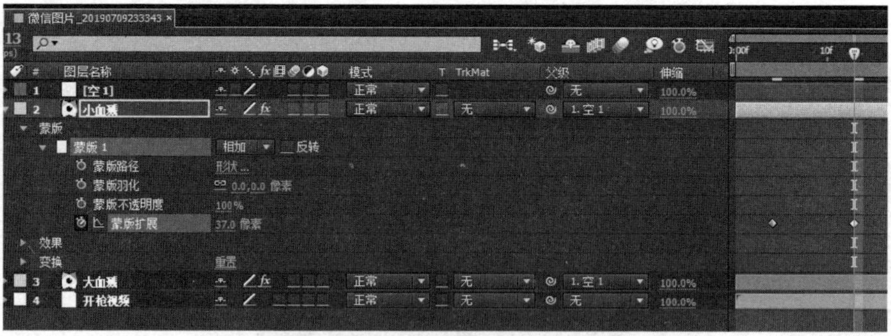

图 3-12-20　调整设置血溅遮罩范围

项目十三　光剑劈斗

下面我们再做一个光剑劈斗的效果，也就是模拟《星球大战》里边光剑劈斗的效果，如图 3-13-1 所示。

图 3-13-1　最终效果图示

（1）新建合成文件，尺寸为 1920×1080，帧速率为每秒 25 帧，时间为 30 秒，如图 3-13-2 所示。

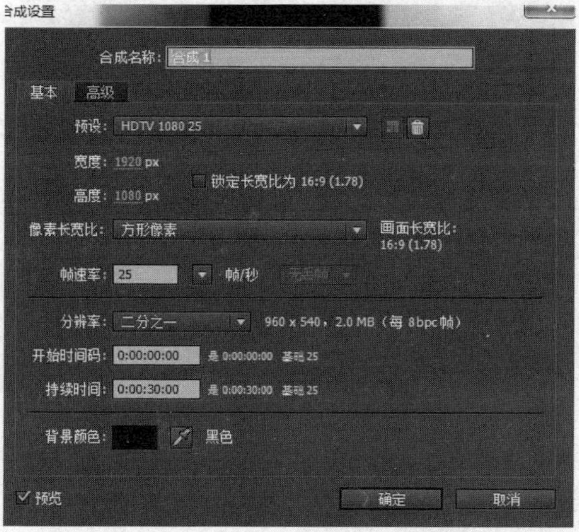

图 3-13-2　新建项目合成文件

（2）接着导入素材，一个人在挥舞着光剑激斗，如图 3–13–3 所示。

图 3–13–3　倒入视频素材

（3）建立固态层，固态层的大小和合成层大小一致，将固态层放置于素材层之上，如图 3–13–4 所示。

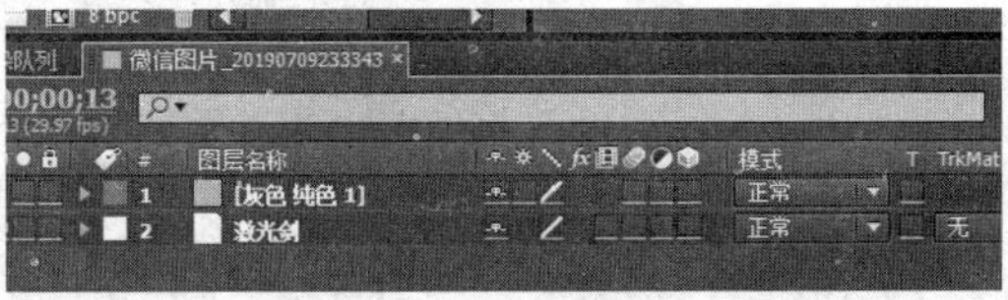

图 3–13–4　建立固态层

（4）调整固态层的透明度，如图 3–13–5 所示。

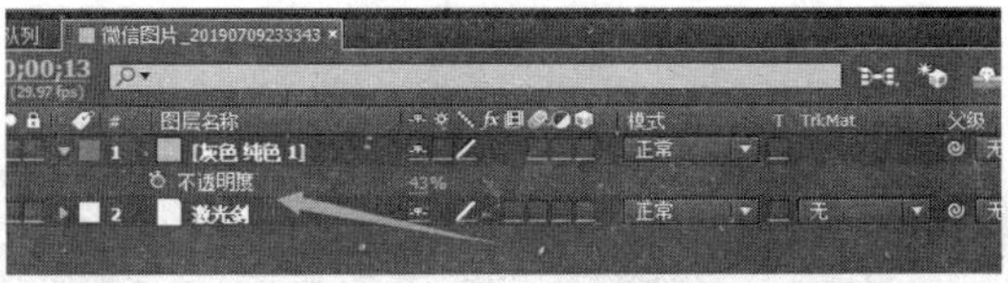

图 3–13–5　调整固态层的透明度

（5）选钢笔制造工具，在光剑上面，根据光剑的大小画出其区域，如图 3–13–6 所示。

图 3–13–6　用钢笔制造工具画出光剑区域

（6）接着将透明值调回 100，如图 3-13-7 所示。

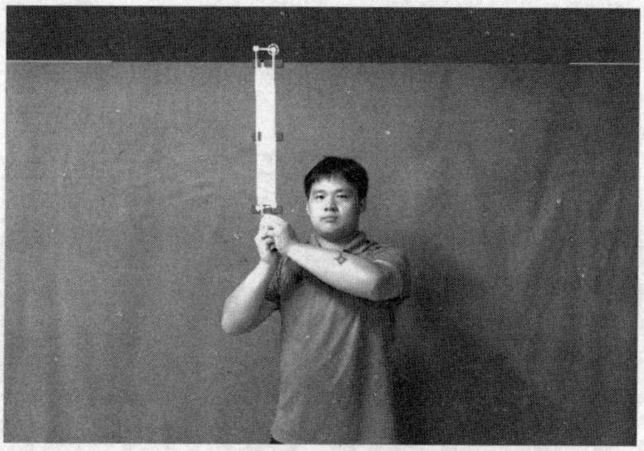

图 3-13-7 利用钢笔画出遮罩范围

（7）将遮罩的羽化值调整为 50，如图 3-13-8 所示。

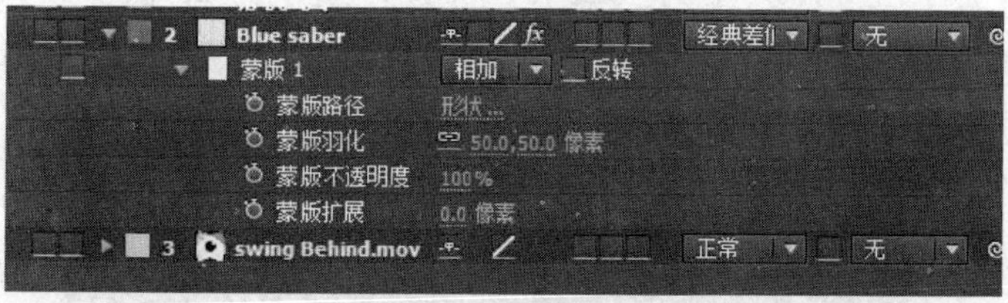

图 3-13-8 调整遮罩羽化值

（8）通过设置对照位置的关键帧来调整光剑发光的效果，如图 3-13-9 所示。

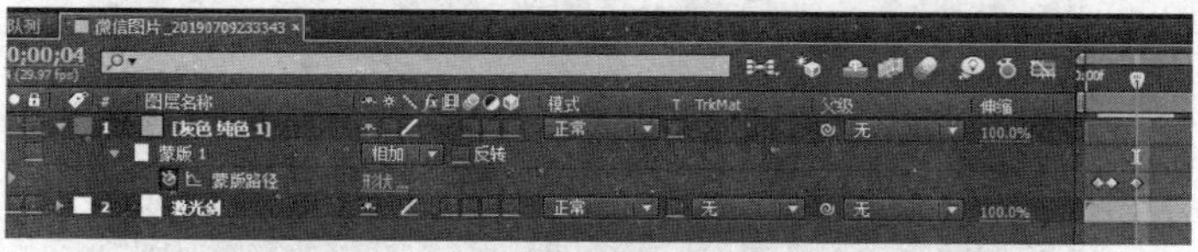

图 3-13-9 查看调整发光效果和遮罩位置

项目十四　天 冷 哈 气

接下来制作在天冷的时候哈气出现的水蒸气的效果，如图 3–14–1 所示。

图 3–14–1　最终效果图示

（1）新建文件，文件大小为 1920×1080，帧速率为 25 帧每秒，时间为 30 秒，如图 3–14–2 所示。

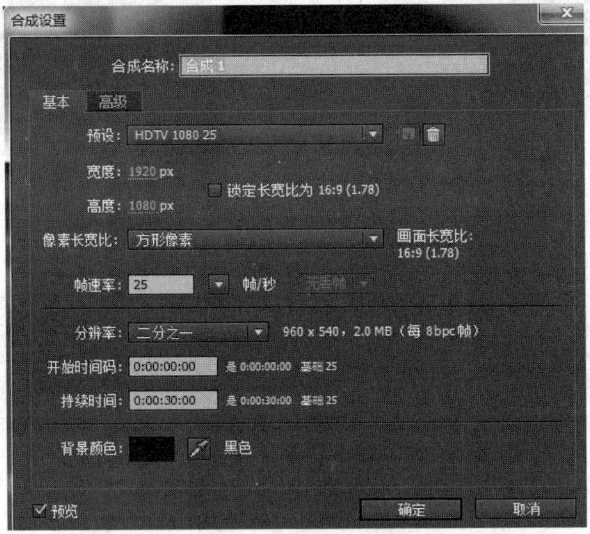

图 3–14–2　新建项目文件

（2）新建固态层，如图 3–14–3 所示。

图 3–14–3　新建固态层

（3）为固态层增加粒子效果，如图 3–14–4 所示。

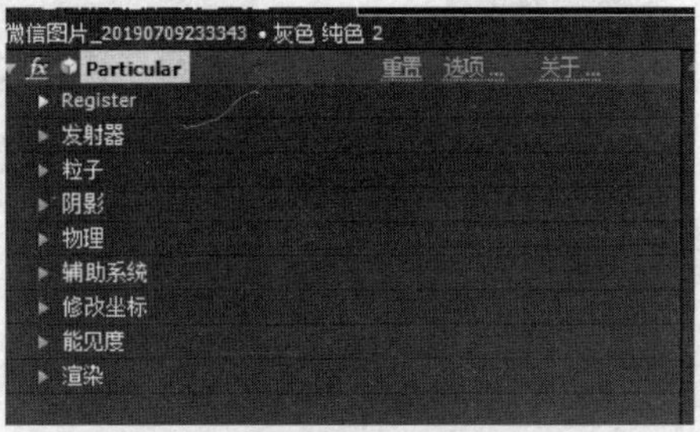

图 3–14–4 为固态层增加粒子效果

（4）增加粒子效果后如图 3–14–5 所示。

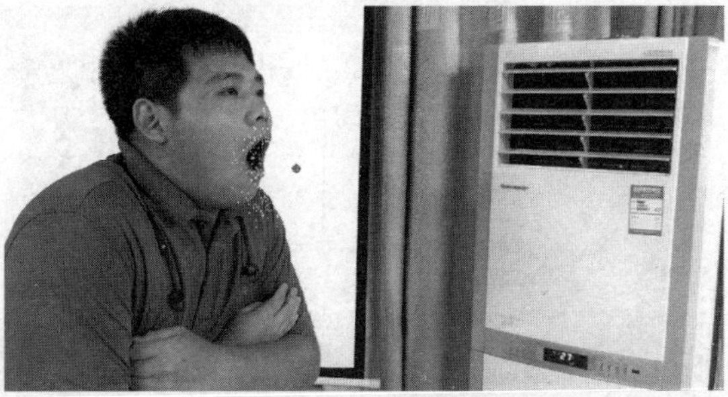

图 3–14–5 效果预览

（5）将发射器的发射方向改为点发射，旋转 y 调整为 –132，将发射器的速率调整为 500，如图 3–16–6 所示。

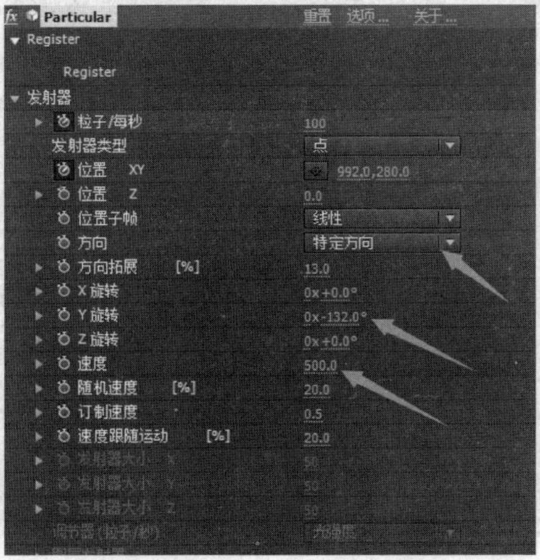

图 3–14–6 修改粒子发射器

（6）效果如图 3–14–7 所示。

图 3–14–7　效果预览

（7）将粒子的位置调整到嘴部里边，随着影片的播放，让其位置一直在嘴部游动，进行关键帧的设置，如图 3–14–8 所示。

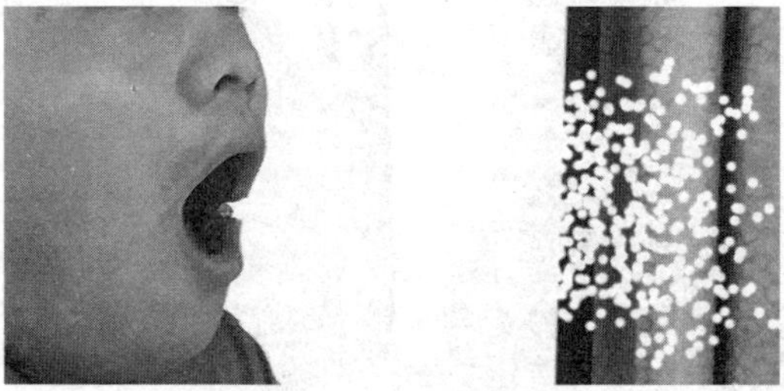

图 3–14–8　修改粒子位置

（8）将发射器的速度调整为 13，如图 3–14–9 所示。

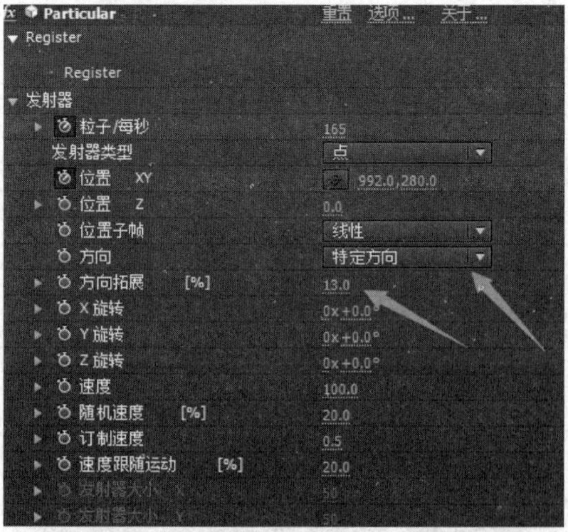

图 3–14–9　修改粒子发射器速度

（9）效果如图 3-14-10 所示。

图 3-14-10　效果预览

（10）打开粒子插件当中的物理，调整空气运动路径，如图 3-14-11 所示。

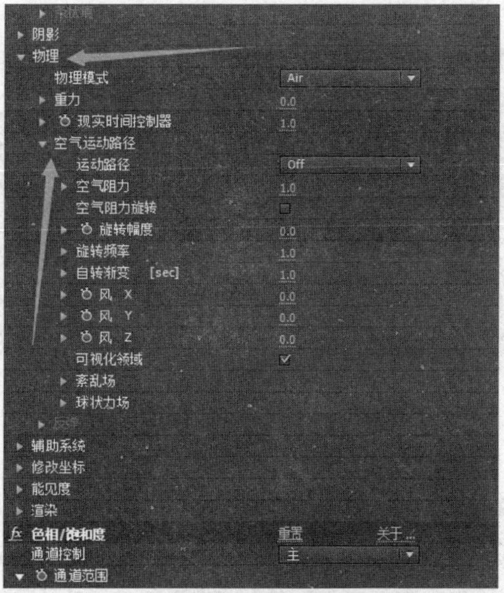

图 3-14-11　设置粒子插件

（11）调整粒子的大小为 46，如图 3-14-12 所示。

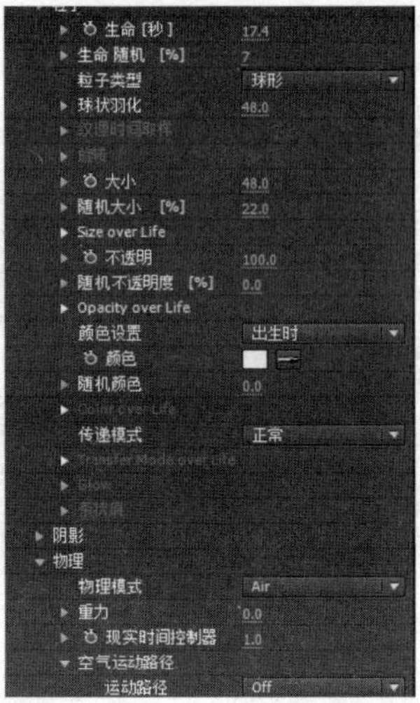

图 3-14-12　调整粒子大小

（12）效果如图 3-14-13 所示。

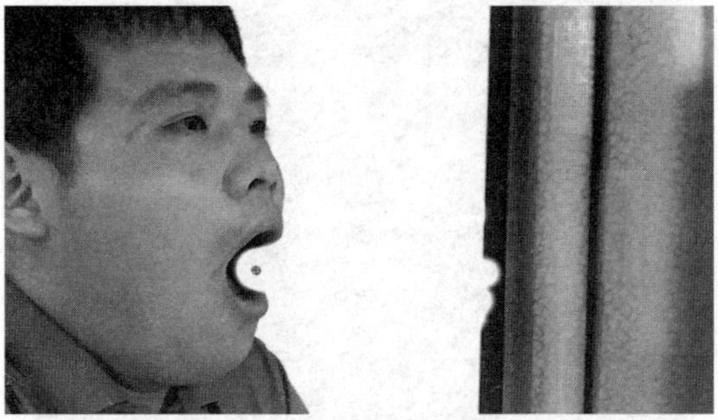

图 3-14-13　效果预览

（13）将粒子大小的随机值调整为 61，如图 3-14-14 所示。

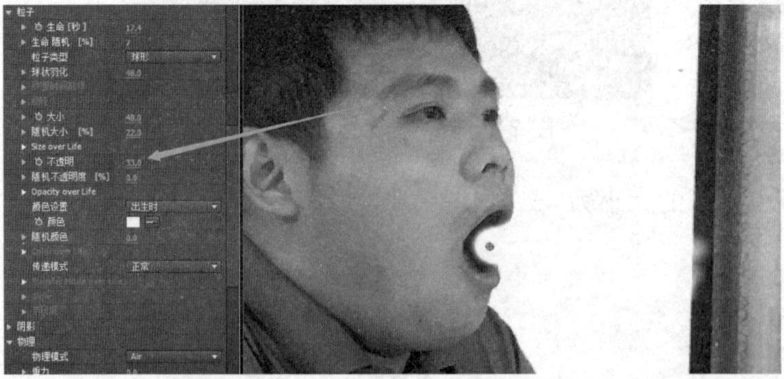

图 3-14-14　调整粒子大小随机值

（14）将粒子的透明度调整为 4，如图 3-14-15 所示。

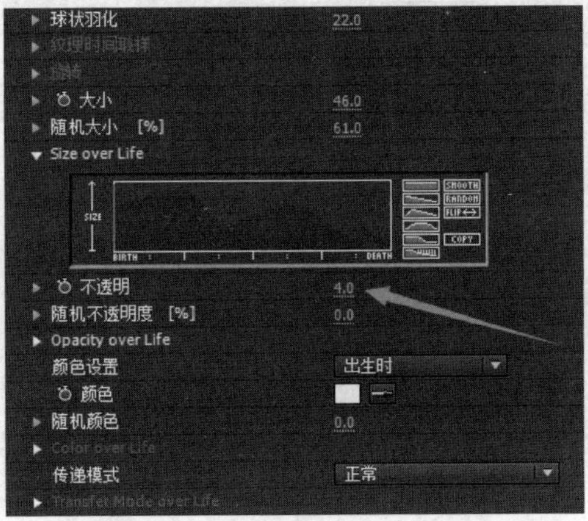

图 3-14-15　调整粒子透明度

（15）效果如图 3-14-16 所示。

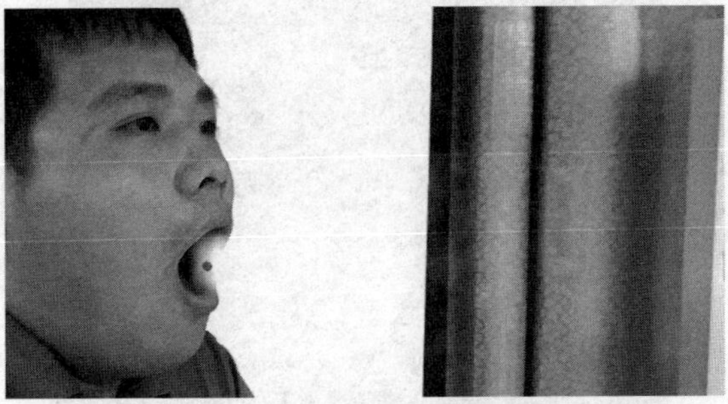

图 3-14-16　效果预览

（16）调整其大小周期的随机值，如图 3-14-17 所示。

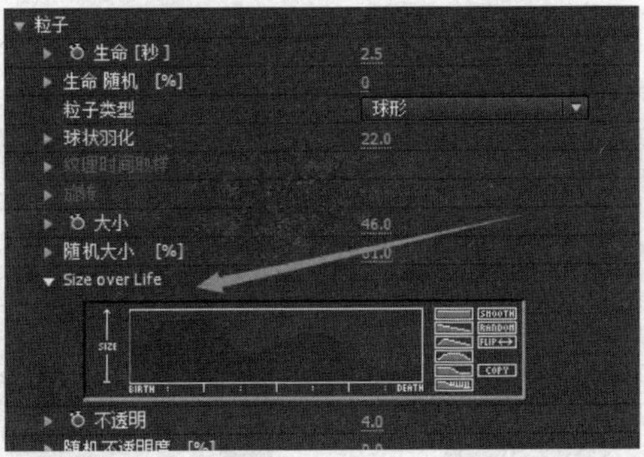

图 3-14-17　调整粒子大小周期

（17）效果如图 3-14-18 所示。

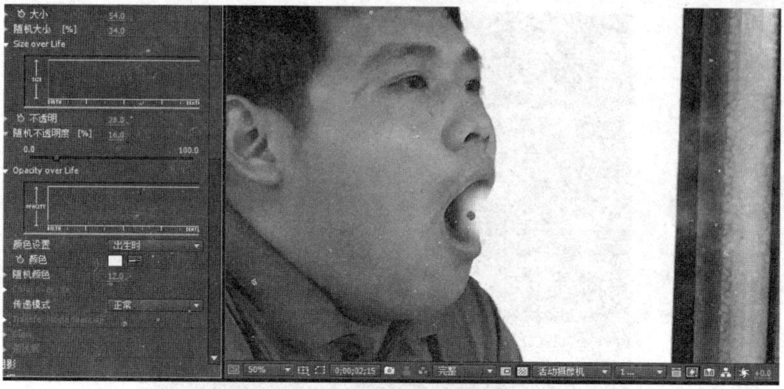

图 3-14-18　效果预览

（18）调整粒子羽化值，如图 3-14-19 所示。

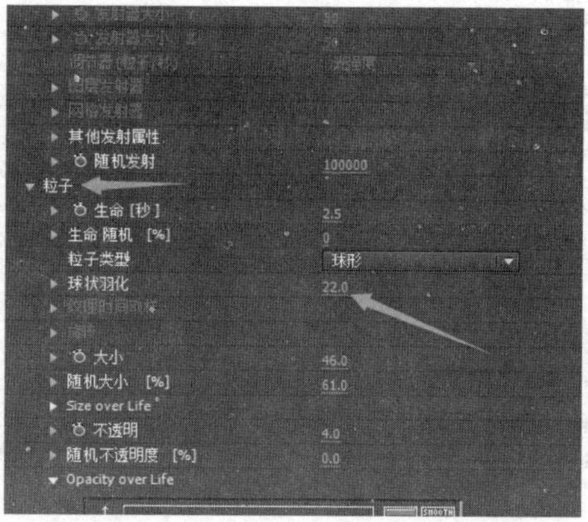

图 3-14-19　调整粒子羽化值

（19）效果如图 3-14-20 所示。

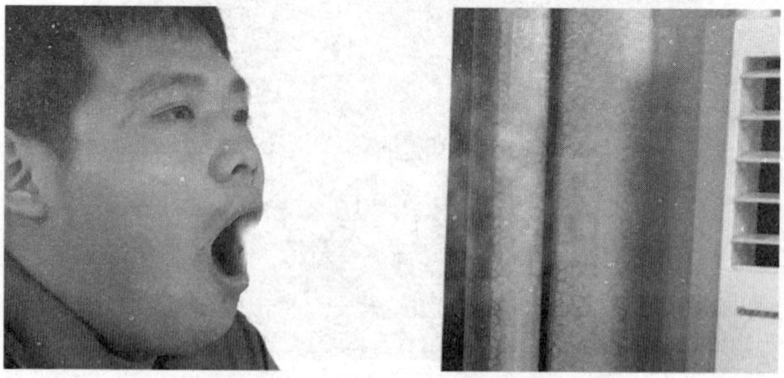

图 3-14-20　效果预览

（20）调整物理插件中的空气阻力值，如图 3-14-21 所示。

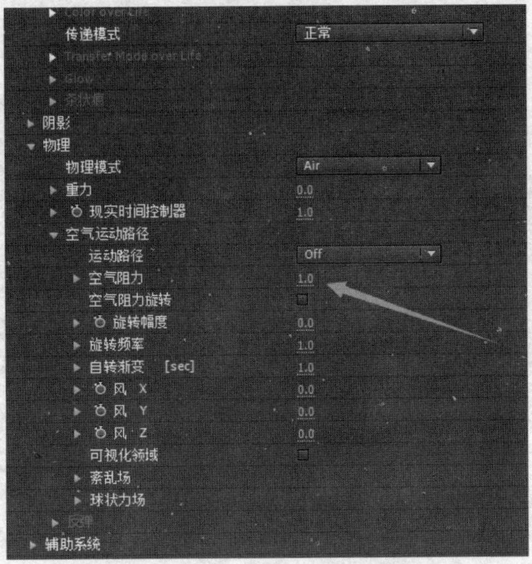

图 3-14-21　调整粒子空气运动

（21）效果如图 3-14-22 所示。

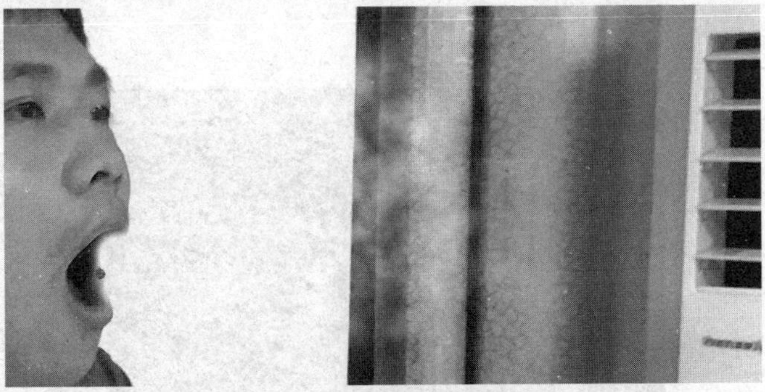

图 3-14-22　效果预览

（22）为粒子的数量关键帧设置动画，如图 3-14-23 所示。

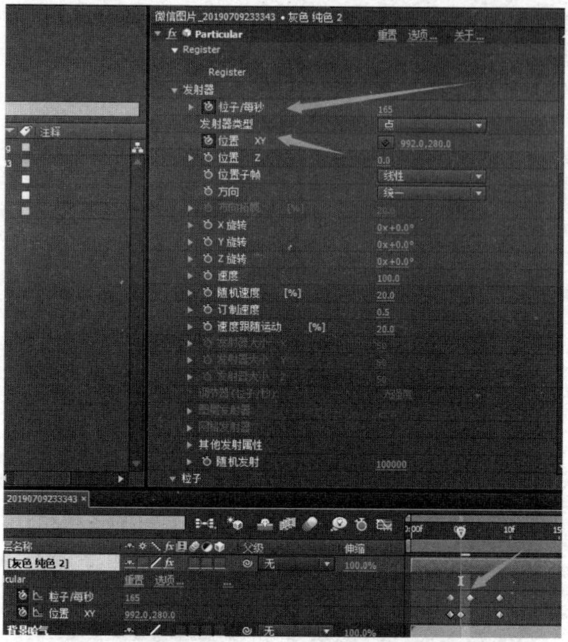

图 3-14-23　为粒子设置动画

（23）为影片调整颜色，将其调整为冬天寒冷的效果。

（24）为影片加入曲线调整，调整 RGB 值，如图 3-14-24 所示。

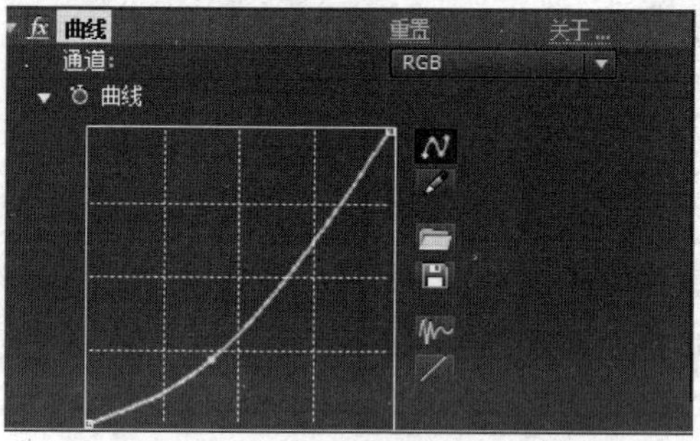

图 3-14-24　加入曲线调整

（25）调整曲线当中的蓝色通道值，如图 3-14-25 所示。

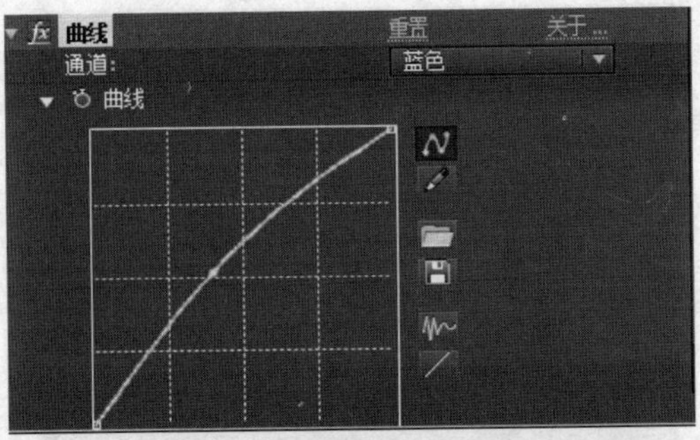

图 3-14-25　调整曲线蓝色通道值

（26）再次回到粒子插件当中，将其透明度的生命值随机调整，逐渐消失，如图 3-14-26 所示。

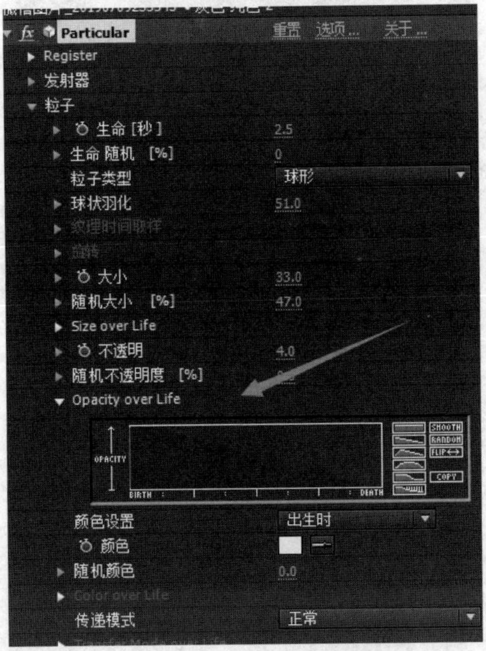

图 3-14-26　调整粒子透明度

（27）为影片增加色相和饱和度，将曲线调整到色相和饱和度下边，如图 3-14-27 所示。

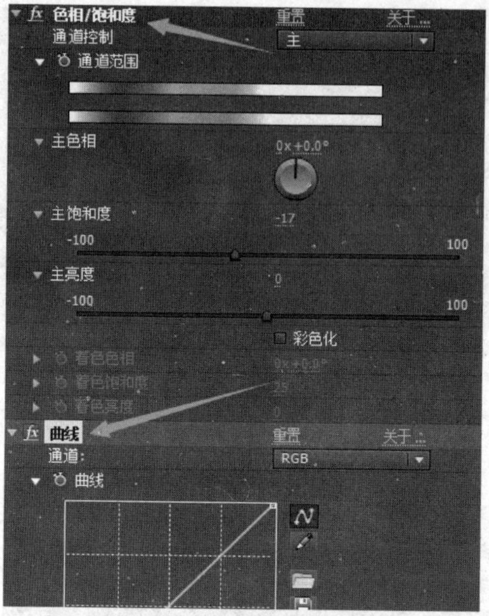

图 3-14-27　增加色相和饱和度

（28）将饱和度调整为 -17，如图 3-14-28 所示。

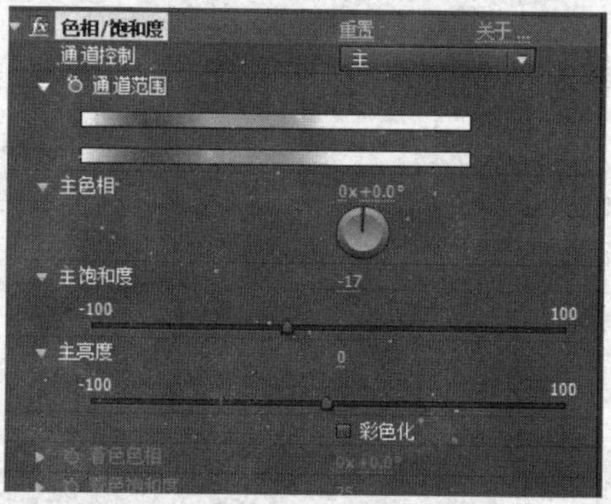

图 3-14-28　调整饱和度

项目十五 伤疤愈合

下面来制作一个角色脸上出现疤痕的特效效果，如图 3–15–1 所示。

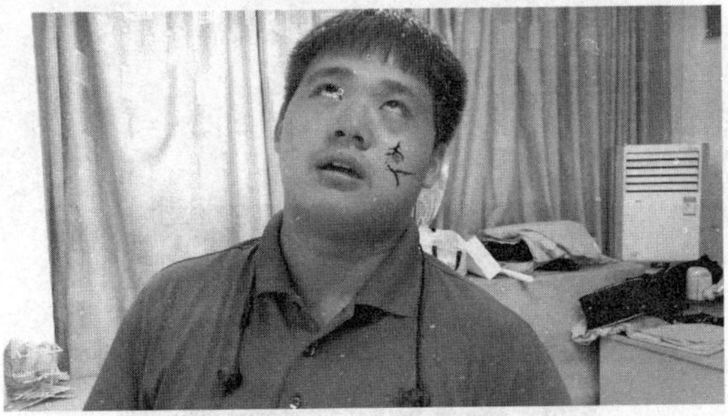

图 3–15–1 效果图示

（1）新建合成，大小为 1920 × 1080，帧速率为 25 帧每秒，时间为 30 秒，如图 3–15–2 所示。

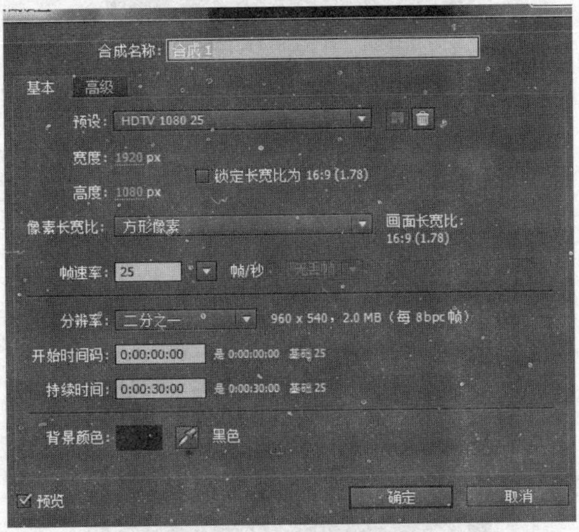

图 3–15–2 新建合成

（2）为素材增加插件降噪里面的移除噪点，在素材脸部区域画出将要移除噪点的区域，如图 3–15–3 所示。

图 3-15-3　增加降噪插件

（3）将移除噪点查看模式修改为最终输出，如图 3-15-4 所示。

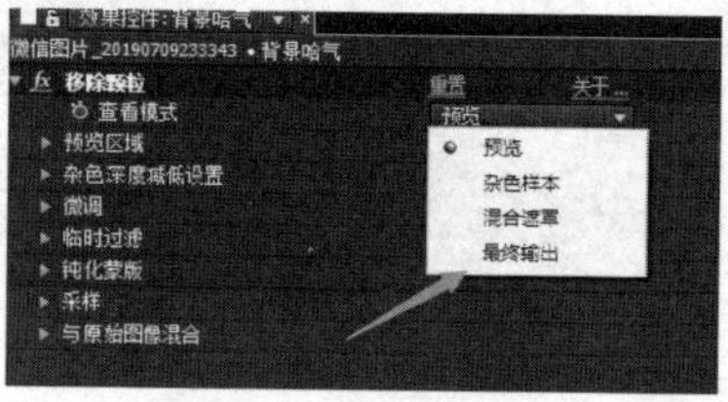

图 3-15-4　查看降噪插件最优输出

（4）为素材增加曲线功能，更新调整 RGB 值，将整个脸部的区域变亮，如图 3-15-5 所示。

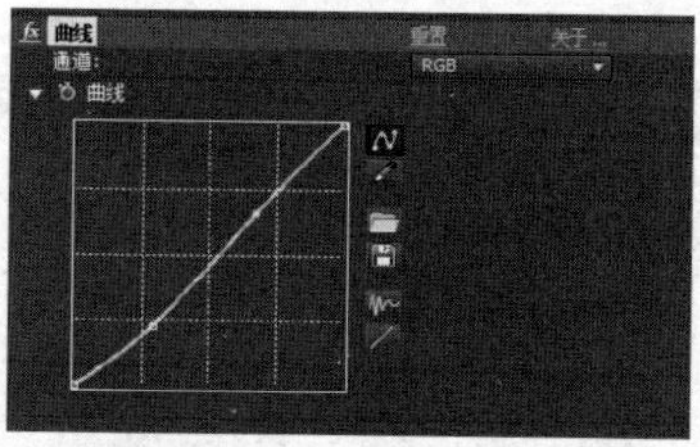

图 3-15-5　增加曲线调整

（5）将素材作为一个新的预合成，如图 3-15-6 所示。

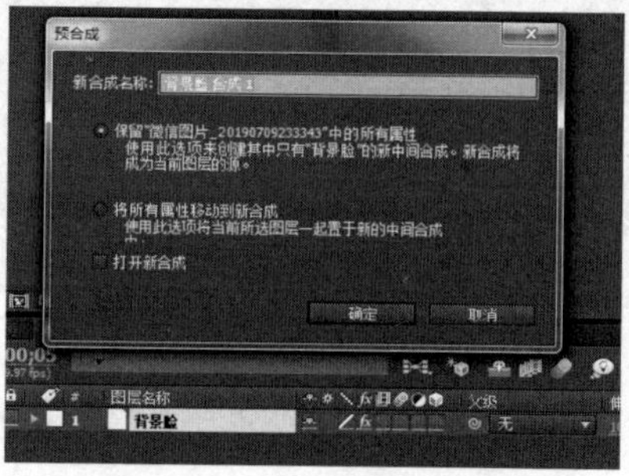

图 3-15-6　新建预合成

（6）为素材增加跟踪设置，两点跟踪，打开跟踪里面的位置、旋转和缩放，如图 3-15-7 所示。

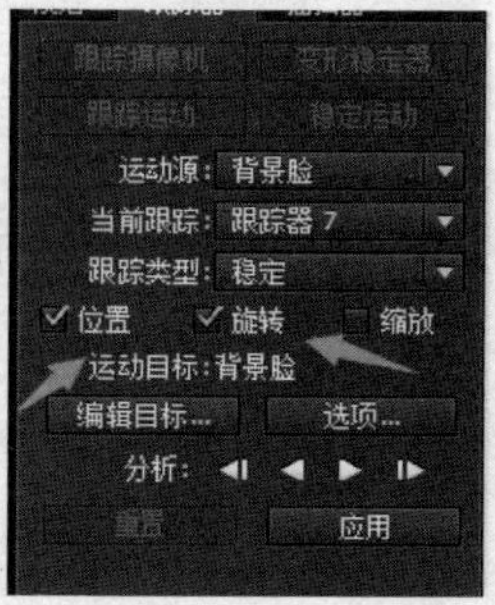

图 3-15-7　设置跟踪

（7）在素材的脸部找到两个合适的跟踪点，如图 3-15-8 所示。

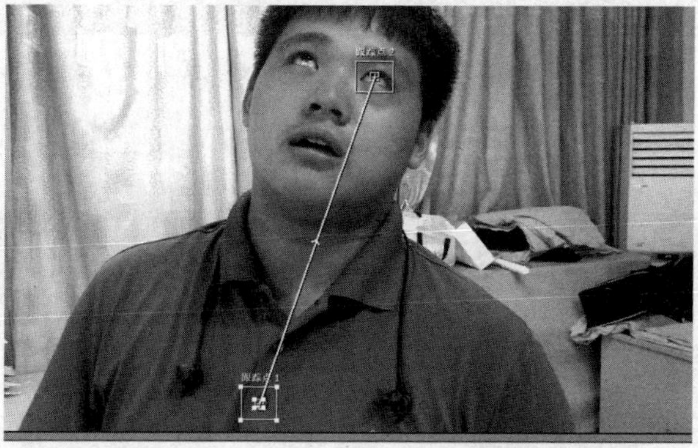

图 3-15-8　找到跟踪点

（8）新建一个空图层，如图 3-15-9 所示。

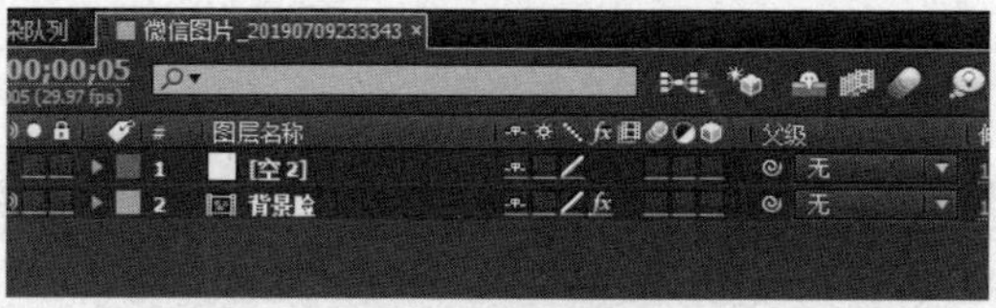

图 3-15-9　新建空图层

（9）设置好以后，点击应用，在脸部找到运算跟踪点，将跟踪点的目标应用到空图层，如图 3-15-10 所示。

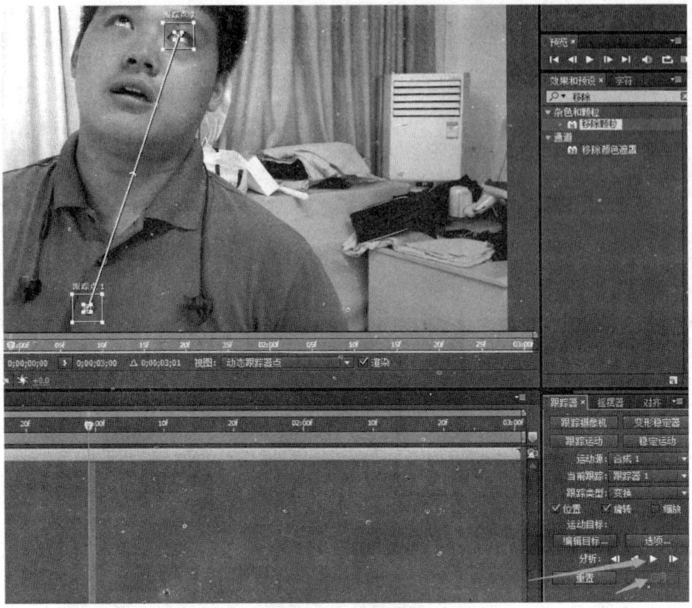

图 3-15-10　计算跟踪点

（10）为素材的预合成再次增加移除噪点插件，如图 3-15-11 所示。

图 3-15-11　再次降噪

（11）导入一张杂色图，如图 3-15-12 所示。

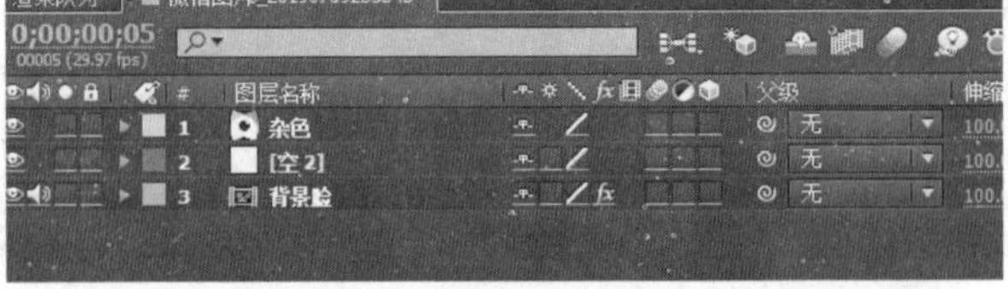

图 3-15-12　导入杂色图素材

（12）将杂色图的图像叠加模式修改为叠加覆盖，如图 3-15-13 所示。

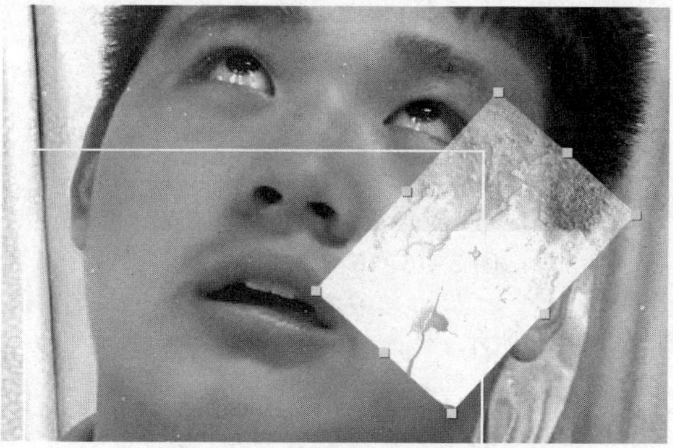

图 3-15-13 修改杂色图叠加模式

（13）为杂色层增加曲线调整，如图 3-15-14 所示。

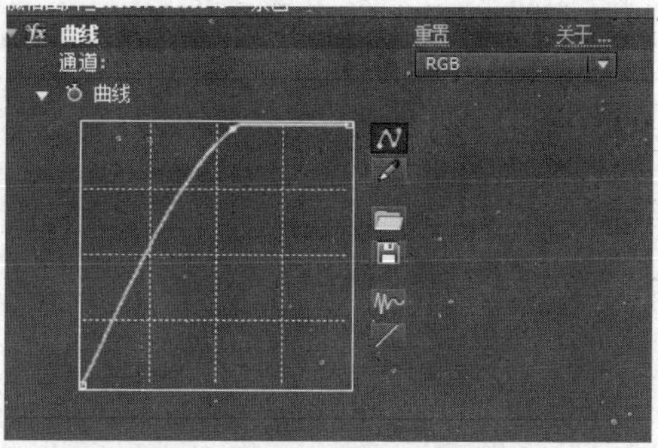

图 3-15-14 增加曲线调整

（14）将杂色层转变为预合成，如图 3-15-15 所示。

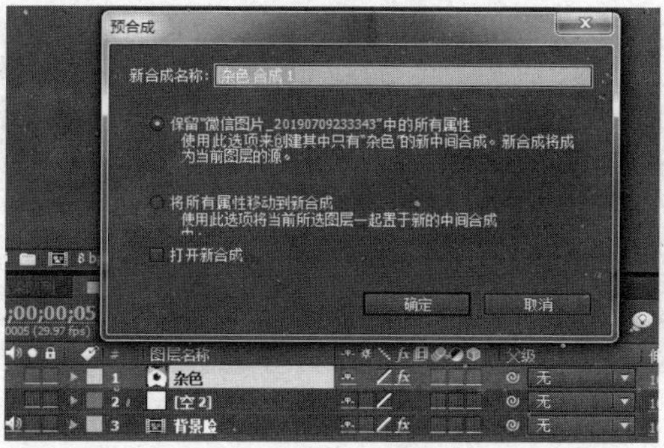

图 3-15-15 将杂色层转化为预合成

（15）在杂色预合成里边新增固态呈白色，如图 3-15-16 所示。

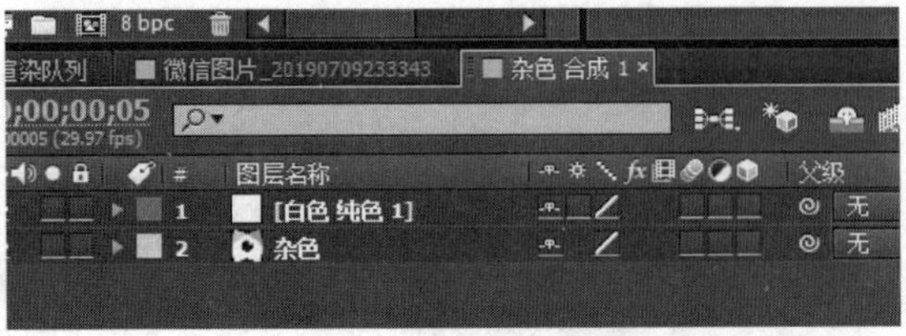

图 3-15-16　增加固态层

（16）效果如图 3-15-17 所示。

图 3-15-17　效果预览

（17）将白色固态层的目标遮罩区域选择为杂色，如图 3-15-18 所示。

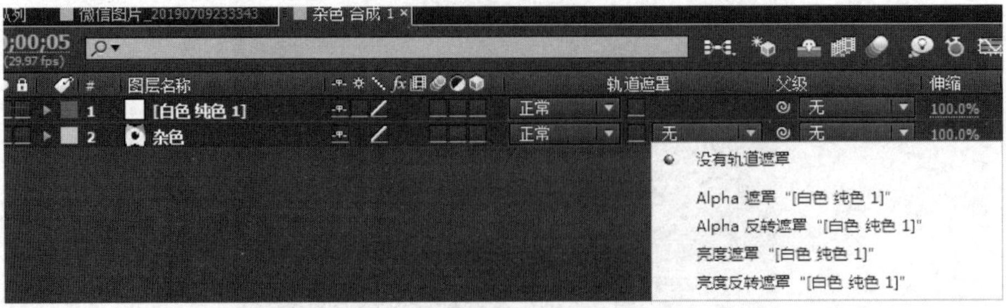

图 3-15-18　设置固态层目标遮罩区域

（18）效果如图 3-15-19 所示。

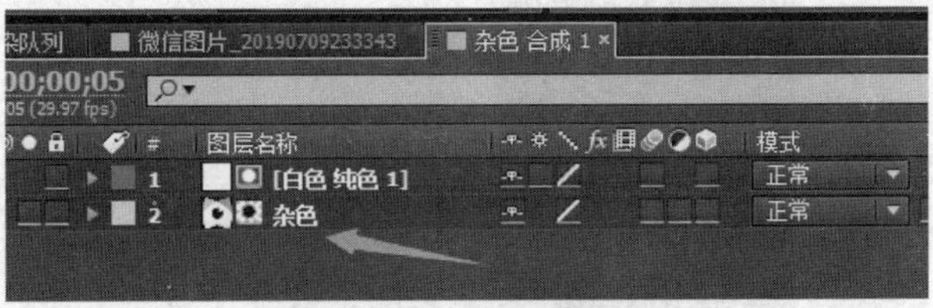

图 3-15-19 效果预览

（19）在白色固态层上面画出区域，如图 3-15-20 所示。

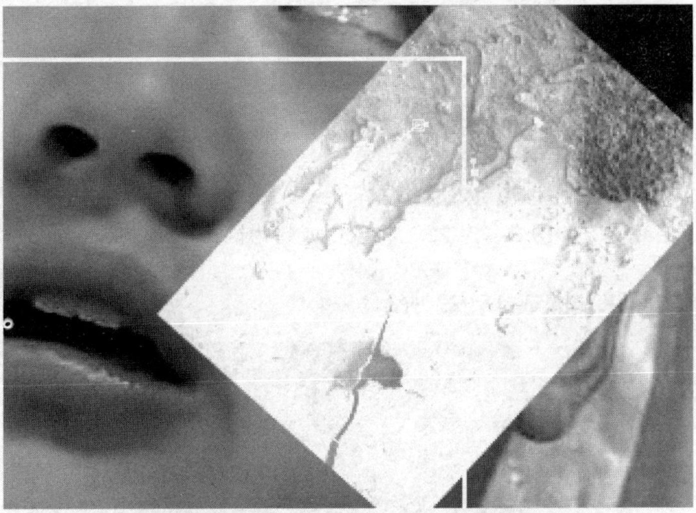

图 3-15-20 固态层选出遮罩区域

（20）复制素材影像的预合成层，粘贴至杂色的预合成层，如图 3-15-21 所示。

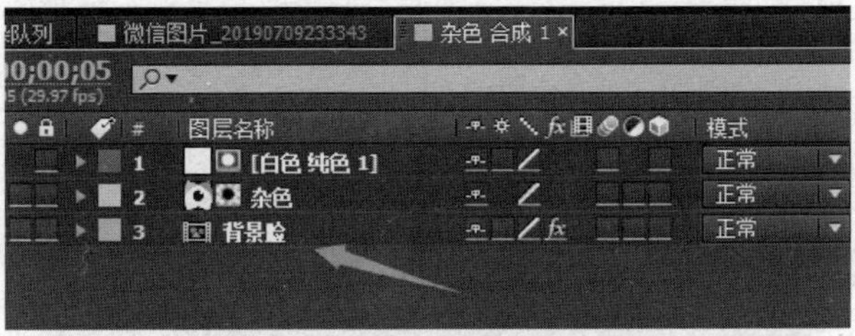

图 3-15-21 设置预合成

（21）将粘贴过来的预合成层改为网格图层，如图 3-15-22 所示。

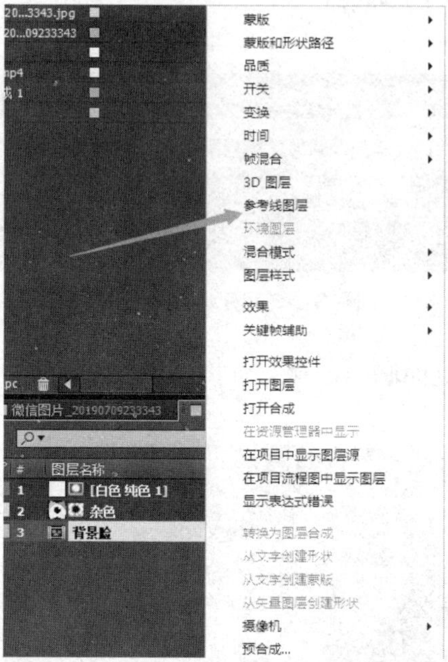

图 3–15–22　将预合成转为网格图层

（22）当前的效果如图 3–15–23 所示。

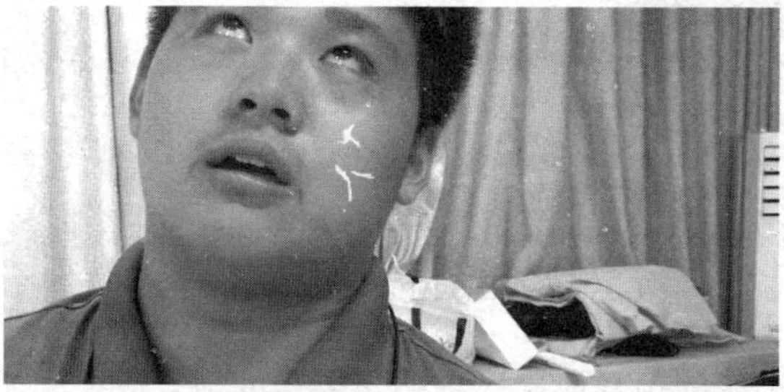

图 3–15–23　效果预览

（23）复制空图层，将新建空图层与杂色预合成层再次新建为一个预合成，如图 3–15–24 所示。

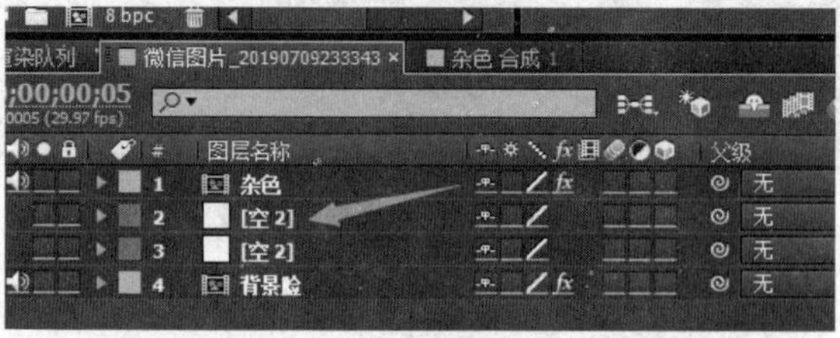

图 3–15–24　复制空图层并转为预合成

（24）效果如图 3-15-25 所示。

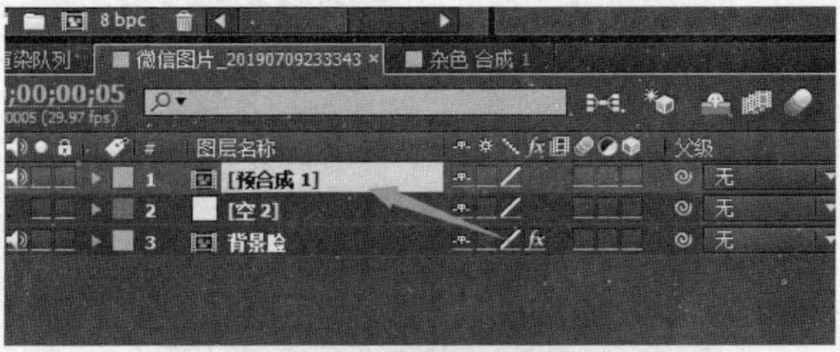

图 3-15-25 效果预览

（25）将杂色预合成通过父子关系将其链接至复制的空图层上去，这么做的目的是让杂色层也随着脸部做运动，而这种跟随已经在空图层上面进行了跟踪，如图 3-15-26 所示。

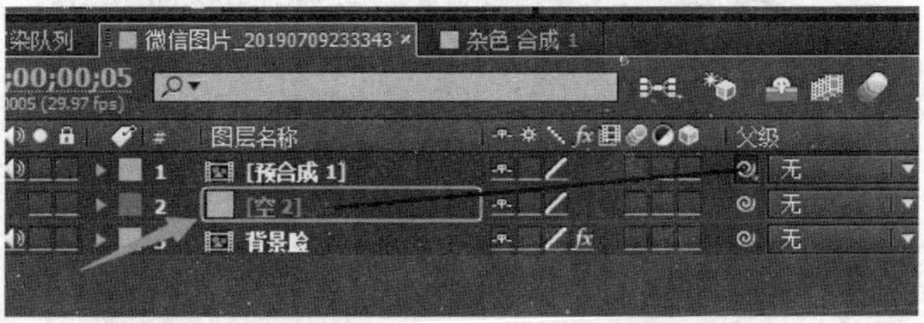

图 3-15-26 建立父子关系

（26）将素材的预合成层上面增加插件 CC Glass，将插件的凹凸图的来源改为杂色预合成层，如图 3-15-27 所示。

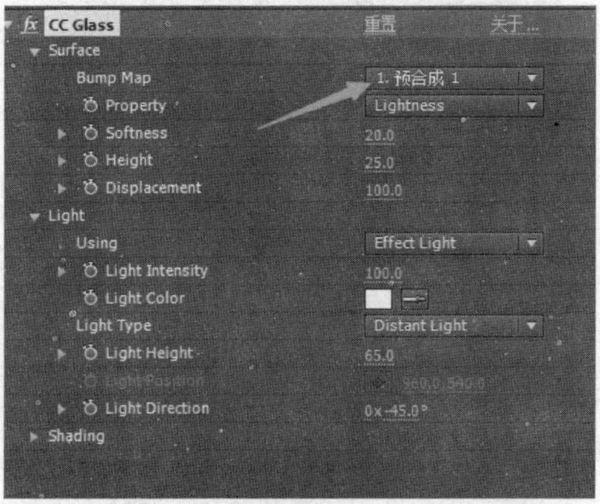

图 3-15-27 增加 CC Glass 插件

（27）效果如图 3-15-28 所示。

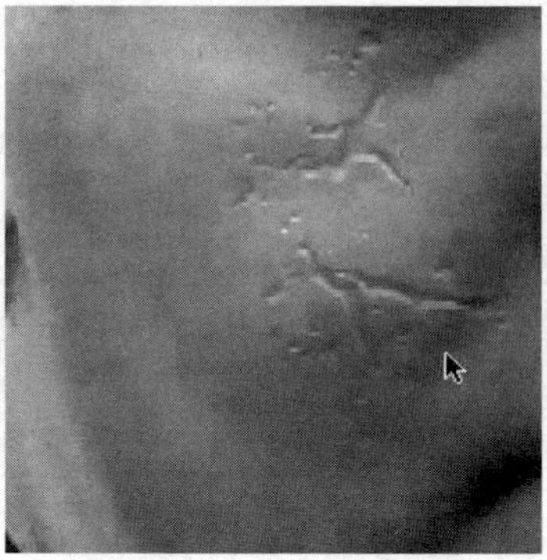

图 3–15–28　效果预览

（28）选择最终的杂色预合成层，为其增加填充，如图 3–15–29 所示。

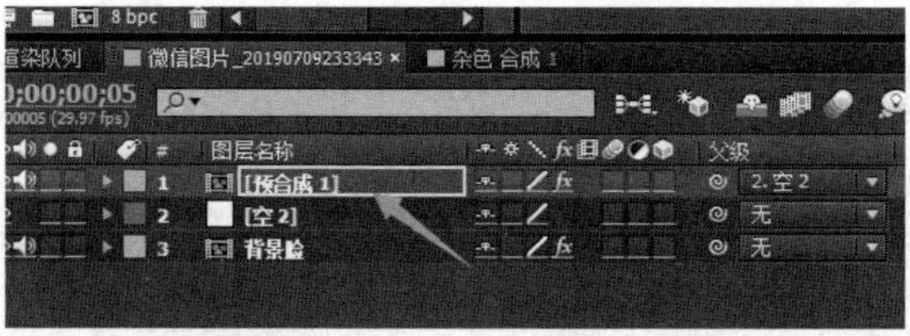

图 3–15–29　设置预合成

（29）将填充的颜色改为红色，如图 3–15–30 所示。

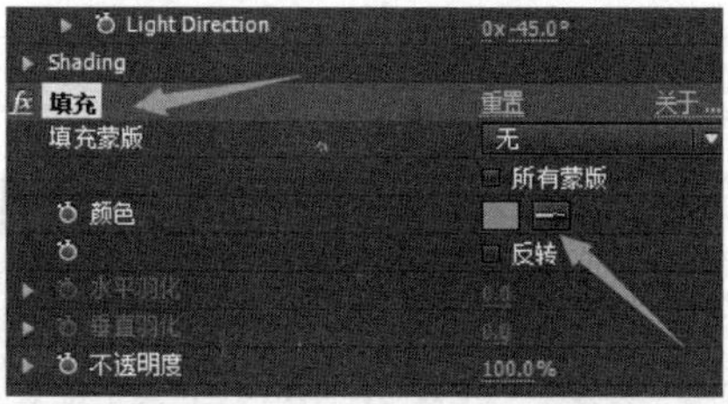

图 3–15–30　增加填充插件

（30）效果如图 3–15–31 所示。

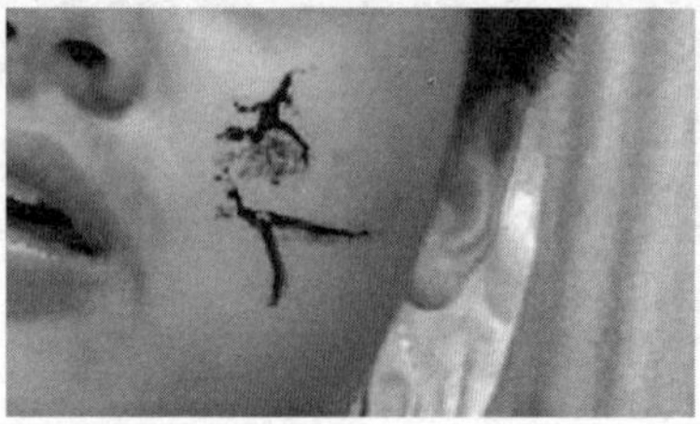

图 3–15–31　效果预览

（31）增加快速模糊效果，如图 3-15-32 所示。

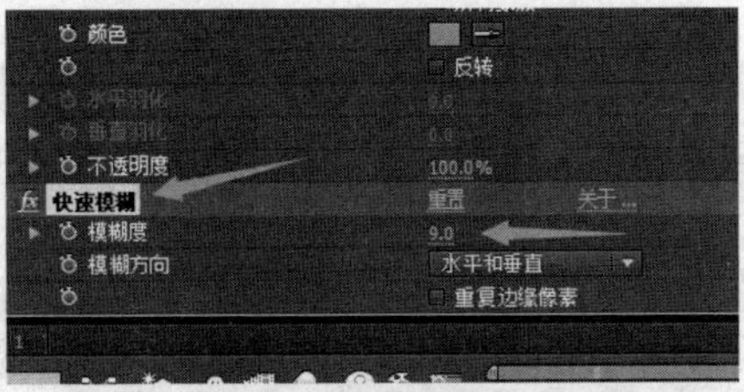

图 3-15-32 增加快速模糊插件

（32）增加曲线调整功能，调整曲线当中的阿尔法通道，如图 3-15-33 所示。

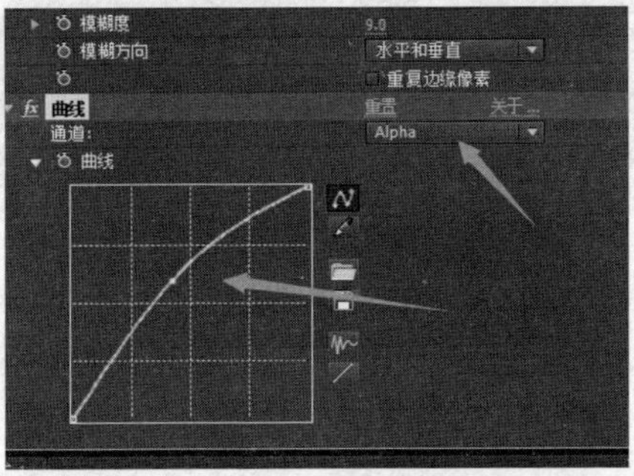

图 3-15-33 增加曲线调整

（33）回到杂色的二次预合成层，为其增加通道中的简单阻塞工具，如图 3-15-34 所示。

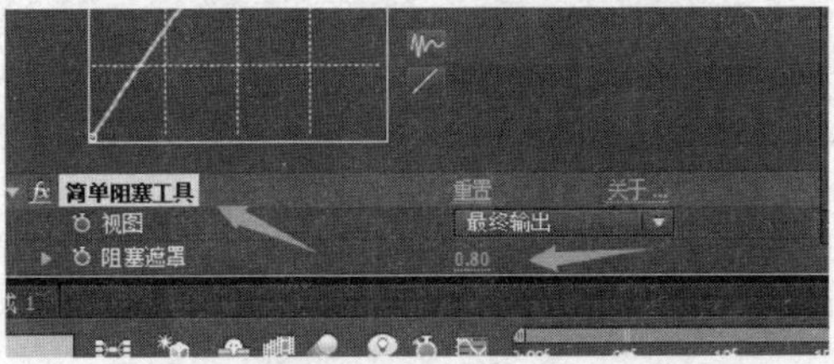

图 3-15-34 增加简单阻塞工具

（34）为阻塞工具添加关键帧，如图 3-15-35 所示。

图 3-15-35 为阻塞工具设置关键帧

（35）增加固态层，将固态层的颜色调整为紫红色，如图 3–15–36 所示。

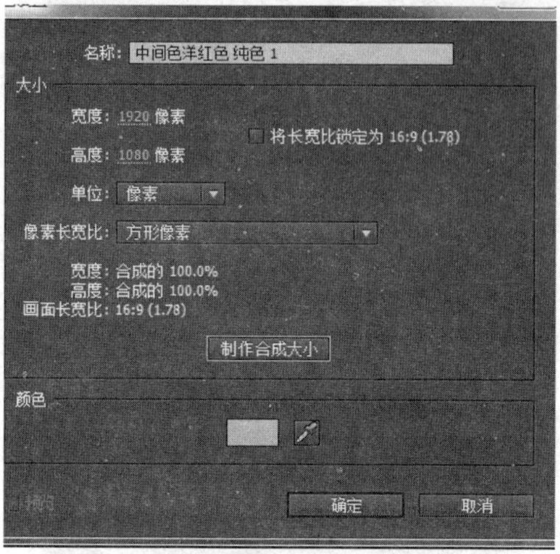

图 3–15–36　增加固态层

（36）在固态层上用索套工具画出一定的区域，该区域围着受伤区域的周围进行绘制，如图 3–15–37 所示。

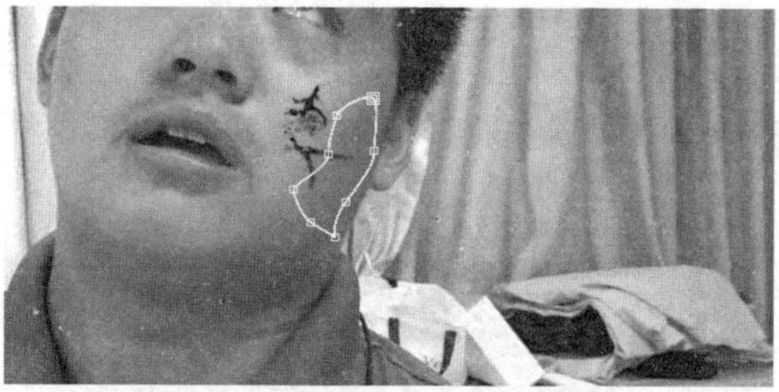

图 3–15–37　绘制遮罩

（37）将绘制之后的区域进行羽化，如图 3–15–38 所示。

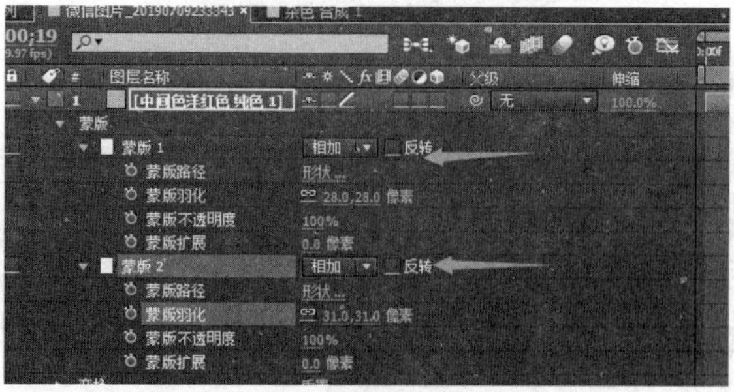

图 3–15–38　对遮罩进行羽化

（38）调整该图层的透明度，如图 3-15-39 所示。

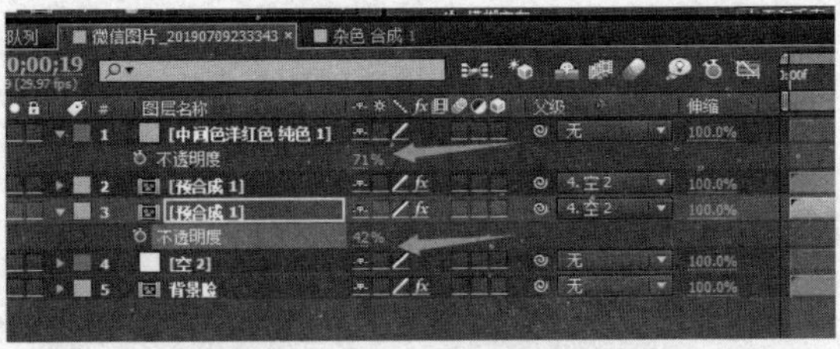

图 3-15-39　设置图层透明度

（39）最终效果如图 3-15-40 所示。

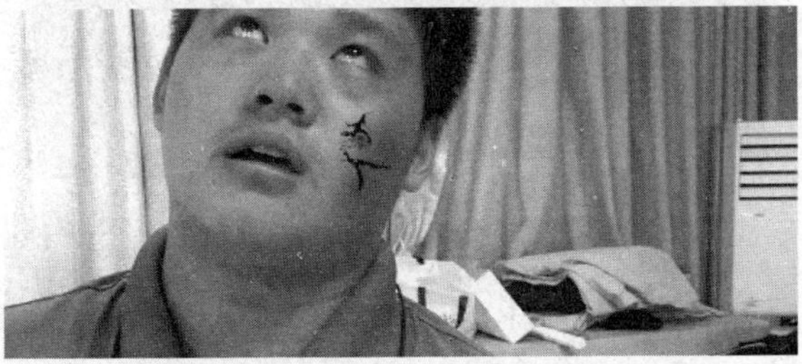

图 3-15-40　效果预览

项目十六　投掷手榴弹

下面我们制作投掷手榴弹的效果，投掷手榴弹的手是没有手榴弹的，是通过后期合成加进去的，如图 3-16-1 所示。

图 3-16-1　效果图示

（1）导入素材，一个人正在投出手榴弹，但是手是空的，如图 3-16-2 所示。

图 3-16-2　导入素材

（2）接下来为素材进行一点跟踪，跟踪使用位置点跟踪就好，如图 3-16-3 所示。

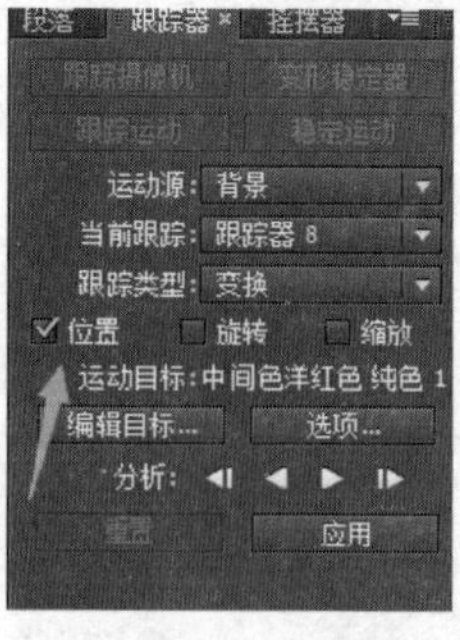

图 3-16-3　设置跟踪

（3）在素材中不断地调整，找到跟踪点的合适位置，如图 3–16–4 所示。

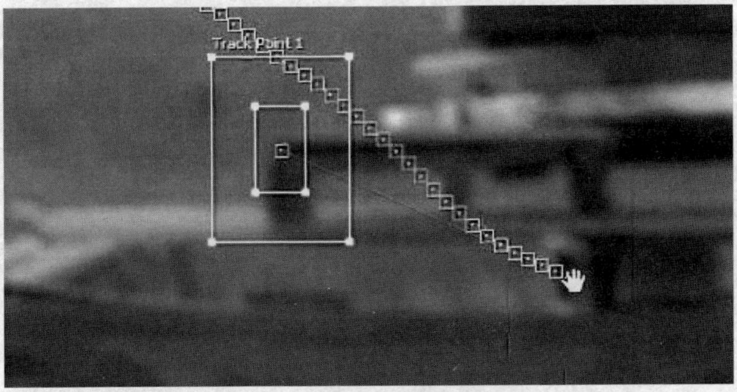

图 3–16–4　设置跟踪点

（4）新建一个空图层，如图 3–16–5 所示。

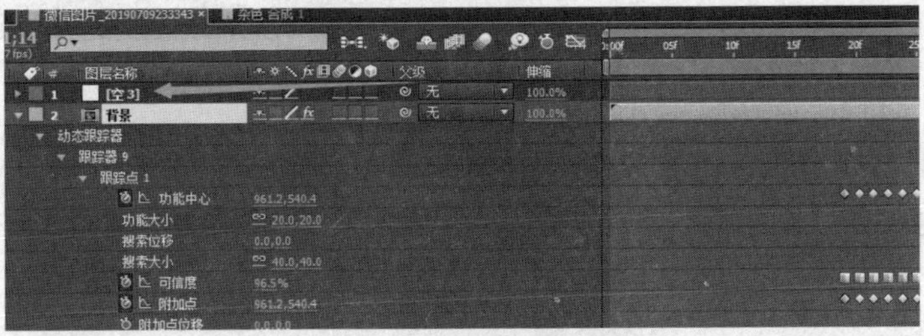

图 3–16–5　新建空图层

（5）将跟踪的应用目标选择为空图层，如图 3–16–6 所示。

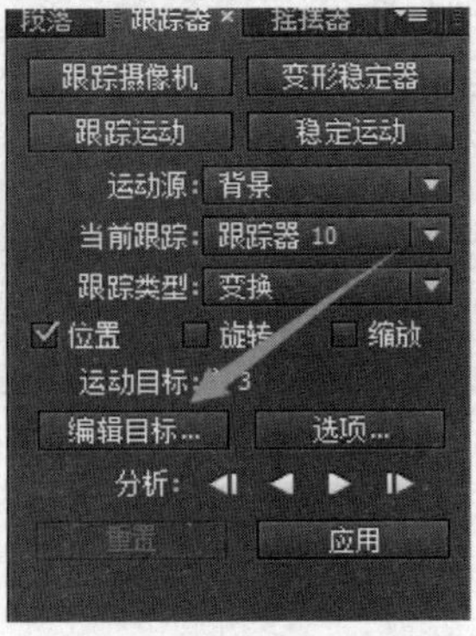

图 3–16–6　将目标选择为空图层

（6）新建摄像机，将摄像机的镜头预设改为 80 毫米，如图 3–16–7 所示。

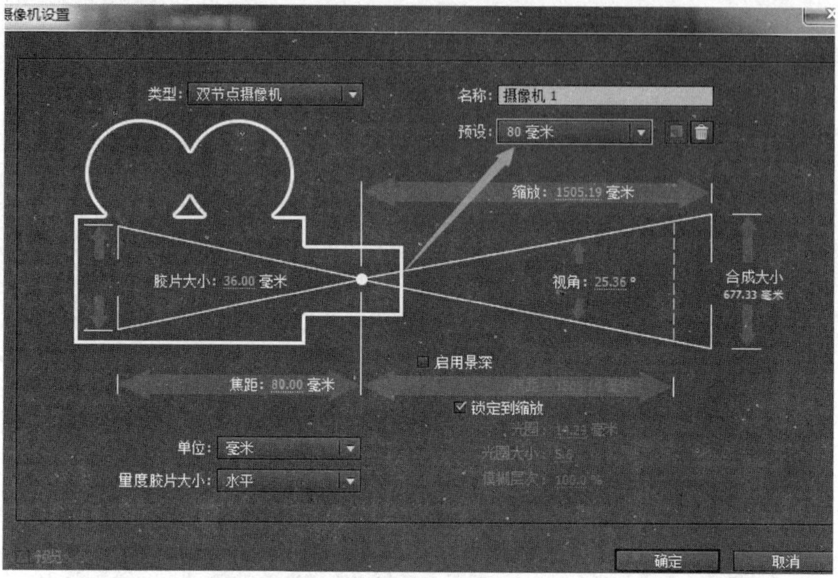

图 3–16–7　新建摄像机

（7）为单机摄像机的方向输入表达式，将空图层的位置属性通过链接输入到相机的方向表达式，如图 3–16–8 所示。

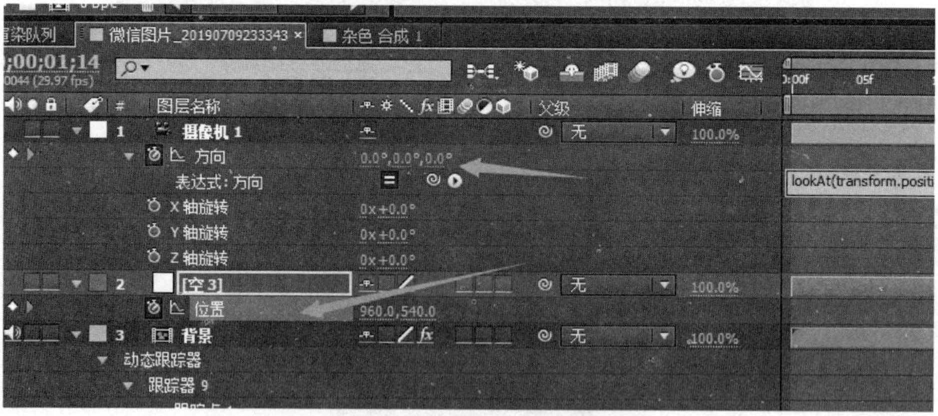

图 3–16–8　为摄像机增加表达式

（8）新建固态层，如图 3–16–9 所示。

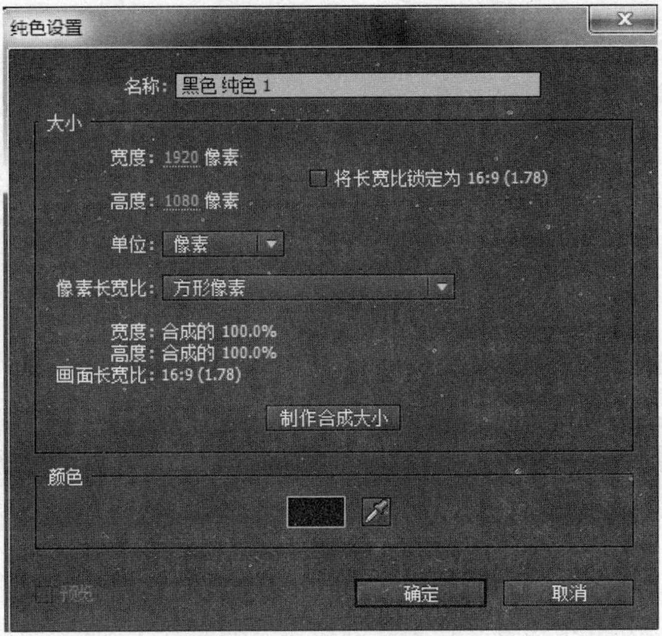

图 3-16-9　新建固态层

（9）为固态层增加一个网格插件，如图 3-16-10 所示。

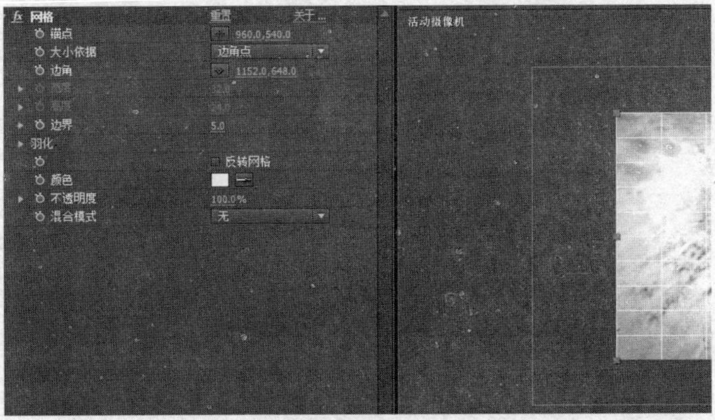

图 3-16-10　新建网格插件

（10）将网格固态层的三维显示打开，如图 3-16-11 所示。

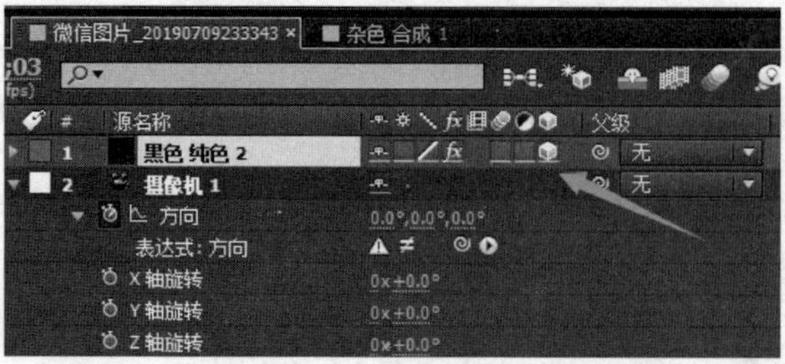

图 3-16-11　打开固态层三维显示

（11）在空图层上面点击输入表达式，再乘以 10，如图 3-16-12 所示。

图 3-16-12　建立表达式

（12）拖动空层，发现网格也随着我们的拖动进行移动，将网格调整到跟整个画面大小相等的位置，如图 3-16-13 所示。

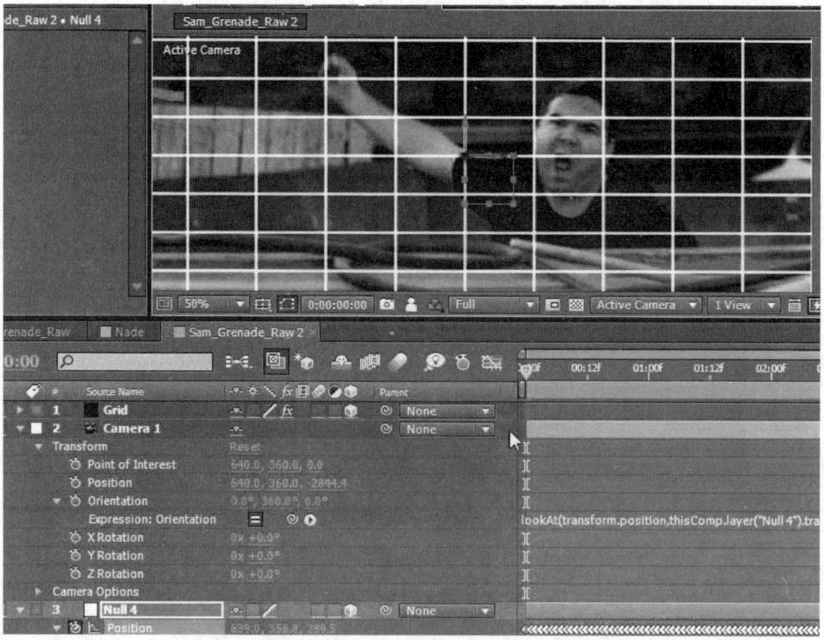

图 3-16-13　拖动网格调整位置

（13）将手榴弹的素材拖动到预合成当中放在上面，如图 3-16-14 所示。

图 3-16-14 导入素材

（14）将手榴弹素材修改为手榴弹预合成，如图 3-16-15 所示。

图 3-16-15 建立预合成

（15）调整手榴弹素材的大小，将其拖动到手部开始预备扔出的位置，如图 3-16-16 所示。

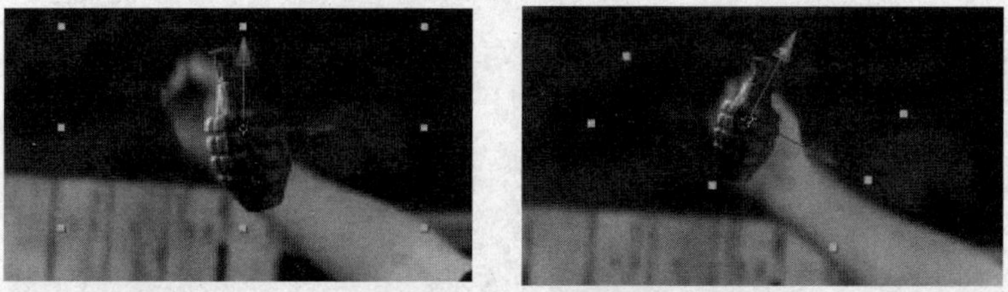

图 3-16-16 调整素材大小

（16）拖动影片到最后一帧，我们在最后一帧将手榴弹调整为非常大的状态，感觉是扔出去之后的效果，为其设置关键帧，如图 3-16-17 所示。

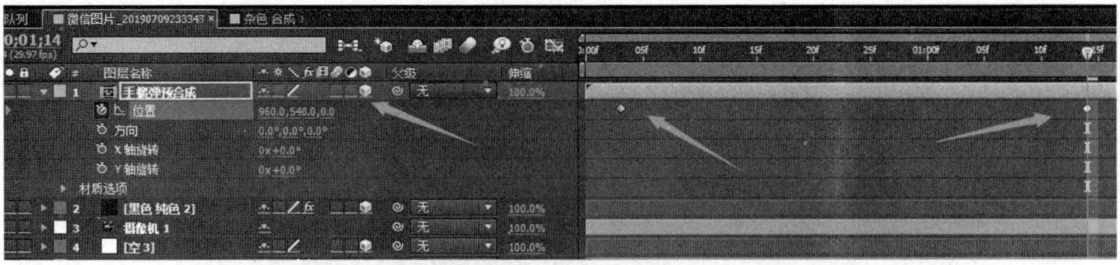

（a）

（b）

图 3-16-17　设置运动关键帧

（17）将手榴弹的素材层复制出来一层，然后将其做稍微的重叠，如图 3-16-18 所示。

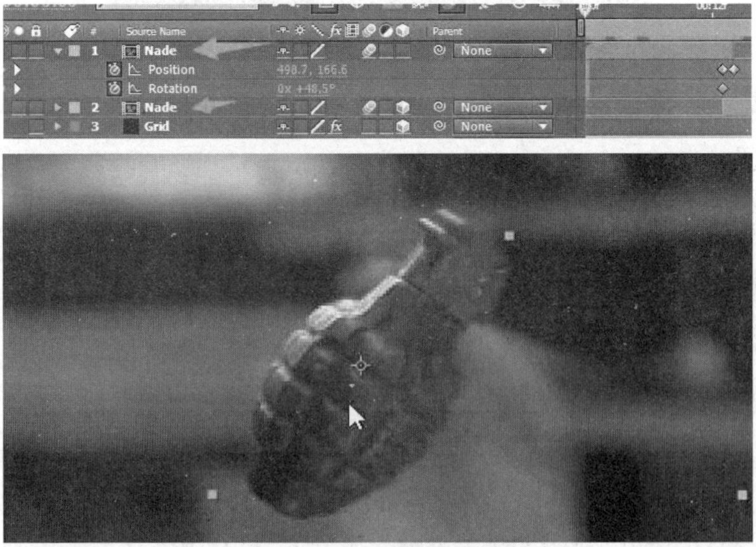

图 3-16-18　复制素材层

（18）选择原始素材层，为其增加一点跟踪，如图 3-16-19 所示。

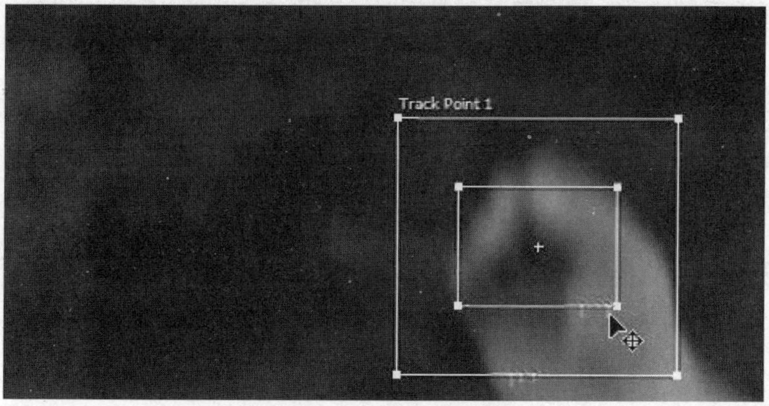

图 3-16-19 建立跟踪点

（19）新建空图层，然后将跟踪目标设置为空图层，如图 3-16-20 所示。

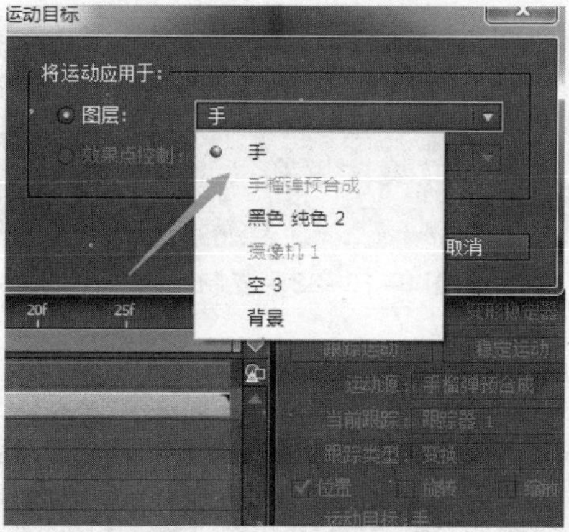

图 3-16-20 新建空图层

（20）将手榴弹的素材通过父子关系链接到手上，让手随着手部进行移动，如图 3-16-21 所示。

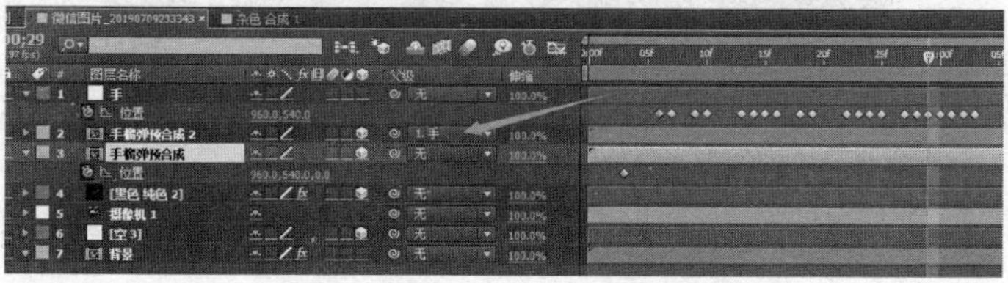

图 3-16-21 建立父子关系

（21）效果基本完成，但是我们要制作手抓住手榴弹的效果，因为手榴弹在投掷之前手是抓着手榴弹的，现在只是挡着手的，如图 3–16–22 所示。

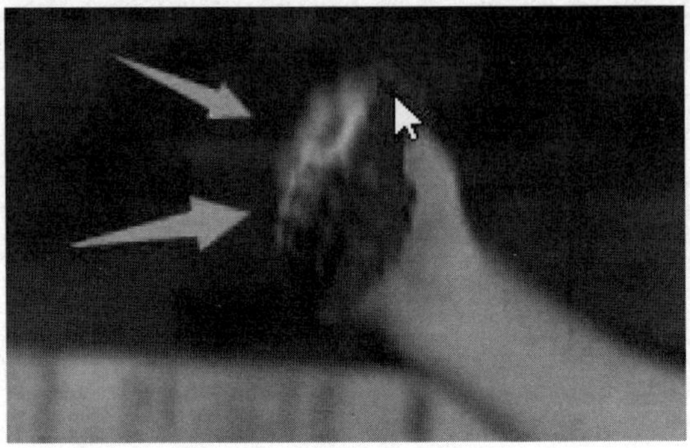

图 3–16–22　效果预览

（22）将原始素材影像复制出一层，然后新建一个固态层，如图 3–16–23 所示。

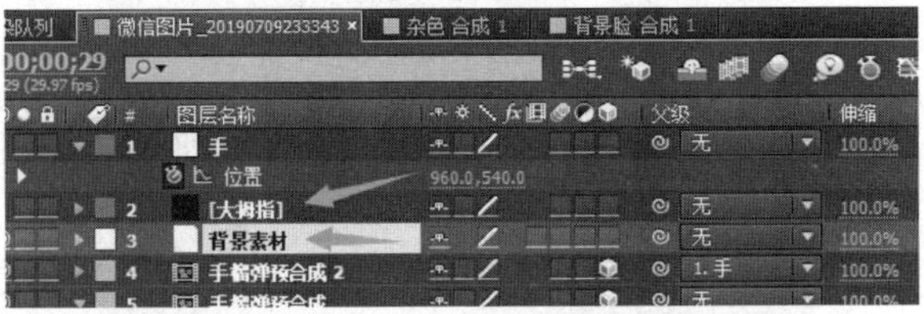

图 3–16–23　复制素材层

（23）用套索工具在新建的固态层上面画出大拇指的位置，如图 3–16–24 所示。

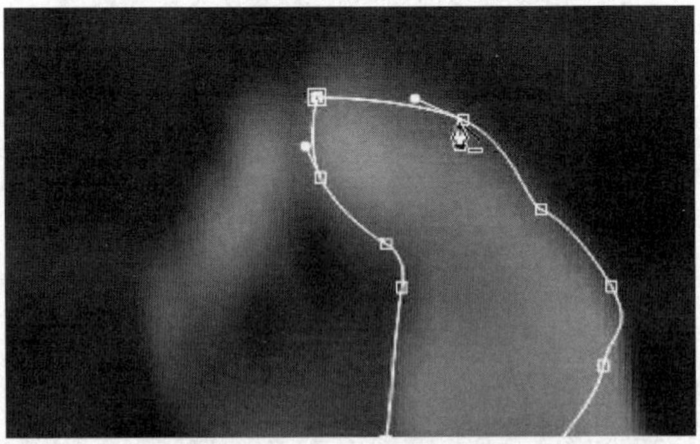

图 3–16–24　画出遮罩区域

（24）隐藏掉我们画的固态层，在原始图层上面将目标层选择为固态层，如图 3–16–25 所示。

图 3-16-25 隐藏固态层

（25）将固态层通过复制链接关系链接到空图层，也就是应用跟踪的空图层上面，如图 3-16-26 所示。

图 3-16-26 建立父子关系

（26）发现影片在播放的时候，所画出来的大拇指还是会产生稍许的位移，因此需要为其增加关键帧设置，在不合适的地方调整其关键帧，如图 3-16-27 所示。

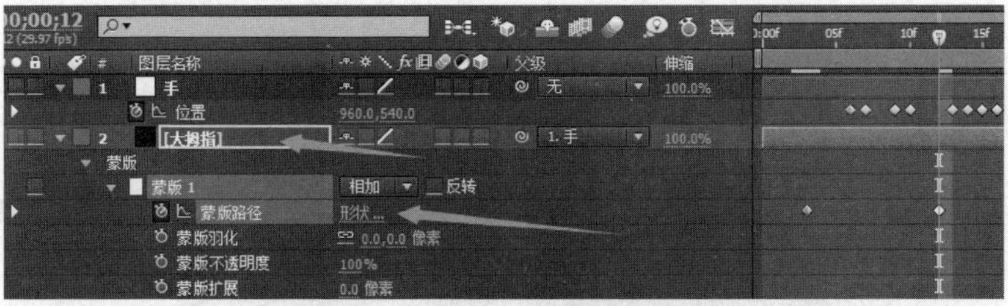

图 3-16-27 调整关键帧

（27）同样的方法，我们继续画出食指、中指以及其他手指头挡着手雷的遮罩，如图 3-16-28 所示。

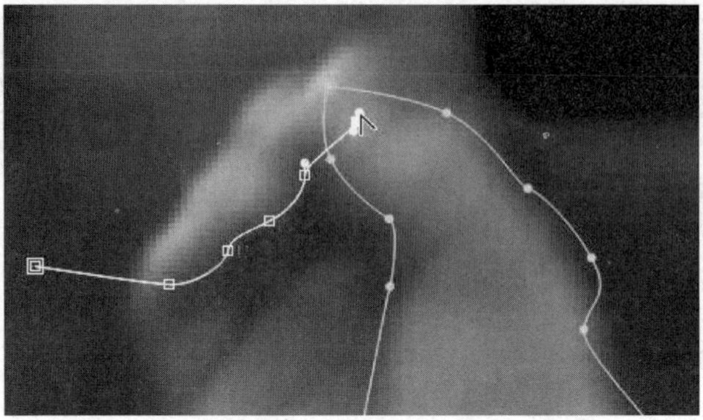

图 3–16–28　绘制遮罩

（28）新建调节层，将调节层的位置调整至网格上面，如图 3–16–29 所示。

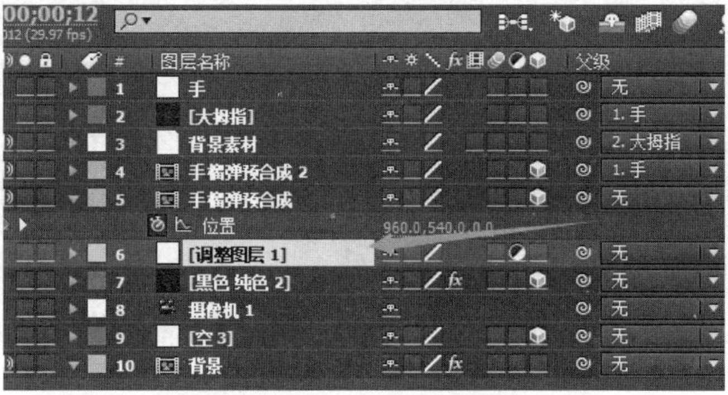

图 3–16–29　新建调节层

（29）在调节层上面画出遮罩，沿着手雷的位置画出，如图 3–16–30 所示。

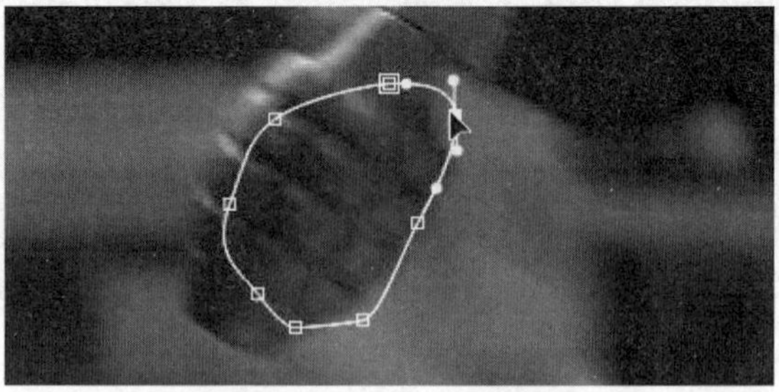

图 3–16–30　绘制遮罩

（30）增加曲线调整，调整曲线的 RGB 值，如图 3–16–31 所示。

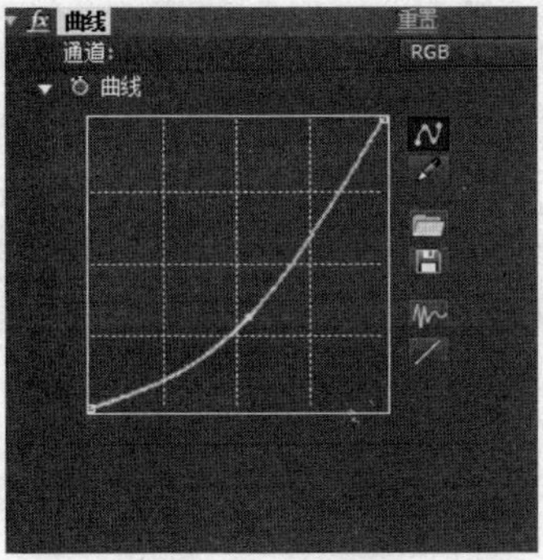

图 3-16-31 增加曲线调整

（31）通过父子关系链接到做有跟踪点的空图层，如图 3-16-32 所示。

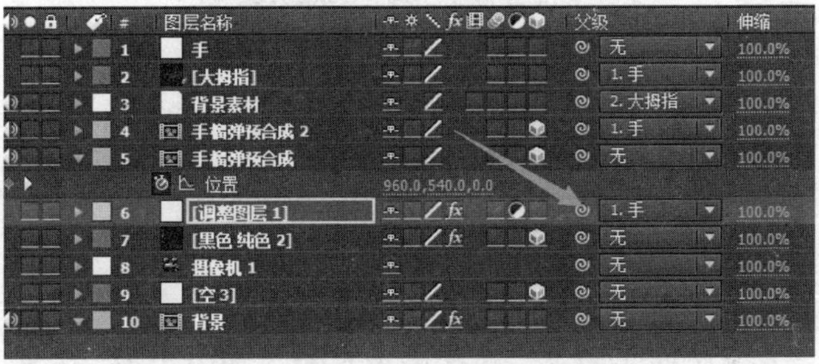

图 3-16-32 建立父子关系

（32）增加 TINT 色变插件，改变其颜色色变，如图 3-16-33 所示。

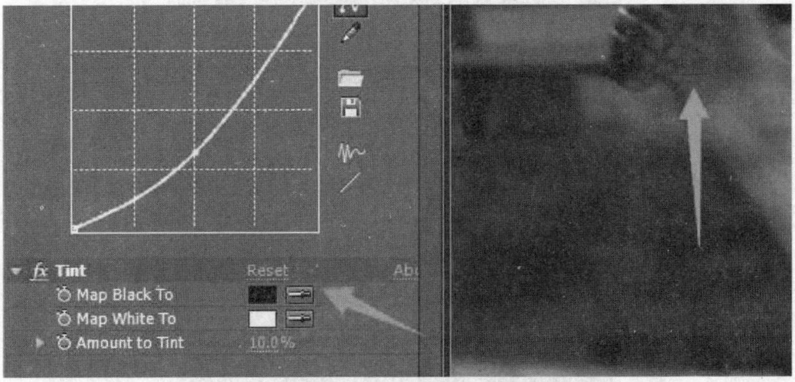

图 3-16-33 增加 TINT 插件

（33）回到手榴弹的原始素材，为原始素材增加一个调节层，如图 3-16-34 所示。

图 3–16–34　增加调节层

（34）在调节层上面应用曲线调整，如图 3–16–35 所示。

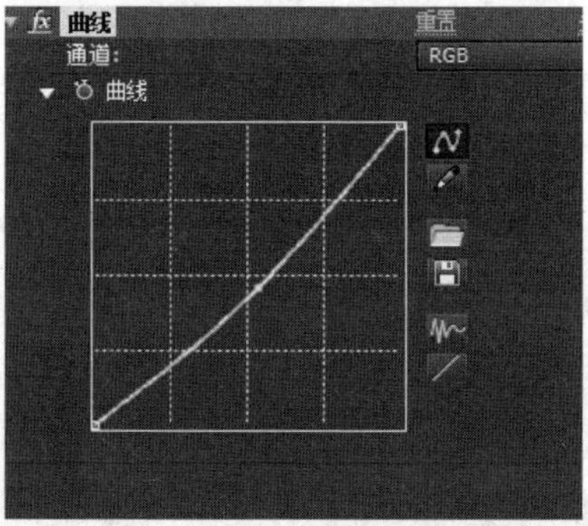

图 3–16–35　曲线调整

（35）继续增加一个曲线调整，调整其 RGB 值，如图 3–16–36 所示。

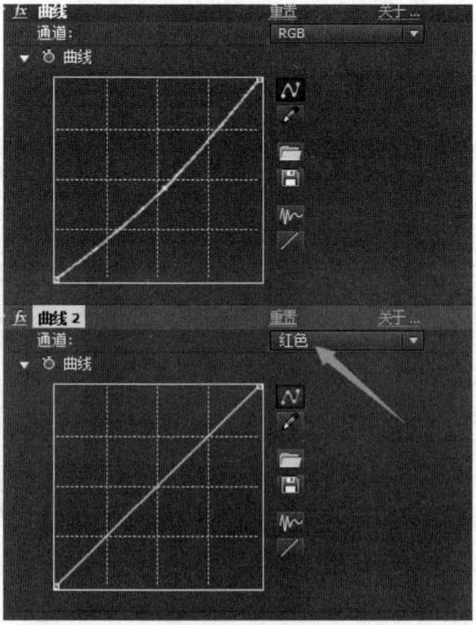

图 3–16–36　调整曲线 RGB 值

（36）增加一个方格模糊，我们在投掷手榴弹的过程中，其背景会产生模糊，如图 3-16-37 所示。

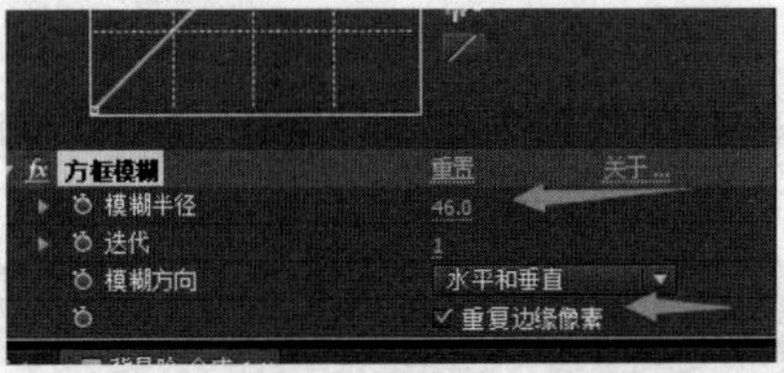

图 3-16-37 增加方格模糊

项目十七　爬 虫 胳 膊

下面来做胳膊内部被爬虫爬的特效效果，如图 3–17–1 所示。

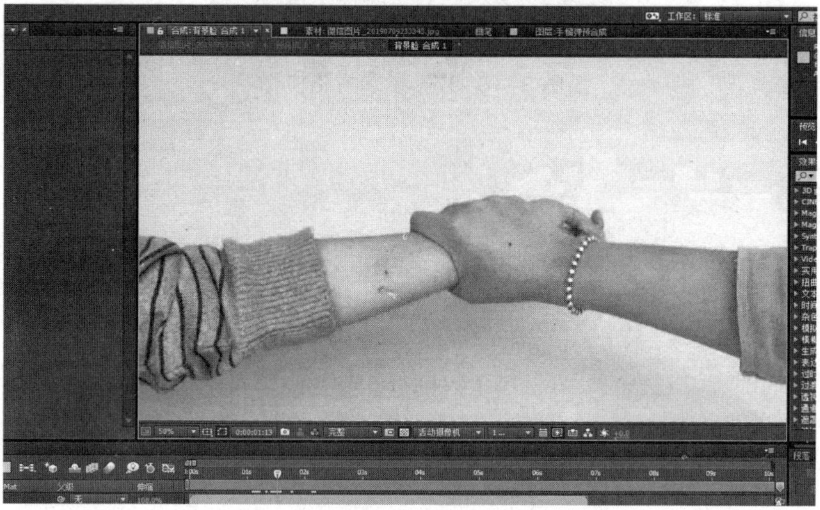

图 3–17–1　效果图示

（1）新建合成文件，大小为 1920 × 1080，帧速率为 25 帧每秒，时间为 30 秒。

（2）将素材导入合成层中，如图 3–17–2 所示。

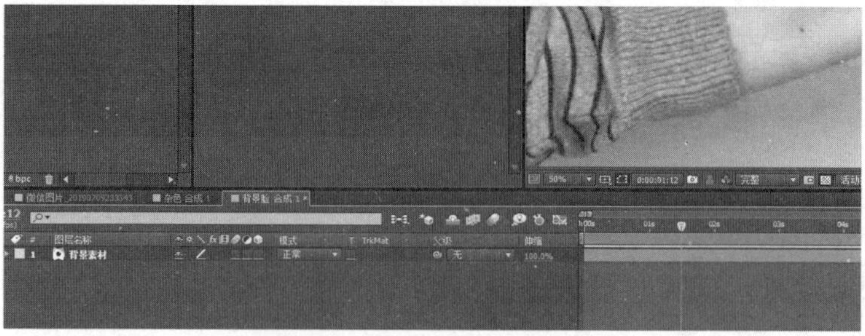

图 3–17–2　导入素材

（3）新建空图层，如图 3–17–3 所示。

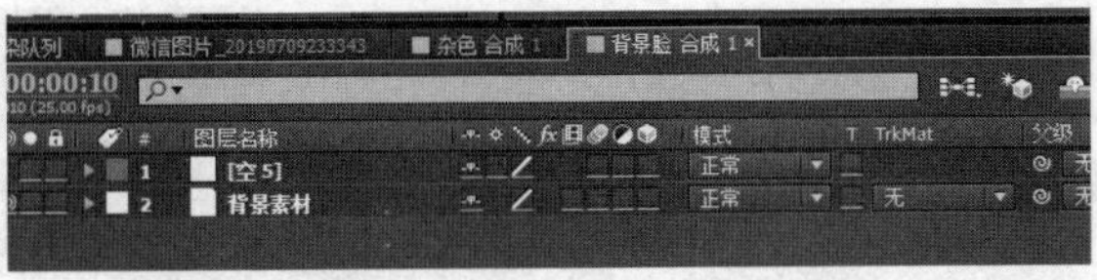

图 3-17-3 新建空图层

（4）设置跟踪点，在胳膊找到合适的地方进行跟踪，如图 3-17-4 所示。

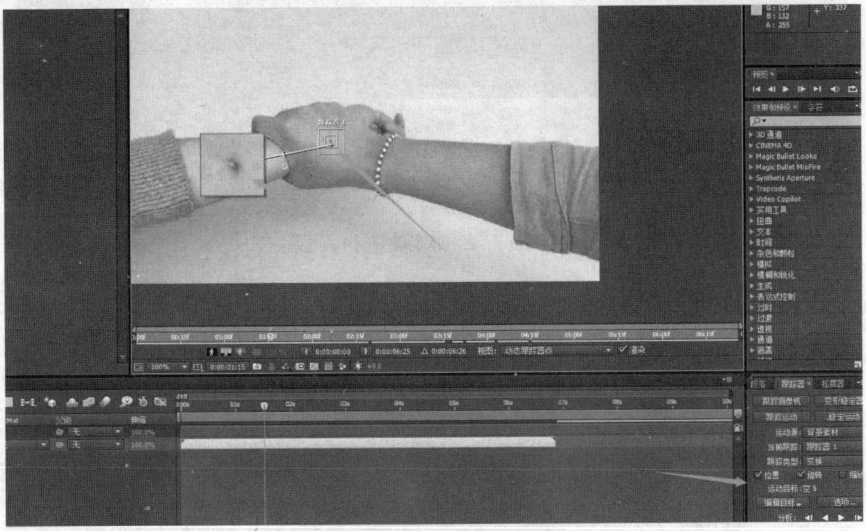

图 3-17-4 设置跟踪点

（5）跟踪的设置对象为空图层，如图 3-17-5 所示。

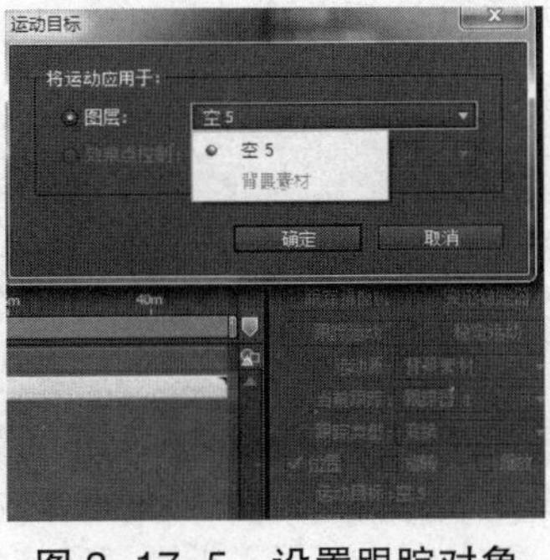

图 3-17-5 设置跟踪对象

（6）对其 x、y、z 轴进行跟踪，如图 3-17-6 所示。

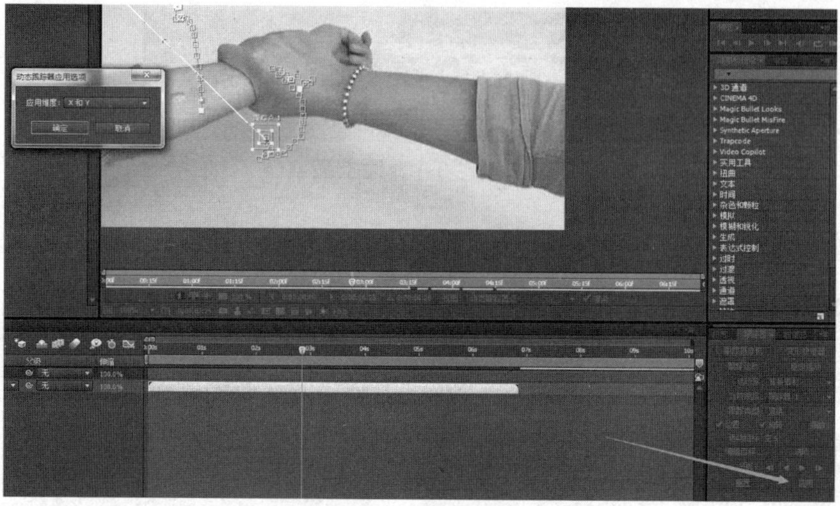

图 3-17-6　对轴进行跟踪

（7）新建固态层，为固态层画出一个椭圆形的遮罩，并对遮罩进行羽化，如图 3-17-7 所示。

图 3-17-7　绘制遮罩并进行羽化

（8）调整遮罩区域的透明度值，如图 3-17-8 所示。

图 3-17-8　调整遮罩透明度

（9）选中遮罩层，通过复制链接，将其连接到我们做跟踪的空图层上面，如图 3-17-9 所示。

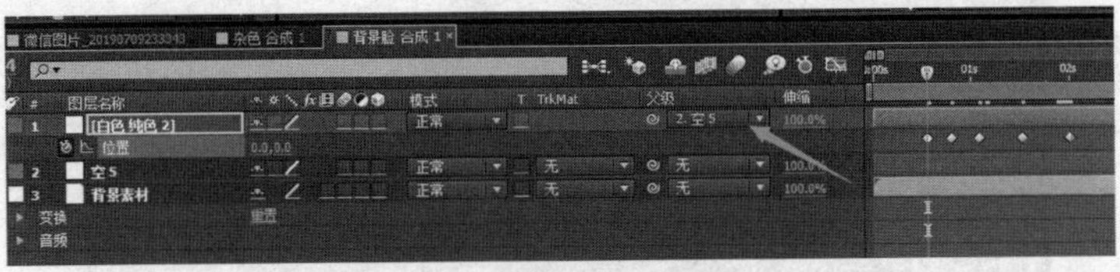

图 3–17–9 复制遮罩层

（10）对遮罩进行简单的动画设置，让遮罩层在胳膊上进行一个爬动，如图 3–17–10 所示。

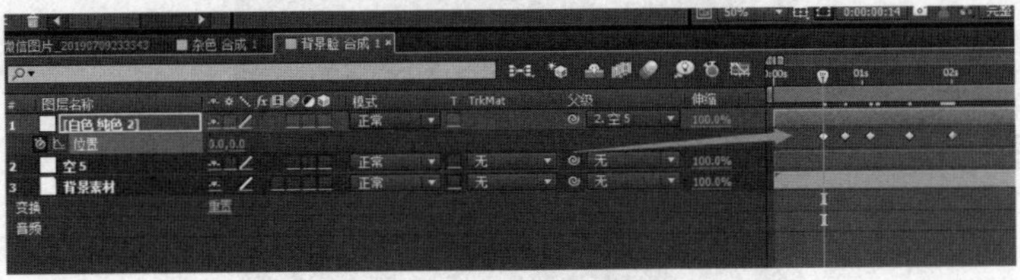

图 3–17–10 对遮罩层进行动画设置

（11）选中遮罩层，在图层上点击右键，选择变换当中的自动定向，如图 3–17–11 所示。

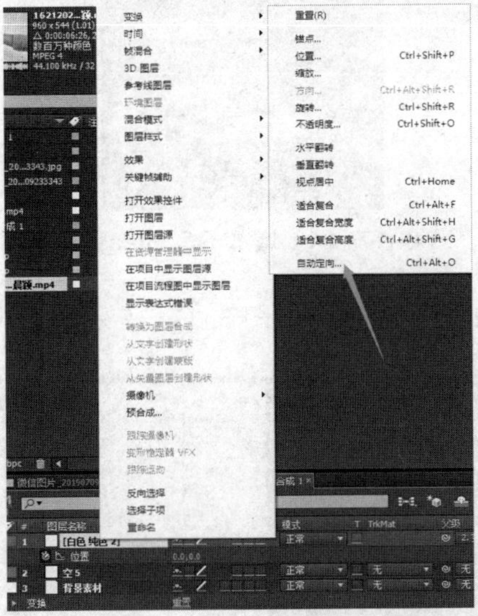

图 3–17–11 修改遮罩层变换设置

（12）这样可以让模拟爬虫的方向与胳膊的方向一致，如图 3–17–12 所示。

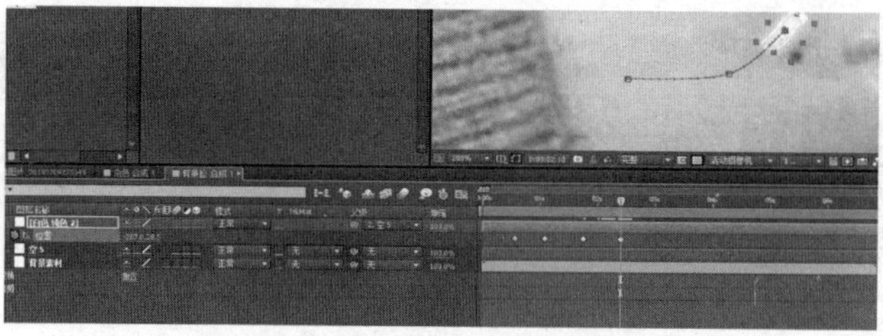

图 3-17-12　效果预览

（13）选择遮罩层和跟踪空图层为其设置预合成，如图 3-17-13 所示。

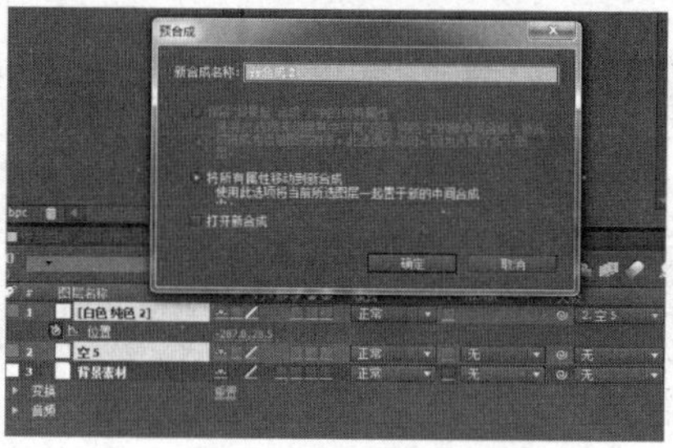

图 3-17-13　设置预合成

（14）为新建的爬虫预合层增加 CC Glass 效果，如图 3-17-14 所示

图 3-17-14　增加 CC Glass 插件

（15）调整插件当中的各种数值，如图 3-17-15 所示。

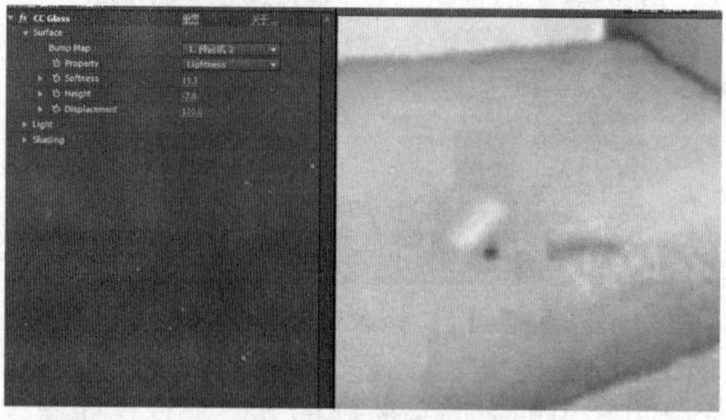

图 3-17-15　调整插件数值

（16）再次调整插件当中的数值，如图 3–17–16 所示。

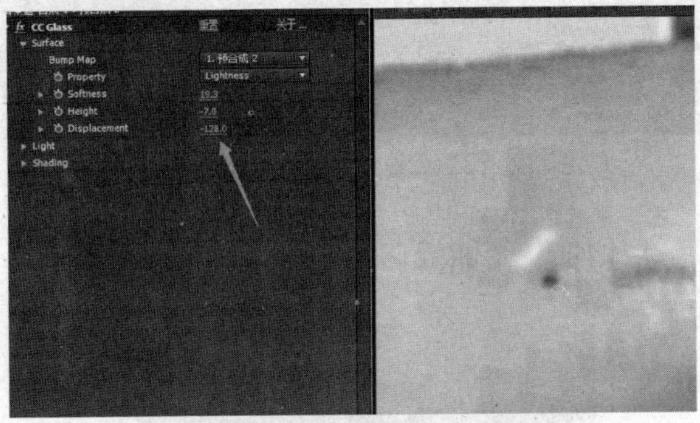

图 3–17–16　调整插件数值

（17）继续调整该插件当中的数值，如图 3–17–17 所示。

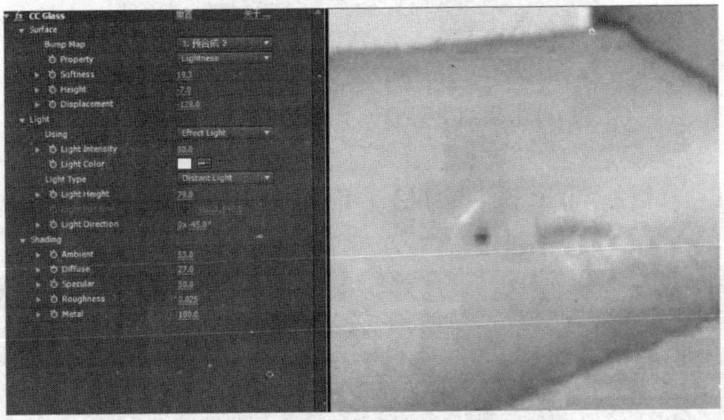

图 3–17–17　调整插件数值

（18）回到最初的合成当中，将所有的预合成复制出一层，同时新建一个调节层，如图 3–17–18 所示。

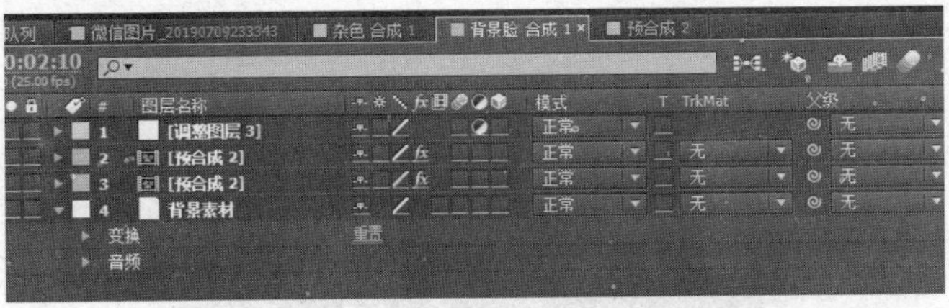

图 3–17–18　复制预合成，新建调节层

（19）将调节层调到两个合成层中间，如图 3–17–19 所示。

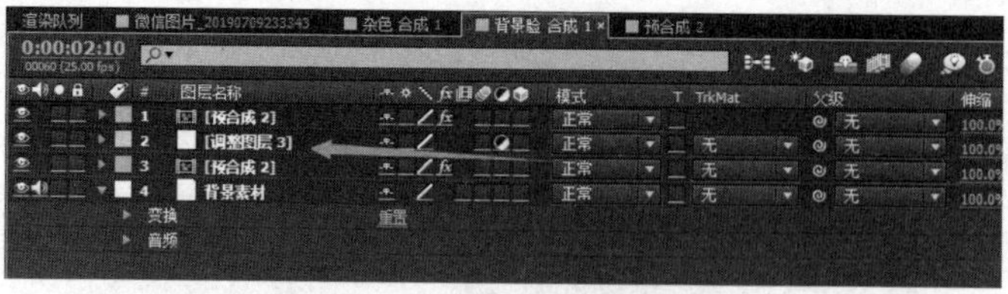

图 3-17-19　修改图层位置

（20）中间为调节层增加一个曲线调整，如图 3-17-20 所示。

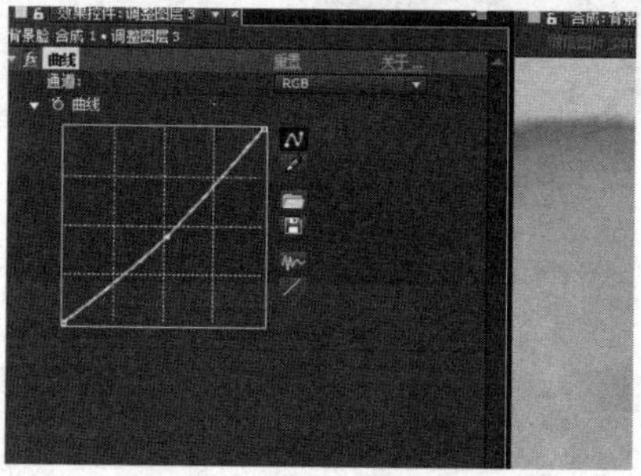

图 3-17-20　增加曲线调整

（21）将调节层的目标通道选择为最上面复制出来的合成，如图 3-17-21 所示。

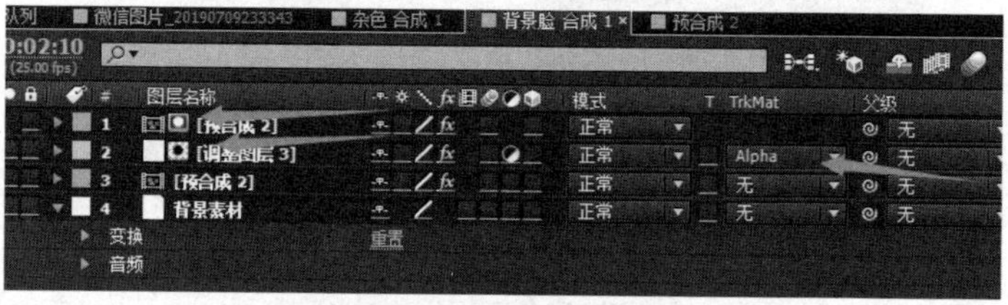

图 3-17-21　设置调节层目标通道

（22）增加一个曲线调整，再次进行调整，如图 3-17-22 所示。

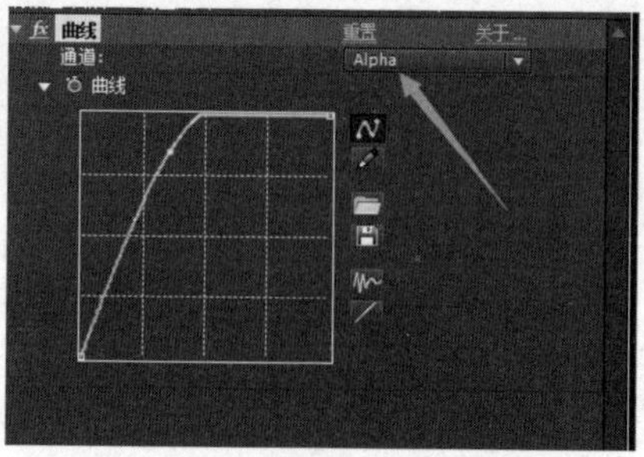

图 3-17-22　增加曲线调整

（23）在调整层上面增加一个颜色平衡，进行数值调整，如图 3-17-23 所示。

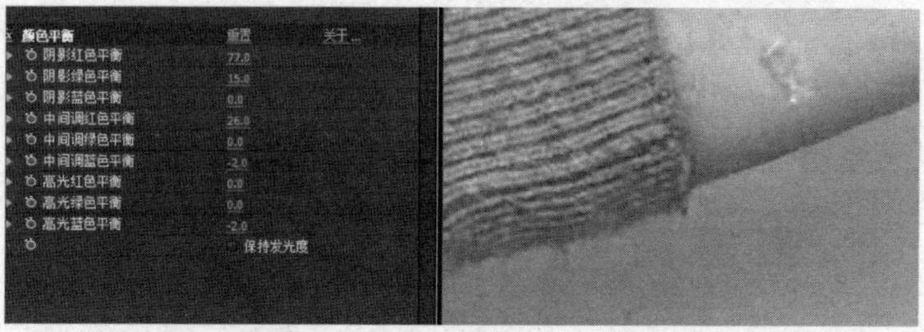

图 3-17-23　增加颜色平衡

（24）再次复制出一个预合成，将第 1 个复制出来的预合成的目标通道选择为最后一个预合成，如图 3-17-24 所示。

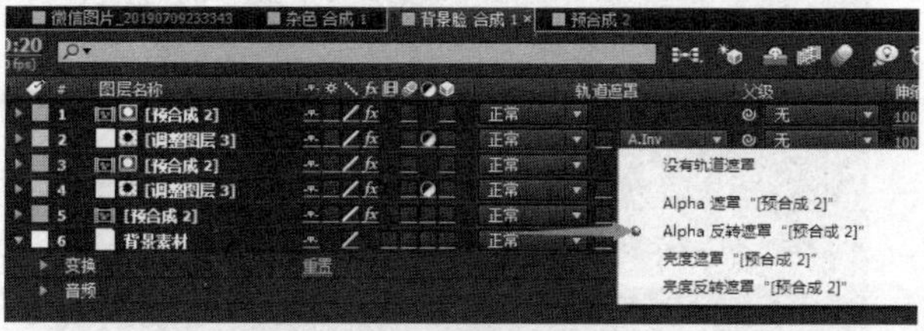

图 3-17-24　复制预合成，设置目标通道

（25）加入快速模糊，为其增加一个黑色的模糊值，模仿其投影效果，如图 3-17-25 所示。

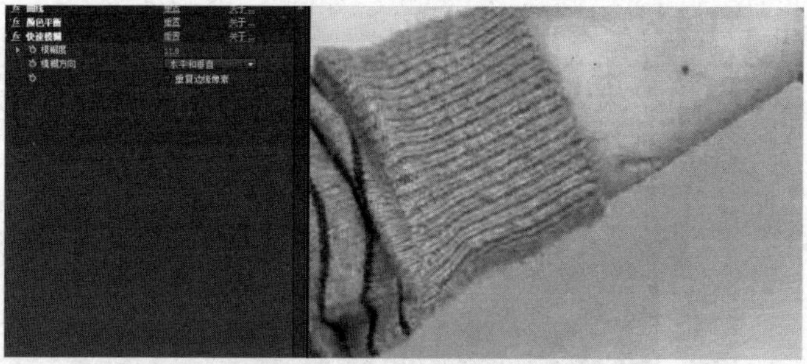

图 3-17-25　效果预览

项目十八　三维眼球效果

下面来模拟三维眼球的效果，单独的眼球可以在眼眶里旋转。

（1）新建合成，大小为 1920 × 1080，帧速率为 25 帧每秒，时间为 30 秒，如图 3–18–1 所示。

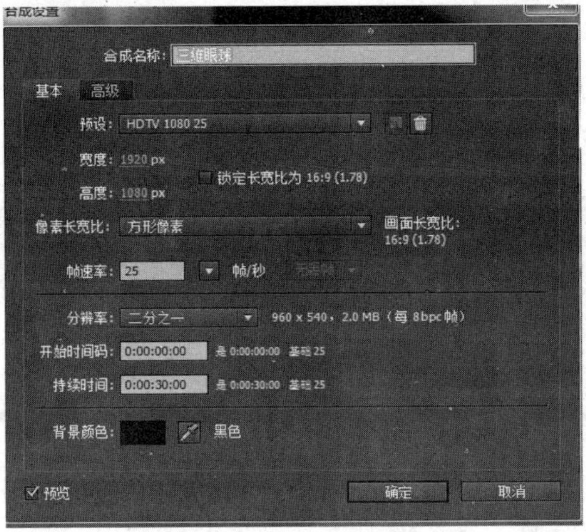

图 3–18–1　新建合成层

（2）新建固态层，固态层调整为土黄色，如图 3–18–2 所示。

图 3–18–2　新建固态层

（3）找到一张三维眼珠的图，把该三位眼珠的图导入到合成层当中，如图 3-18-3 所示。

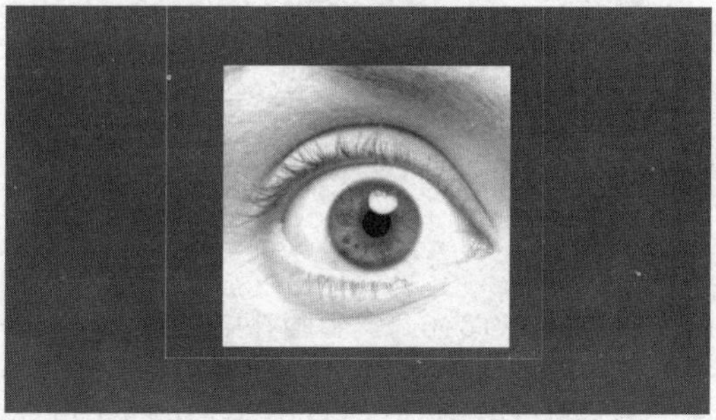

图 3-18-3　导入素材图片

（4）选中椭圆形遮罩工具，如图 3-18-4 所示。

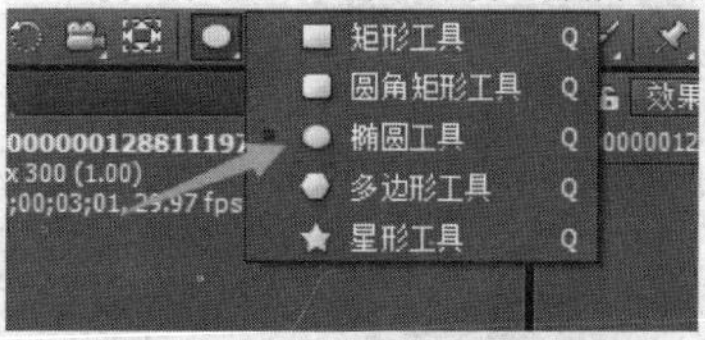

图 3-18-4　绘制遮罩

（5）用遮罩工具在眼球上画出瞳孔，如图 3-18-5 所示。

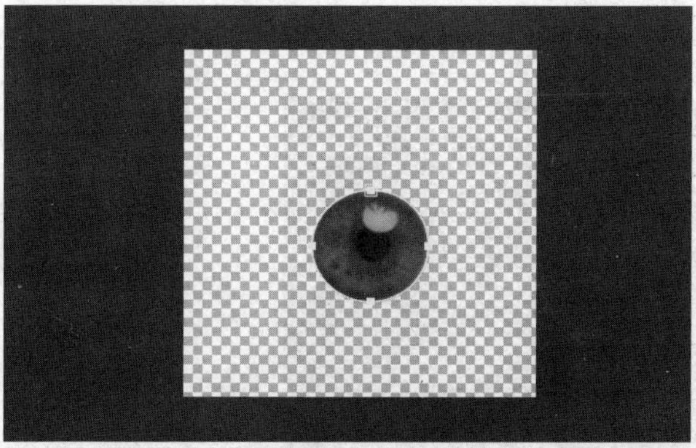

图 3-18-5　遮罩预览

（6）将所画出的瞳孔遮罩的位置调整到与固态层中心点一致，如图 3-18-6 所示。

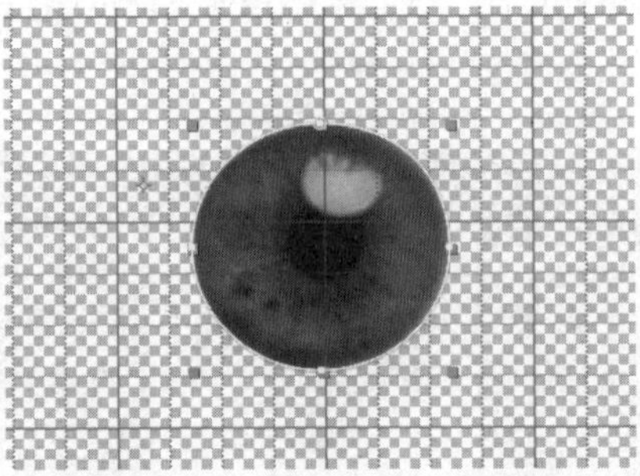

图 3-18-6　调整瞳孔中心点

（7）使用锚点移动工具将中心点调整至整个图片的正中心，如图 3-18-7 所示。

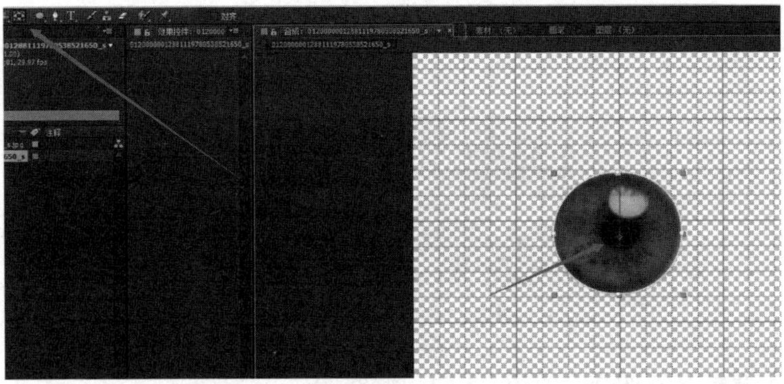

图 3-18-7　使用调整工具

（8）调整瞳孔的大小，如图 3-18-8 所示。

图 3-18-8　调整瞳孔大小

（9）再次新建固态层，将固态层的颜色调整为暗红色，如图 3–18–9 所示。

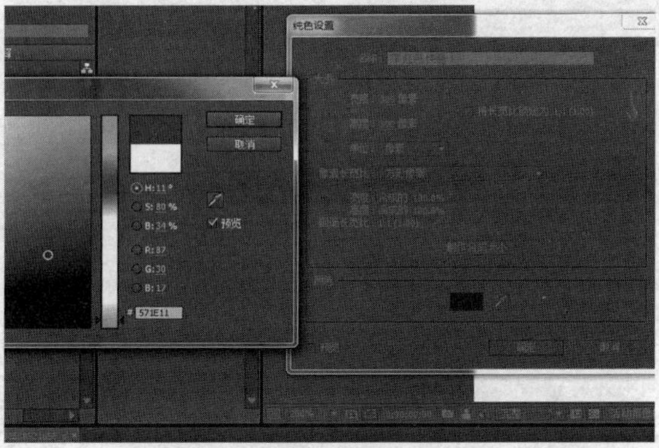

图 3–18–9 新建固态层

（10）同样使用圆形遮罩工具在该固态层上画出圆形遮罩，如图 3–18–10 所示。

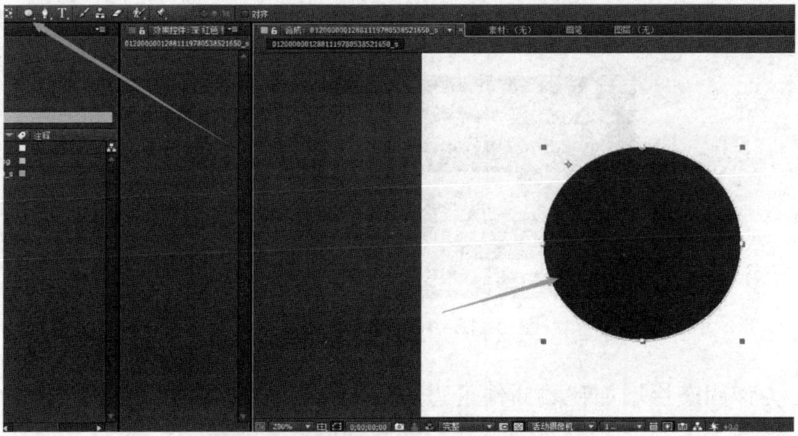

图 3–18–10 绘制圆形遮罩

（11）将固态层的遮罩模式选为相减，如图 3–18–11 所示。

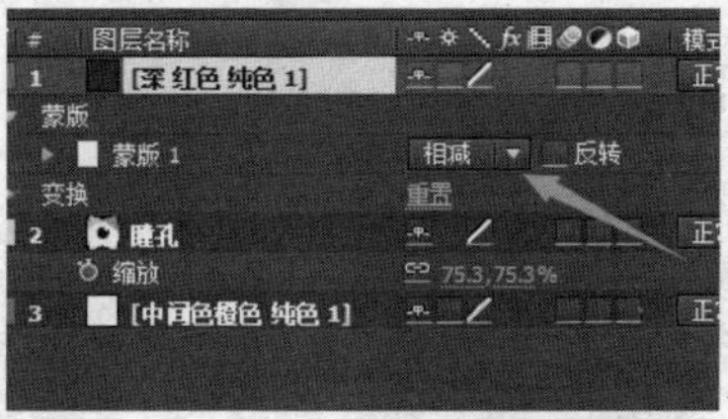

图 3–18–11 修改遮罩图层模式

（12）调整羽化值，如图 3–18–12 所示。

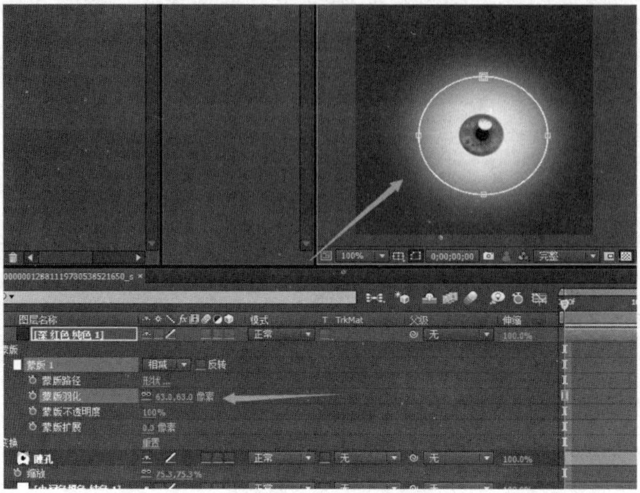

图 3-18-12　修改羽化值

（13）再次新建固态层，将固态层的颜色调整为暗红色，如图 3-18-13 所示。

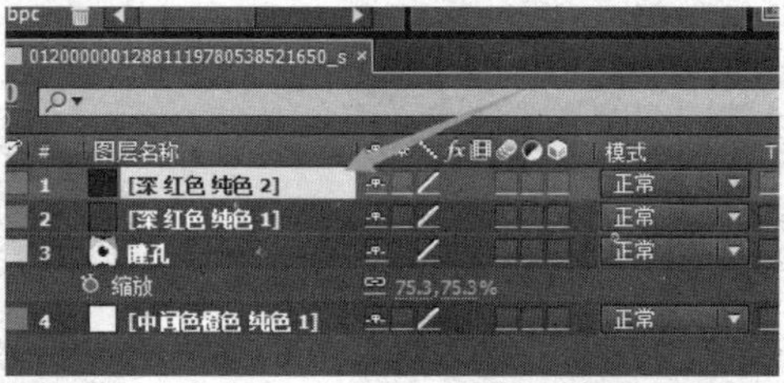

图 3-18-13　新建固态层

（14）为该固态层增加特效插件里边的分形杂色，如图 3-18-14 所示。

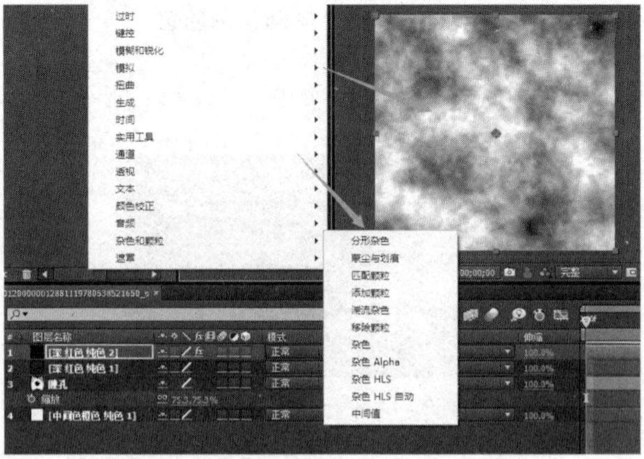

图 3-18-14　增加分形杂色插件

（15）修改分形杂色插件中的缩放和对比度，如图 3-18-15 所示。

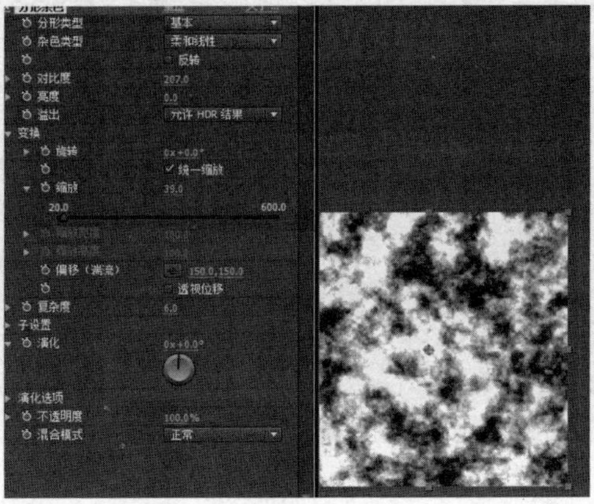

（a）

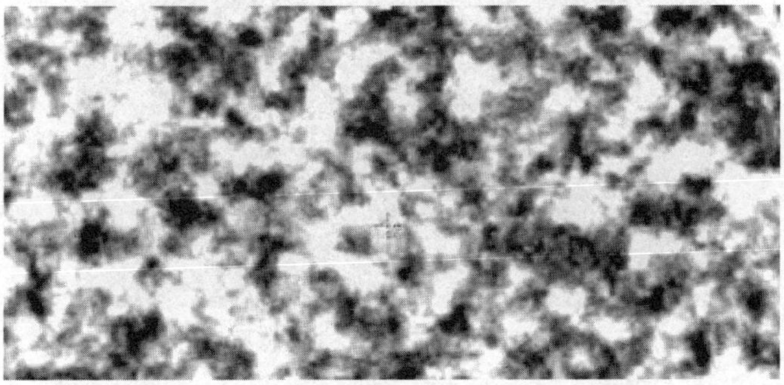

（b）

图 3-18-15　修改分形杂色插件属性

（16）再为其增加 CC 向量模糊插件，如图 3-18-16 所示。

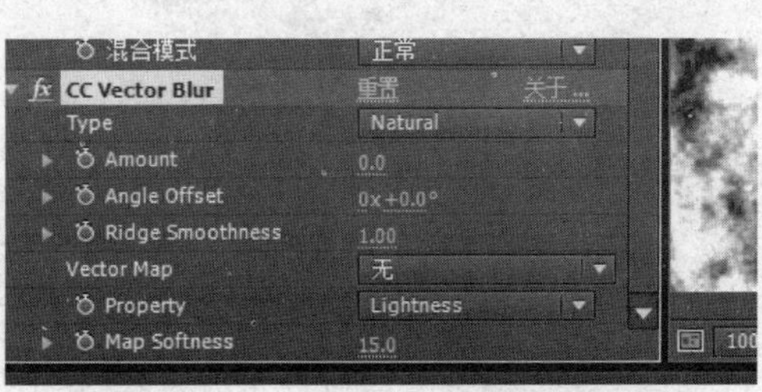

图 3-18-16　增加 CC 向量模糊插件

（17）调整数值，如图 3-18-17 所示。

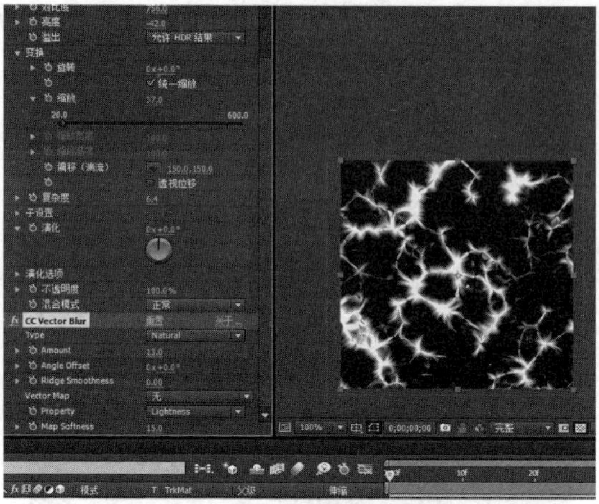

图 3–18–17　调整插件数值

（18）新建合成，将合成的颜色调整为红色，如图 3–18–18 所示。

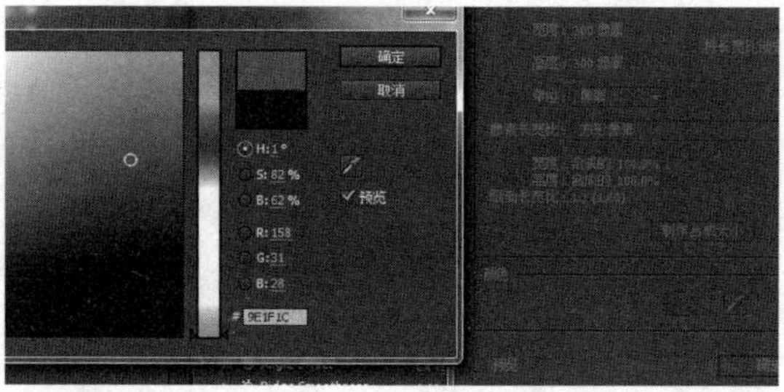

图 3–18–18　新建固态层

（19）将红色的固态层放在两个暗红色的固态层中间，选中红色固态层，在跟踪遮罩当中为其选择顶部的暗红色固态层，如图 3–18–19 所示。

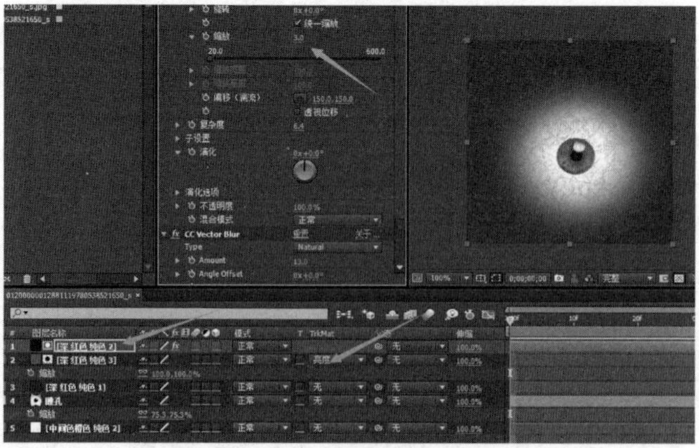

图 3–18–19　调整固态层位置

（20）效果如图 3–18–20 所示。

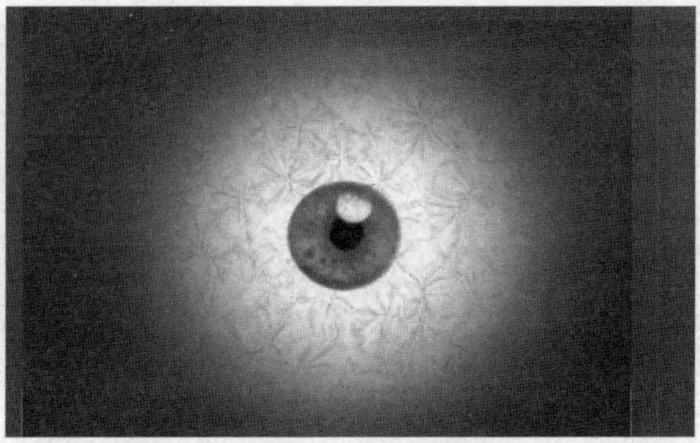

图 3–18–20　效果预览

（21）选中下部的暗红色固态层，将其拖至最上面，如图 3–18–21 所示。

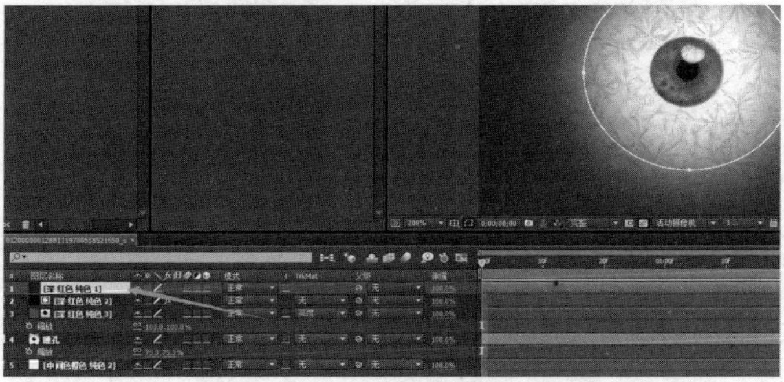

图 3–18–21　调整固态层位置

（22）在红色固态层上面利用圆形遮罩工具画出遮罩，如图 3–18–22 所示。

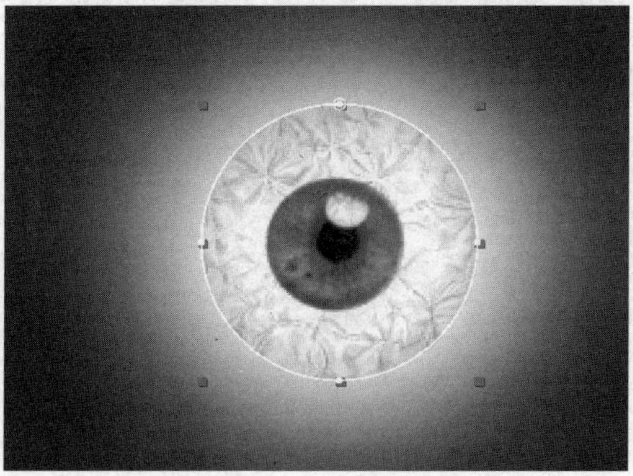

图 3–18–22　绘制遮罩

（23）将遮罩的计算模式改为相减，如图 3-18-23 所示。

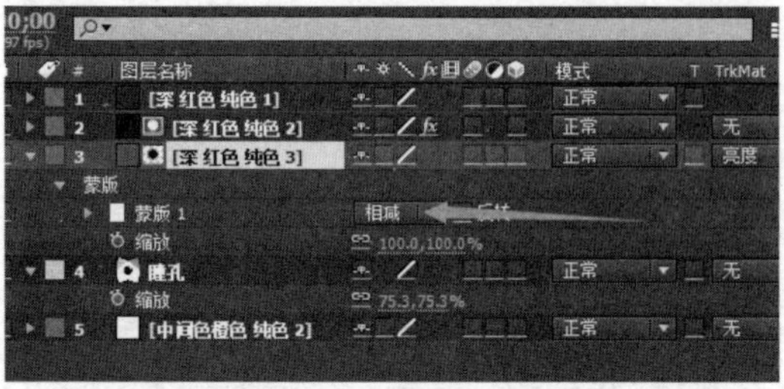

图 3-18-23　修改图层模式

（24）新建固态层，将固态层的颜色调整为中红色，如图 3-18-24 所示。

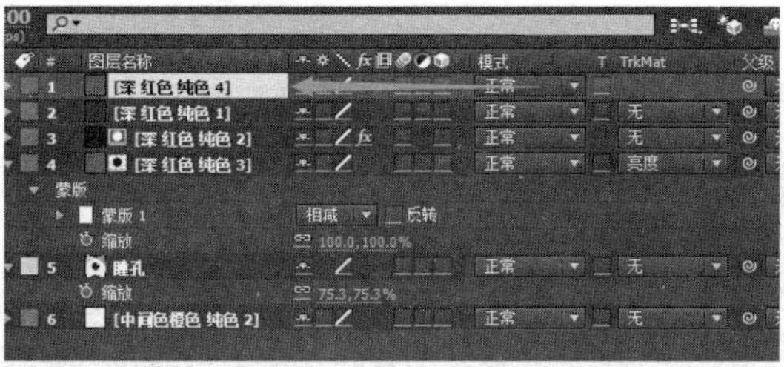

图 3-18-24　修改固态层颜色

（25）为该固态层增加分形杂色效果，如图 3-18-25 所示。

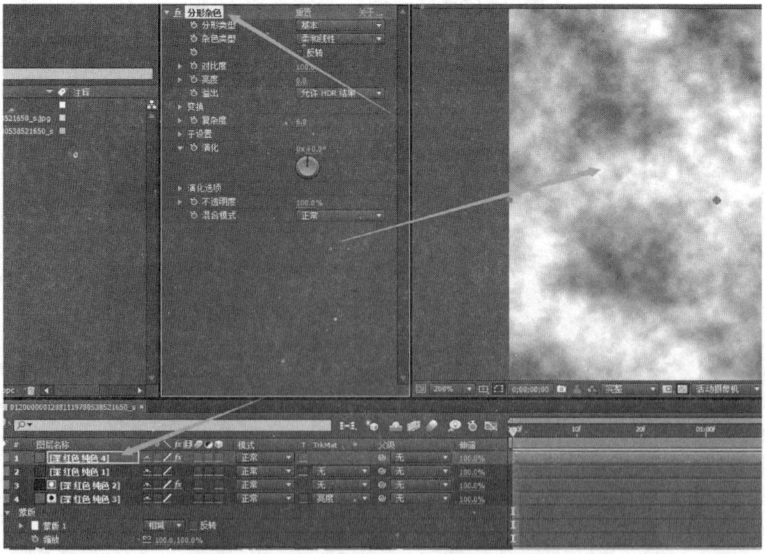

图 3-18-25　增加分形杂色插件

（26）调整融合模式为相乘，如图 3–18–26 所示。

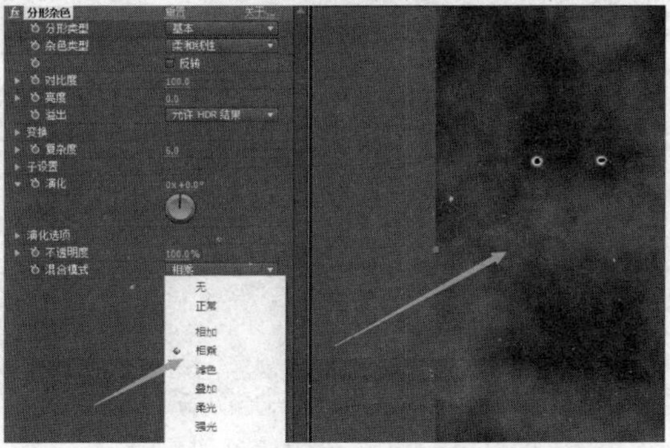

图 3–18–26　修改插件数值

（27）将该图层调整到暗褐色的固态层下面，如图 3–18–27 所示。

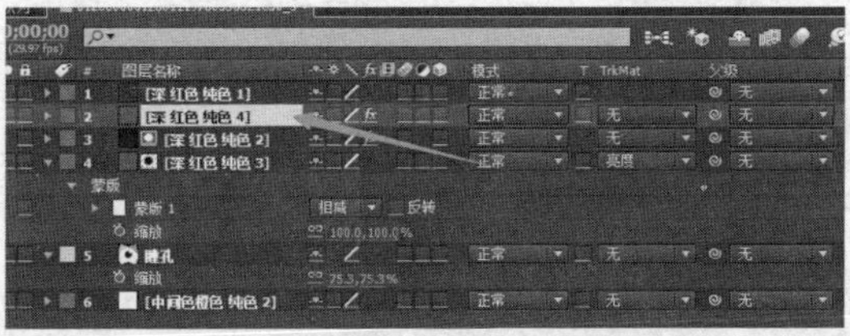

图 3–18–27　调整图层位置

（28）画出遮罩，将该遮罩的叠加模式调整为相减，如图 3–18–28 所示。

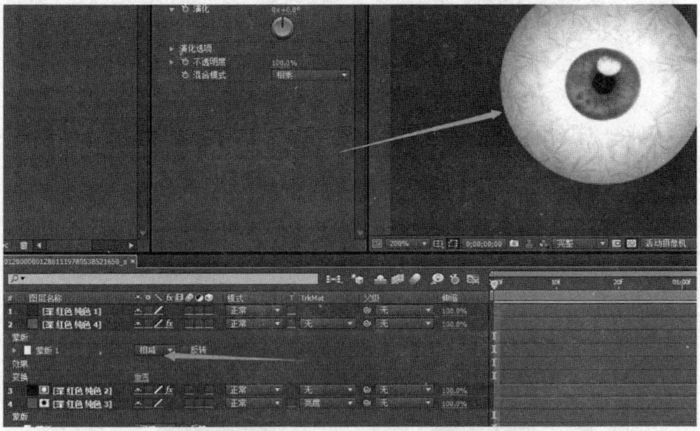

图 3–18–28　设置遮罩叠加模式

（29）调整其羽化值，如图 3–18–29 所示。

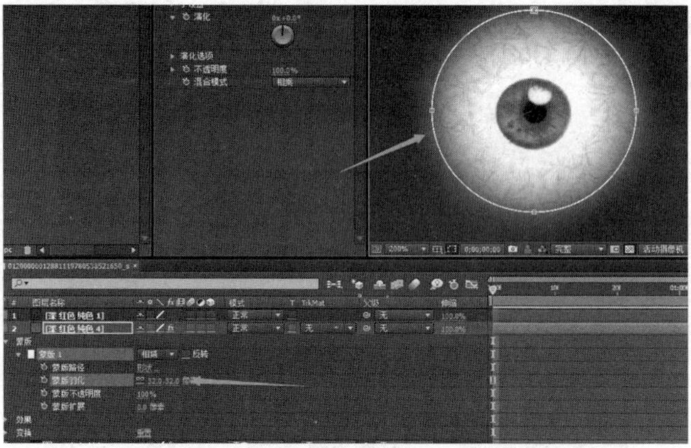

图 3-18-29　设置遮罩羽化值

（30）调整最上层的暗褐色的固态层，调整为扩展，如图 3-18-30 所示。

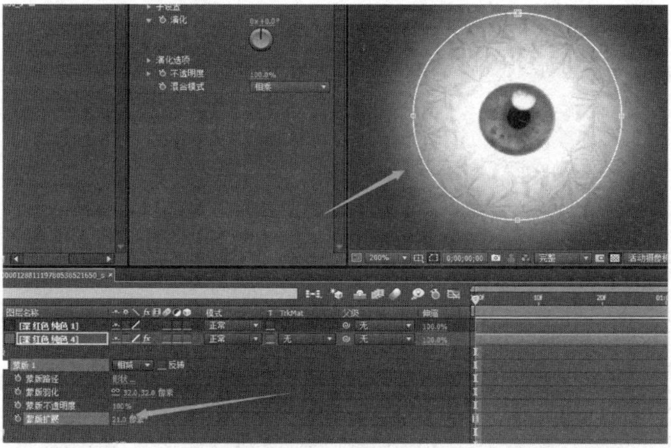

图 3-18-30　修改遮罩

（31）调整固态层及遮罩层的状态，如图 3-18-31 所示。

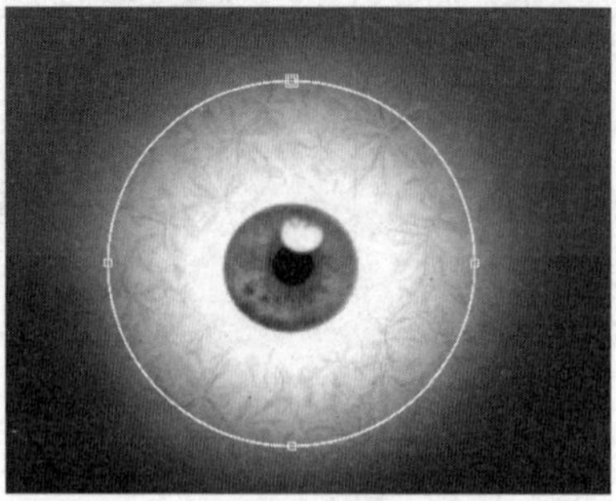

图 3-18-31　调整遮罩大小

（32）新建固态层，将固态层的颜色调整为土黄色，放置在整个合成层的最下层，如图 3-18-32 所示。

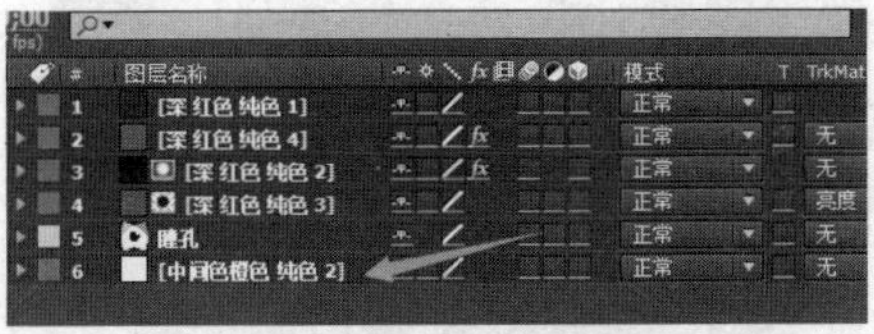

图 3-18-32　新建固态层

（33）将刚才的总的合成拖至素材影像的上面，同时为其增加一个 CC 球形效果，如图 3-18-33 所示。

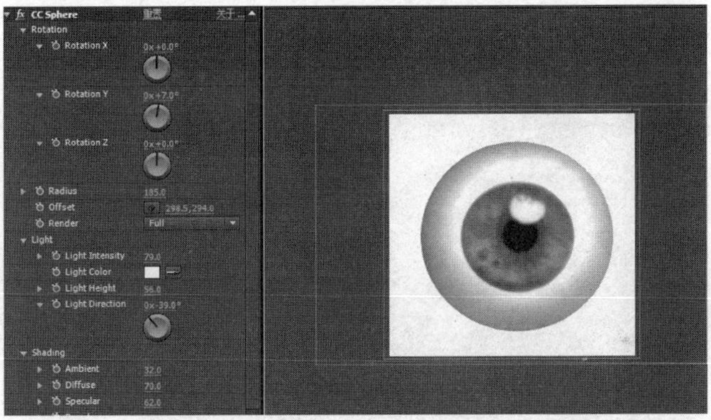

（a）

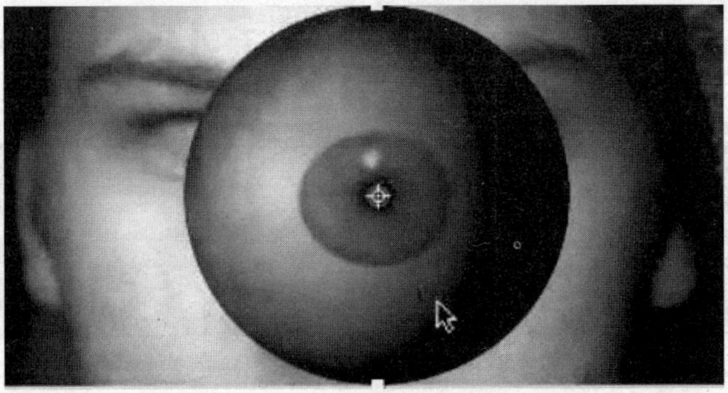

（b）

图 3-18-33　增加 CC 球形效果插件

（34）将合成的眼球拖动到影像的眼睛位置，调整其大小，如图 3-18-34 所示。

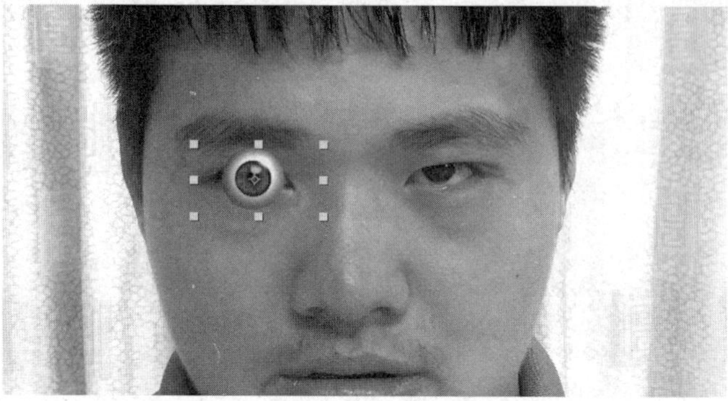

图 3–18–34　调整眼珠的位置与大小

（35）新建一个固态层，画出眼睛区域的遮罩，将其放置在眼球合成的上面，如图 3–18–35 所示。

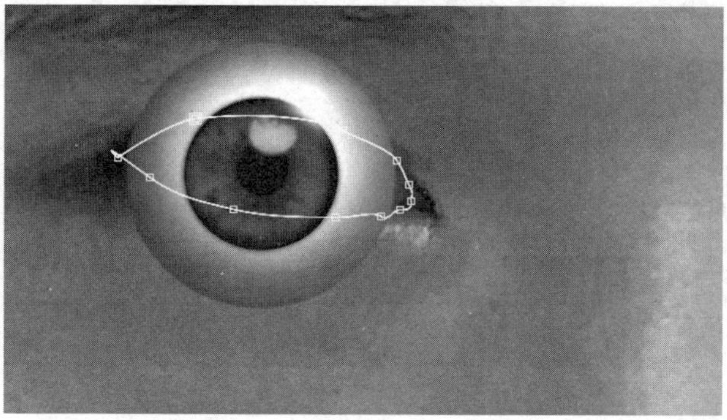

图 3–18–35　绘制眼睛遮罩区域

（36）选中眼球合成层，将其跟踪通道设置为上面的遮罩固态层，如图 3–18–36 所示。

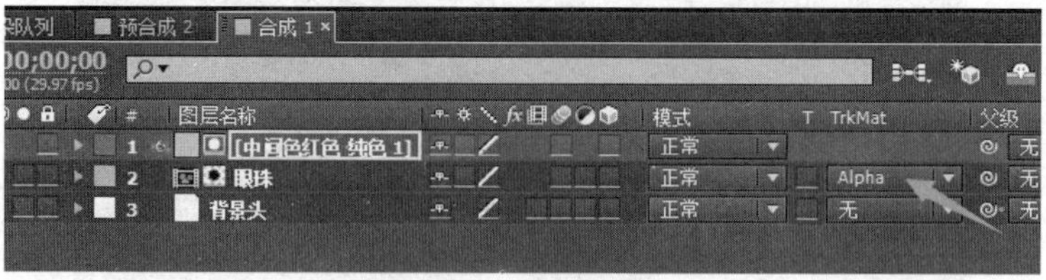

图 3–18–36　设置眼珠跟踪通道

（37）效果如图 3–18–37 所示。

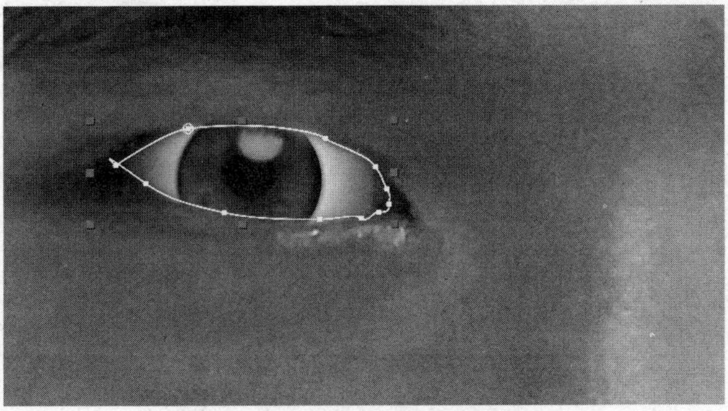

图 3-18-37 效果预览

（38）设置眼球三维插件的数值，如图 3-18-38 所示。

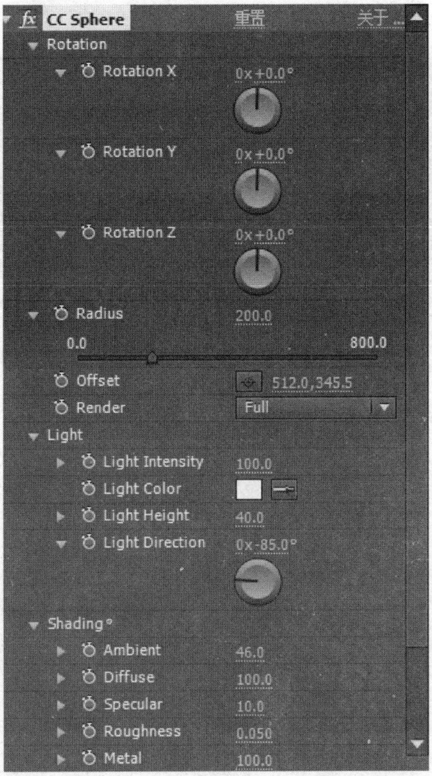

图 3-18-38 设置眼球三维插件数值

（39）查看整体效果，如图 3-18-39 所示。

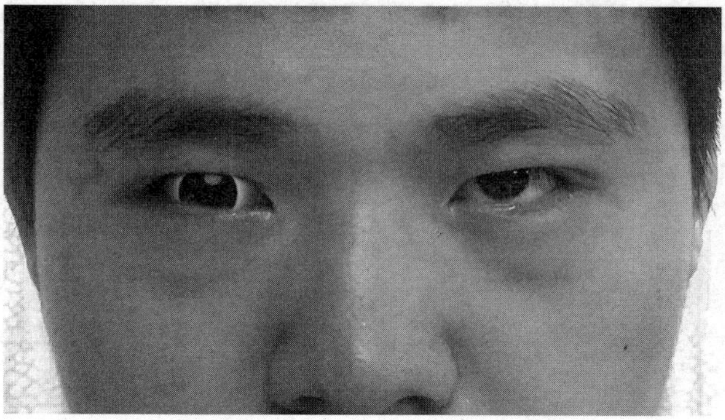

图 3-18-39　效果预览

（40）通过调整 CC 三维插件当中的数值，让眼球在眼眶里边进行无规则旋转，如图 3-18-40 所示。

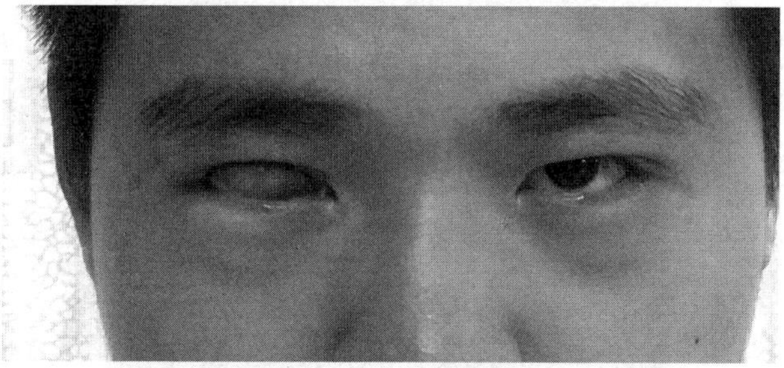

图 3-18-40　调整 CC 三维插件进行效果预览